ACCESO GRATIS ***a la Lectura en la Nube***

Para visualizar el libro electrónico en la nube de lectura envíe junto a su nombre y apellidos una fotografía del código de barras situado en la contraportada del libro y otra del ticket de compra a la dirección:

ebooktirant@tirant.com

En un máximo de 72 horas laborales le enviaremos el código de acceso con sus instrucciones.

OBJECIÓN DE CONCIENCIA, DIGNIDAD HUMANA Y VIDA HUMANA:

Presupuestos y análisis a la luz de las sentencias del TEDH y de la CIDH

OBJECIÓN DE CONCIENCIA, DIGNIDAD HUMANA Y VIDA HUMANA:

Presupuestos y análisis a la luz de las sentencias del TEDH y de la CIDH

ROSA DE JESÚS SÁNCHEZ BARRAGÁN

tirant lo blanch
Valencia, 2024

En caso de erratas y actualizaciones, la Editorial Tirant lo Blanch publicará la pertinente corrección en la página web www.tirant.com.

© TIRANT LO BLANCH
EDITA: TIRANT LO BLANCH
C/ Artes Gráficas, 14 - 46010 - Valencia
TELFS.: 96/361 00 48 - 50
FAX: 96/369 41 51
Email:tlb@tirant.com
www.tirant.com
Librería virtual: www.tirant.es
DEPÓSITO LEGAL: V-1233-2024
ISBN: 978-84-1169-421-6
MAQUETA: Disset Ediciones

Si tiene alguna queja o sugerencia, envíenos un mail a: *atencioncliente@tirant.com*. En caso de no ser atendida su sugerencia, por favor, lea en *www.tirant.net/index.php/empresa/politicas-de-empresa* nuestro procedimiento de quejas.

Responsabilidad Social Corporativa: http://www.tirant.net/Docs/RSCTirant.pdf

A mi madre

Índice

Capítulo II

LAS CONVICCIONES Y SU PROTECCIÓN JURÍDICA

Capítulo III

DIGNIDAD, VIDA HUMANA, OBJECCIÓN DE CONCIENCIA Y CONVICCIONES

ABREVIATURAS

BOE	Boletín Oficial Del Estado
CADH	Convención Americana de Derechos Humanos
CC	Código Civil
CDFUE	Carta de los Derechos Fundamentales de la Unión Europea
CE	Constitución Española
CEDH	Convenio Europeo de Derechos Humanos
CIDH	Comisión Interamericana de Derechos Humanos
COIDH	Corte Interamericana de Derechos Humanos
CPP	Constitución Política del Perú
CSN	Corte Suprema Norteamericana
DADDH	Declaración Americana de Derechos y Deberes del Hombre
DR	Decisions and Reports
DUDH	Declaración Universal de los Derechos Humanos
IDH	Interamericana de Derechos Humanos
LLR	Ley de libertad religiosa
LTRA	Ley de Técnicas de Reproducción Asistida
OEA	Organización de Estados Americanos
OMS	Organización Mundial de la Salud
PIDCP	Pacto Internacional de Derechos Civiles y Políticos
PACEDH	Protocolo Adicional del Convenio Europeo de Derechos Humanos
PAPCEDH	Protocolo Adicional Primero del Convenio Europeo de Derechos Humanos
RAE	Real Academia de Lengua Española
RD	Real Decreto
S/P	Sin página
SCOIDH	Sentencia de la Corte Interamericana de Derechos Humanos

SIDH	Sistema Interamericano de Derechos Humanos
SIEDH	Sistema Europeo de Derechos Humanos
STCE	Sentencia del Tribunal Constitucional Español
STEDH	Sentencia del Tribunal Europeo de Derechos Humanos
SEDH	Sentencia Europea de Derechos Humanos
STSE	Sentencia del Tribunal Supremo Español
STSJ	Sentencia del Tribunal Superior de Justicia
TCE	Tribunal Constitucional Español
TEDH	Tribunal Europeo de Derechos Humanos
TSEU	Tribunal Supremo de Estados Unidos
TJUE	Tribunal de Justicia de la Unión Europea
TRA	Técnicas de Reproducción Asistida
TS	Tribunal Supremo
TSEU	Tribunal Supremo de Estados Unidos
UE	Unión Europea

PRÓLOGO

A diferencia de otras épocas históricas, en las sociedades actuales conviven personas de ideologías muy diversas. Ello, en el ámbito del Derecho, puede generar tensiones y conflictos. El problema se plantea cuando las leyes obligan a los ciudadanos a llevar a cabo conductas que agreden gravemente su conciencia. En estas situaciones emerge la tensión, siempre latente, entre mayorías y minorías o, en última instancia, entre legalidad y justicia, subsistente en toda sociedad de carácter plural.

Podría afirmarse que una de las características de una democracia madura es la aceptación del disenso de manera pacífica. En realidad, en un Estado democrático no basta con que el Derecho se apoye en el consenso de los ciudadanos. Es necesario también que sea capaz de reconocer ciertas formas de disenso, fundadas en el valor de la conciencia de los individuos. Y en este contexto, ocupa un lugar fundamental la institución jurídica de la objeción de conciencia. De hecho, se ha llegado a afirmar que el reconocimiento de la objeción de conciencia ha sido el avance más notable de los derechos humanos en el siglo XX. En esta línea, la Resolución 337 de la Asamblea Consultiva del Consejo de Europa, de 1967 señala que la objeción de conciencia ampara cualquier "convicción profunda de orden religioso, ético, moral, humanitario, filosófico o de otro tipo de la misma naturaleza".

En este marco temático, el libro de Rosa De Jesús Sánchez posee un interés excepcional, ya que realiza importantes aportaciones al desarrollo académico de la materia. A ello quiero añadir tres razones más por las que es un honor para mí prologarlo. La primera, es la calidad y el rigor con el que se ha llevado a cabo el trabajo. La autora ha realizado una investigación seria y profunda, adoptando también una perspectiva original y novedosa. En efecto, mucho se ha hablado, en el ámbito académico, del necesario reconocimiento de la objeción de conciencia por motivos religiosos o morales. Pero la autora, con este libro, ha dado un paso adelante: fundamenta la objeción de conciencia en las convicciones, o compromisos vitales fundamentales, que reúnan los siguientes rasgos: que formen parte de un sistema de pensamiento estructurado, coherente y sincero; que representen un valor esencial para un Estado de Derecho; y que impliquen una mínima lesión para el bien común.

En este contexto, la objeción de conciencia es entendida, no como un asunto religioso o moral, sino como la manifestación *ad extra* más característica de la libertad de conciencia. Efectivamente, como señala la autora, el derecho a la libertad de conciencia incluye, no sólo el derecho a conformar libremente la conciencia, sino también el derecho a actuar de acuerdo con las propias convicciones, aunque ello suponga rehusar el cumplimiento de un deber jurídico. Así planteado, el conflicto se produce, no entre una norma religiosa o moral y otra legal, sino entre dos normas netamente jurídicas: la exigencia de respetar la propia conciencia y la obligación legal que la agrede.

Con ello, Rosa De Jesús Sánchez vuelve a adoptar una perspectiva novedosa, al plasmar, de manera clara, que la objeción de conciencia es un concepto abierto a las circunstancias histórico-temporales. Efectivamente, de la inicial objeción de conciencia al servicio militar o al aborto, esta figura se ha ido abriendo a las diferentes demandas que, razonablemente fundamentadas, han emergido progresivamente del contexto social.

Una tercera razón por la que es un honor para mí prologar este libro, es porque estamos ante un trabajo que rezuma integridad. Lo que su autora afirma en él no es solo el resultado de una rigurosa investigación académica, sino también, y especialmente, la manifestación de unas profundas convicciones vitales. La autora cree y vive lo que escribe, plasma por escrito sus creencias y su vida, manifestando así su profunda coherencia vital.

Por último, se suele decir que todo libro es como un parto: conlleva duros sufrimientos y dolores. Ha sido también para mí un honor poder acompañar a la autora en este parto, siendo espectadora, en primera fila, de su espíritu de superación, de su intenso y duro trabajo, de su esfuerzo constante, e incansable, en la búsqueda de la verdad.

ANGELA APARISI MIRALLES
Catedrática de Filosofía del Derecho Universidad de Navarra (España)

PRESENTACIÓN

En la actualidad es ampliamente aceptado que, en una sociedad compleja como la nuestra, en la que conviven personas con distintas sensibilidades ideológicas, la tolerancia es la mejor fórmula para garantizar que el debate político-social se desarrolle de manera correcta. Sin embargo, en el plano fáctico se producen situaciones que ponen de manifiesto que la manera de implantarla no es una cuestión pacífica. Además, el problema se agudiza cuando entran en juego las convicciones personales, más cuando estas hacen referencia al valor de la vida humana naciente.

En este contexto, el trabajo de Rosa Sánchez es un soplo de aire fresco para quienes nos dedicamos al Derecho. Es cierto que el debate sobre la protección de la vida humana naciente no es ninguna novedad en el ámbito jurídico, pero no es menos cierto que la defensa de quienes invitan a no cumplir con normas que legalizan conductas contrarias a la vida como el aborto o la eutanasia, lo han hecho tradicionalmente alegando cuestiones religiosas. Sin embargo, Sánchez nos propone un interesante y novedoso planteamiento: la posibilidad de no acatar normas que atenten contra la vida humana amparándose en la defensa de una convicción, en concreto, la convicción de que la vida humana es valor en sí mismo, que debe ser protegido por un Estado democrático de Derecho (al margen de que esta convicción tenga o no un fundamento religioso para quien la sostiene).

Es importante remarcar que el discurso de Rosa Sánchez es jurídico de principio a fin: en ningún caso plantea la cuestión como un conflicto entre Derecho y Moral, sino como una oposición entre dos pretensiones jurídicas. Por un lado, se encuentra la obligación jurídica aprobada por la mayoría (en este caso, la legalización del aborto o de determinadas técnicas de reproducción humana asistida) y, por otro lado, el derecho de quien objeta a que el ordenamiento jurídico le garantice el respeto de sus convicciones (libertad de conciencia). Con otras palabras, Rosa Sánchez nos invita a ver a la persona que objeta no desde la perspectiva de quien apela a su moralidad para incumplir una norma jurídica, sino que, de quien, con apoyo en el propio ordenamiento jurídico, solicita el reconocimiento de un derecho.

De ahí la utilidad de este trabajo como guía para muchos operadores juridicos que se encuentran ante el conflicto de resolver cuestiones en las que se enfrentan, por un lado, el derecho de la minoría a poder acogerse excepcionalmente a su visión del mínimo ético que el Derecho ha de avalar, y por otro lado, el comportamiento impuesto mayoritariamente por cauces democráticos.

En este trabajo queda claramente expuesto (y así se refleja de la recopilación jurisprudencial llevada a cabo, no solo a nivel nacional sino internacional, al recoger las sentencias tanto del sistema europeo de derechos humanos como del interamericano) que una democracia madura ofrece razones suficientes para justificar jurídicamente el recurso a la objeción para proteger la convicción de que la vida humana es un valor.

En definitiva, el trabajo de Rosa Sánchez viene a recordar que desde los orígenes del Estado de Derecho, el respeto a la conciencia es uno de los límites más importantes del poder político, ya que la dignidad y la libertad humana se encuentran por encima del propio Estado.

Mª CRUZ DÍAZ DE TERÁN
Profesora Filosofía del Derecho Universidad de Navarra (España)

INTRODUCCIÓN

Abordar el estudio de la objeción de conciencia es una tarea compleja, no solo por la amplísima bibliografía existente[1], sino también por la concurrencia de otros factores. Entre ellos, cabe destacar la multiplicidad y variedad de supuestos de objeción de conciencia que se han ido generando, lo que ha llevado a hablar de objeciones de conciencia, en plural[2]. Así, por ejemplo, de la inicial objeción de conciencia al servicio militar, se ha pasado a la objeción fiscal a contribuir a los gastos de la defensa armada; de la objeción de los facultativos y profesionales sanitarios a realizar abortos, a la negativa a realizar otras intervenciones éticamente sensibles; de la objeción farmacéutica a la producción y distribución de combinados con potencialidad abortiva, a la negativa de los jueces a ratificar el consentimiento de la menor que desea abortar, etc[3]. Además, ante el vertiginoso incremento de las posibilidades técnicas y científicas, no puede dejarse de mencionar el papel que ha cobrado la objeción de conciencia en el ámbito bioético y biojurídico[4].

---

1 Vid., entre otros: NAVARRO-VALLS, R., MARTÍNEZ-TORRÓN, J., *Conflictos entre conciencia y ley: las objeciones de conciencia*, IUSTEL, Madrid, 2012[2]; GASCÓN ABELLÁN, M., *Obediencia al Derecho y objeción de conciencia*, Centro de Estudios Constitucionales, Madrid, 1990; MARTÍN SÁNCHEZ, I., *El derecho a la formación de la conciencia y su tutela penal*, Tirant lo Blanch, Valencia, 2000; SIEIRA MUCIENTES, S., *La objeción de conciencia sanitaria*, Dykinson, Madrid, 2000; LÓPEZ GUZMÁN, J., *Objeción de conciencia farmacéutica*, Ediciones Internacionales Universitarias, Barcelona, 1997; BERTOLINO, R., *L'obiezione di coscienza moderna: per una fondazione costituzionale del diritto di obiezione*, Giappichelli, Torino, 1994; y más recientemente, ALBERT MÁRQUEZ, M., *Libertad de conciencia: el derecho a la búsqueda personal de la verdad*, Ediciones Palabra, Madrid, 2015; TRIVIÑO CABALLERO, R., *El peso de la conciencia: la objeción en el ejercicio de las profesiones sanitarias*, CSIC: Plaza y Valdés, Madrid, 2014; CAPODIFERRO CUBERO, D., *La objeción de conciencia: estructuras y pautas de ponderación*, J.M. Bosch, Barcelona, 2013.

2 Es la tesis de fondo de la obra de los profesores NAVARRO-VALLS, R., MARTÍNEZ-TORRÓN, J., *Conflictos entre conciencia y ley: las objeciones de conciencia*, *op. cit.*

3 Cfr. NAVARRO-VALLS, R., MARTÍNEZ-TORRÓN, J., *Conflictos entre conciencia y ley: las objeciones de conciencia*, *op. cit.*, pp. 31-32.

4 Cfr. TURCHI, V., "*L'obiezione di coscienza nell'ambito della bioética*", en *Il diritto di famiglia e delle persone*, (3), 2008, Giuffrè, Milano, p. 1438; MÉMETEAU,

Por último, otro factor que está contribuyendo a incrementar la complejidad del tema es la evolución histórica que está sufriendo este instituto, "que, de ser originariamente un mecanismo de defensa de la conciencia religiosa frente a la intolerancia del poder, ha pasado a tutelar también contenidos éticos de conciencia, no necesariamente vinculados a creencias religiosas"[5]. Asi, encontramos desde objeciones de conciencia por razones estrictamente religiosas –como, por ejemplo, en el supuesto de la objeción a la obligación de trabajar en días festivos[6]-, a objeciones basadas en convicciones ajenas a cualquier credo religioso, como sería el caso de la negativa a testar nuevos productos directamente sobre animales vivos.

Ante este panorama, la intención con la que se aborda el presente libro es muy concreta: dejando a un lado el tratamiento de la objeción de conciencia en general, abundantemente desarrollada por especialistas del Derecho eclesiástico[7] y constitucionalistas, el estudio se ceñirá a una cuestión menos estudiada, como es la objeción de conciencia entendida como un mecanismo de protección de las convicciones, en especial de aquella que considera que la vida humana es un valor que debe ser protegido por un Estado democrático de Derecho.

En efecto, hasta la fecha, las demandas de objeción de conciencia relativas a la protección de la vida humana se han fundamentado en razones religiosas. De hecho, los objetores de conciencia al aborto, por ejemplo, han fundamentado sus pretensiones fundamentalmente

---

G., "Bioética y objeción de conciencia", en *Actas del Congreso Internacional de Bioética*, Pamplona, 1999. [consultado 26 de abril 2014]. Disponible en Disponible en: http://www.unav.es/cdb/uncib2c.html#note11

5 Navarro-Valls, R., Martínez-Torrón, J., *Conflictos entre conciencia y ley: las objeciones de conciencia*, *op. cit.*, p. 30.

6 Cfr. Sieira Mucientes, S., *La objeción de conciencia sanitaria*, *op. cit.*, p. 29.

7 Puede consultarse, entre otros, Ibán, I. C., Prieto Sanchís, L., Motilla, A., *Curso de derecho eclesiástico*, Universidad Complutense, Facultad de Derecho, Servicio de Publicaciones, Madrid, 1991; Guitarte Izquierdo, V., Escrivá Ivars, J. (eds.), *La objeción de conciencia: actas del VI Congreso Internacional de Derecho Eclesiástico del Estado (Valencia 28-30 mayo 1992)*, Consejo General del Poder Judicial, Madrid, 1993; Martín Sánchez, I. (coord.), *Libertad religiosa y derecho sanitario*, Fundación Universitaria Española, Madrid, 2007; Ferrer Ortiz, J. (coord.), *Derecho Eclesiástico y del Estado*, EUNSA, Pamplona, 2012; Navarro-Valls, R., Martínez-Torrón, J., *Conflictos entre conciencia y ley: las objeciones de conciencia*, *op. cit*.

en su credo religioso. Sin embargo, la perspectiva que aborda la objeción de conciencia como protección de las convicciones en un Estado de Derecho ha sido escasamente tratada por la doctrina. No obstante, es evidente que la vida humana, y de manera especial en sus fases más vulnerables -como sería el caso de la vida naciente-, no es un valor que afecte sólo a las personas que posean convicciones religiosas, sino también a cualquier ciudadano capaz de entender el significado de la dignidad humana. No está de mas aquí recordar que el Preámbulo de la Declaración Universal de Derechos Humanos comienza afirmando que "la libertad, la justicia y la paz en el mundo tienen por base el reconocimiento de la dignidad intrínseca y de los derechos iguales e inalienables de todos los miembros de la familia humana"; mientras que su artículo 3 afirma que "Todo individuo tiene derecho a la vida, a la libertad y a la seguridad de su persona".

En este contexto, como ya se ha apuntado, el objetivo principal es contribuir a la fundamentación de la objeción de conciencia basada en la convicción del valor vida humana naciente. A fin de lograr el objetivo propuesto, el presente libro se divide en tres capítulos.

En el primer capítulo, denominado *Libertad de conciencia y objeción de conciencia,* se investigan las posturas que ha adoptado la doctrina científica sobre la libertad de pensamiento, conciencia y religión, así como la relación existente entre la libertad de conciencia y la objeción de conciencia. De este modo, se pretende mostrar los rasgos más significativos de la figura jurídica de la objeción de conciencia, lo que ayudará a sentar las bases para el desarrollo del capítulo siguiente.

En el capítulo segundo, titulado *Las convicciones y su protección jurídica*, se aborda el objeto de tutela de la objeción de conciencia, las convicciones, así como los elementos que las configuran, su desarrollo legal y jurisprudencial. A nivel internacional, se analiza el tratamiento que se les dispensa, tanto en el Sistema Europeo de Derechos Humanos (SIEDH) como en el Sistema Interamericano de Derechos Humanos (SIDH). A nivel nacional, se lleva a cabo una aproximación al derecho español.

En el tercer capítulo, *Dignidad, vida humana, objeción de conciencia y convicciones*, se estudia el derecho a la objeción de conciencia y su relación con la dignidad y la vida humana, desde una perspectiva interdisciplinar. Resulta conveniente precisar que se ha adoptado como materia de estudio el valor *vida humana naciente* debido a que, en la actualidad, un buen número de los conflictos relativos a la objeción de conciencia se producen en torno a esta convicción fundamental. Teniendo en cuenta lo antes señalado, se ha creído conveniente dividir el presente capítulo en dos apartados. En una primera parte, se analiza el principio de la dignidad humana, entendido como fundamento de todos los derechos y, en especial, de la vida humana. Para ello, se adopta una perspectiva iusfilosófica. En una segunda parte, se analiza el valor de la vida humana como bien jurídico básico en un Estado democrático de Derecho. En razón de ello, se aborda el estatuto biológico, ontológico y jurídico del embrión humano, a fin de fundamentar y justificar el valor vida humana naciente, y si tal valor justifica su respeto a través de la tutela de esta convicción. Finalmente, y desde una perspectiva jurídica, se realiza una aproximación doctrinal y jurisprudencial, recurriendo principalmente a los pronunciamientos del Tribunal Europeo de Derechos Humanos (TEDH) y del Tribunal Constitucional Español (TCE).

El presente libro se ha elaborado a partir del estudio de las fuentes legales, jurisprudenciales y doctrinales que han abordado la objeción de conciencia y la protección jurídica de la vida humana naciente, especialmente en España. Por ello, se ha revisado la legalidad vigente, las sentencias del Tribunal Constitucional Español y de otras instancias judiciales inferiores. Asimismo, durante toda la investigación se ha recurrido al estudio de la doctrina española relacionada con el tema de la investigación. Además, y dado que en la actualidad los ordenamientos jurídicos poseen un importante componente de derecho internacional, también se han analizado las sentencias del Tribunal Europeo de Derechos Humanos y la Corte Interamericana de Derechos Humanos.

Los métodos utilizados han sido el deductivo y el inductivo, todo ello desde una perspectiva especialmente jurídica, pero también multidisciplinar. El primer tipo de razonamiento -que va de lo general a lo particular-, se ha empleado, principalmente, en los primeros capítulos de este libro. El estudio desciende desde nociones generales, como el derecho a la libertad de pensamiento, conciencia y religión, hasta el análisis de situaciones concretas y específicas.

El método inductivo ha sido utilizado en el análisis de la jurisprudencia nacional e internacional sobre casos de objeción de conciencia, convicciones, dignidad y respeto a la vida humana. En concreto, partiendo de problemáticas particulares, se ha intentado llegar a conclusiones y principios generales, incluso aplicables a futuros casos.

Por último, quiero expresar mi agradecimiento, a la profesora Ángela Aparisi, la Profª. Maricruz Díaz de Terán, y al Prof. José López Guzmán quienes con mente universitaria me animaron a profundizar en el estudio de la objeción de conciencia y la protección de las convicciones.

El presente libro fue posible culminar gracias al diálogo que pude entablar con profesores de la Universidad de Navarra (España), de la Universidad Sacro Cuore de Roma (Italia), la Universidad Rey Juan Carlos (España) y la Universidad Católica de Avila (España), que me brindaron generosamente su tiempo al resolver mis dudas, ya sea de forma personal o por correo electrónico. Un agradecimiento especial al ex Magistrado del Tribunal Constitucional español, Prof. Andrés Ollero Tassara, su ayuda y disponibilidad, al responderme a las dudas que me surgieron en lo relativo a la jurisprudencia constitucional española, y también a todos ellos, que no menciono nominalmente para no alargar estas páginas introductorias, les expreso mi especial gratitud.

No puedo terminar estas líneas introductorias sin agradecer a los directivos de la Universidad Católica Santo Toribio de Mogrovejo, a mis amigos de la Facultad de Derecho, y del Instituto de Bioética de la misma casa de estudios, así como a mi hermano Juan Augusto, mi cuñada Liliana, a mis sobrinos Milan, Facundo y a mi familia de las Cruzadas de Santa María en la persona de Doña Lydia Jiménez González que me motivaron y me animaron realizar el presente libro.

LA AUTORA

Capítulo I

LIBERTAD DE CONCIENCIA Y OBJECIÓN DE CONCIENCIA

1. LIBERTAD DE PENSAMIENTO, CONCIENCIA Y RELIGIÓN

Cuando se estudia la objeción de conciencia, es frecuente asociarla a la libertad de conciencia. Los documentos internacionales nunca mencionan esta libertad de forma independiente, sino que siempre la refieren conectada con la libertad de pensamiento y de religión. Por ello, en el presente apartado comenzaremos haciendo mención de estas libertades, para posteriormente desarrollar, de manera sucinta, los rasgos más significativos de la objeción de conciencia, así como sus diferencias con otras figuras con las que, en ocasiones, tiende a confundirse.

1.1. Configuración jurídica

Como ya se ha indicado, los documentos internacionales sobre derechos humanos mencionan la libertad de conciencia de forma conjunta con la libertad de pensamiento y religión[8], lo que ha dificultado

---

[8] Así lo hace la Declaración Universal de los Derechos Humanos, aprobada por la Asamblea General de las Naciones Unidas, el 10 de diciembre del 1948 en su artículo 18, que textualmente dice: "Toda persona tiene derecho a la libertad de pensamiento, de conciencia y de religión; éste derecho incluye la libertad de cambiar de religión o de creencia, así como la libertad de manifestar su religión o su creencia, individual y colectivamente, tanto en público como en privado, por la enseñanza, la práctica, el culto y la observancia (...)". El texto se repite con alguna ligera variación, en el Convenio para la Protección de los Derechos Humanos y de las Libertades Fundamentales, firmado en Roma el 4 de noviembre de 1950 en su artículo 9, inciso 1, en el que precisa: "Toda persona tiene derecho a la libertad de pensamiento, de conciencia y de religión; este derecho implica la libertad de cambiar de religión o de convicciones, así como la libertad de manifestar su religión o sus convicciones individual o colectivamente, en público o en privado, por medio del culto, la enseñanza, las prácticas y la observancia de

tener criterios claros sobre su contenido y el ámbito propio de estas libertades, de forma que, en ocasiones, no se sabe si se está haciendo referencia a tres derechos o a tres aspectos de un único derecho[9]. Solo la Convención Americana de Derechos Humanos, firmada en San José de Costa Rica el 22 de noviembre de 1969, constituye una excepción a ese planteamiento, pues regula la libertad de conciencia y la de religión en su artículo 12 y las de pensamiento y expresión en su artículo 13 respectivamente. El artículo 12 inciso 1 establece: "Toda persona tiene derecho a la libertad de conciencia y de religión. Este derecho implica la libertad de conservar su religión o sus creencias, o de cambiar de religión o de creencias, así como la libertad de profesar y divulgar su religión o sus creencias, individual o colectivamente, tanto en público como en privado (...)". El artículo 13 inciso 1 precisa: "Toda persona tiene derecho a la libertad de pensamiento y de expresión. Este derecho comprende la libertad de buscar, recibir y difundir informaciones e ideas de toda índole, sin consideración de fronteras, ya sea oralmente, por escrito o en forma impresa o artística, o por cualquier otro procedimiento de su elección (...)"[10]. Al margen

---

los ritos (...)". En el mismo sentido, el Pacto Internacional de Derechos Civiles y Políticos de New York, del 16 de diciembre de 1966, en su artículo 18, inciso 1, establece que "Toda persona tiene derecho a la libertad de pensamiento, de conciencia y de religión; este derecho incluye la libertad de tener o de adoptar la religión o las creencias de su elección, así como la libertad de manifestar su religión o sus creencias, individual o colectivamente, tanto en público como en privado, mediante el culto, la celebración de los ritos, las prácticas y la enseñanza (...)". La Declaración sobre la eliminación de todas las formas de intolerancia y discriminación basadas en la religión o convicción, adoptada por la Asamblea General de las Naciones Unidas, el 25 de noviembre de 1981, establece lo mismo, en su artículo 1 inciso 1: "Toda persona tiene derecho a la libertad de pensamiento, de conciencia y de religión. Este derecho incluye la libertad de tener una religión o cualesquiera convicciones de su elección, así como la libertad de manifestar su religión o sus convicciones individual o colectivamente, tanto en público como en privado, mediante el culto, la observancia, la práctica y la enseñanza (...)". Por último, en la Convención sobre los Derechos del Niño del 20 de noviembre de 1990 en su artículo 14, inciso 1 señala: "Los estados partes respetarán el derecho del niño a la libertad de pensamiento, de conciencia y de religión".

9 Cfr. Martínez-Torrón, J., "El derecho a la libertad religiosa en la jurisprudencia en torno al Convenio Europeo de Derechos Humanos", en *Anuario de Derechos Eclesiástico del Estado*, (II), 1986, p. 423.

10 Hervada, J., "Libertad de conciencia y error sobre la moralidad de una terapéutica", en *Escritos de Derecho Natural*, EUNSA, Pamplona, 2013, pp. 173-182.

de esta excepción, en los textos internacionales en los que se recogen estas libertades aparecen citados seis términos: pensamiento, religión, creencia, convicción, conciencia y opinión[11].

Esta diversidad de expresiones utilizadas hace que entre los autores que estudian los derechos humanos y las libertades públicas no exista unanimidad de criterios a la hora de diferenciar los contenidos de dichos derechos[12]. Ante estas incertidumbres interpretativas, se ha creído conveniente sistematizar las posturas doctrinales existentes en tres grandes grupos.

Existe un primer grupo de autores que consideran que, tal y como se encuentran reguladas en los documentos internacionales, se está ante tres libertades diferentes e independientes, pero complementarias entre sí. En España comparten esta postura, J. VILLADRICH[13], J. M. HERVADA[14] Y J. M. ZUMAQUERO[15], J. M. BENEYTO PÉREZ[16], M. GASCÓN

---

11 Cfr. HERVADA, J., "Libertad de conciencia y error sobre la moralidad de una terapéutica", *op. cit.*, p. 178.

12 Al respecto, J. Hervada refiere que las libertades de pensamiento, conciencia y religión constituyen el núcleo fundamental de las libertades cívicas. Pese a su importancia, existe una notable indeterminación en su reconocimiento legal y en el contenido que se les atribuye; originándose una situación un tanto confusa y fluctuante, en sus terminologías y en sus configuraciones jurídicas, cfr. HERVADA, J., "Libertad de conciencia y error sobre la moralidad de una terapéutica", *op. cit.*, pp. 172-173.

13 VILADRICH, P., "Ateismo y libertad religiosa en la Constitución española de 1978", en *Ius Canonicum*, vol. XXII, (43), 1982, pp. 54-55. También en *Revista de Derecho Público*, (90), 1983, pp. 82-87. Y en VILADRICH, P., "Los principios informadores del derecho eclesiástico español", en *Derecho Eclesiástico y del Estado*, op. cit., p. 93.

14 Cfr. HERVADA, J., "Libertad de conciencia y error sobre la moralidad de una terapéutica", *op. cit.*, pp. 172-173.

15 HERVADA, J., ZUMAQUERO, J., *Textos internacionales de Derechos Humanos*, 2ª. EUNSA, Pamplona, 1992, pp. 148-149 en nota a pie de página.

16 BENEYTO, J., "Artículo 16. Libertad ideológica y religiosa", en Santiago Sánchez González, *et al.*, *Comentarios a la Constitución Española de 1978*, ALZAGA VILLAAMIL, O. (dir.), Tomo II, artículos 10 a 23 de la Constitucion Española de 1978, Edersa, Madrid, 1997, pp. 303-338.

ABELLÁN[17], J. MANTECÓN SANCHO[18], M. MARTÍNEZ SOSPEDRA[19] y, más recientemente, R. DOMINGO[20] y S. TARODO[21], entre otros. Para esta postura doctrinal resultan perfectamente distinguibles los ámbitos de injerencia en cada una de estas libertades.

Al respecto, siguiendo a S. TARODO, se podría afirmar que la divergencia entre estas libertades se encuentra en el objeto de protección. En la libertad de conciencia serán las convicciones, entendidas como aquellas ideas, creencias u opiniones que la persona siente que son parte irrenunciable de su identidad. Por su parte, el objeto de la libertad de pensamiento son todas las ideas, pensamientos y opiniones por igual, sin hacer ninguna distinción. Por último, el objeto de protección de la libertad religiosa son las creencias religiosas[22].

Siguiendo en esta misma línea de pensamiento, para J. VILLADRICH nos encontramos frente a tres derechos humanos o libertades fundamentales. Así tenemos que, por un lado, la libertad de pensamiento o ideológica tiene por objeto el conjunto de ideas o juicios que el ser humano tiene sobre el mundo que le rodea. Por otro lado, la libertad conciencia se fundamenta en la búsqueda del bien por parte del hombre, amparándose en el respeto a su juicio de moralidad y a su actuación en relación con ese juicio. Y la libertad de religión tiene por objeto la fe a través de todas sus manifestaciones. Estas tres libertades son totalmente autónomas[23].

---

17 GASCÓN ABELLÁN, M., *Obediencia al Derecho y objeción de conciencia*, *op. cit.*, pp. 256-257.

18 MANTECÓN SANCHO, J., *El derecho fundamental de libertad religiosa: textos, comentarios y bibliografía*, EUNSA, Pamplona, 1996, pp. 59-61.

19 MARTÍNEZ SOSPEDRA, M., *Libertades públicas*, Fundación Universitaria San Pablo CEU, Valencia, 1993, p. 124.

20 DOMINGO, R., "Restoring Freedom of Conscience", en *Journal of Law and Religion*, Cambridge University Press, USA, (30/2), 2015, p. 11.

21 Cfr. TARODO, S., *Libertad de conciencia y derecho del usuario de los servicios sanitarios*, Universidad del País Vasco, Bilbao, 2005, pp. 82-83.

22 *Ibidem*.

23 Cfr. VILADRICH, P., "Los principios informadores del derecho eclesiástico español", en *Derecho Eclesiástico y del Estado*, *op. cit.*, pp. 93-94. Además, en VILADRICH, P., "Ateísmo y libertad religiosa en la Constitución española de 1978", *op. cit.*, pp. 54-55. También en *Revista de Derecho Público*, 90 (1983), pp. 82-87.

Por su parte, más recientemente, R. DOMINGO considera que estos tres derechos (libertad de pensamiento, conciencia y religión) son progresivos e interdependientes, de tal forma que cada libertad es distinguible y mantiene su autonomía y espacio legal. Por ello, sin la libertad de pensamiento no se podría configurar la libertad de conciencia y sin ésta no podría existir la libertad de religión[24]. Y así, esta triada de libertades no las concibe como idénticas, sino complementarias. En este sentido "la libertad de conciencia exige la libertad de pensamiento porque el razonamiento libre es una condición necesaria para hacer juicios morales. La libertad de religión exige la libertad de conciencia porque la decisión de ser religiosa o no es una decisión personal moral, una decisión de conciencia, y no estrictamente una decisión religiosa (...)"[25]. Por lo que afirma que "la libertad de conciencia es el comienzo -el punto- pero en ningún caso el punto final de la libertad religiosa"[26]. Como se aprecia, existe a su juicio una íntima relación entre estos tipos de libertades.

Frente a la corriente doctrinal antes mencionada, existe un segundo grupo de autores que considera que las libertades de pensamiento, conciencia y religión, reguladas en los documentos internacionales, hacen referencia a un único derecho o a una única libertad, cuyo objeto de protección es el conjunto de convicciones que conforman una determinada concepción o interpretación de la existencia humana, con independencia de que se asiente sobre principios religiosos, filosóficos o ideológicos[27]. Partidario de este planteamiento es J. MARTÍNEZ-TORRÓN, quien al respecto afirma que "(...) sería desenfocado considerar que esos términos se corresponden con tres libertades diversas, cada una de ellas con un ámbito de protección propio y exclusivo (...) en realidad se está hablando de distintas dimensiones de un solo derecho de libertad"[28].

---

24 Cfr. DOMINGO, R., "Restoring Freedom of Conscience", *op. cit.*, p. 11.

25 *Ibidem.*

26 *Ibidem.*

27 VALERO HEREDIA, A., *La libertad de conciencia del menor de edad desde una perspectiva constitucional*, Centro de Estudios Políticos y Constitucionales, Madrid, 2009, p. 11.

28 MARTÍNEZ-TORRÓN, J., "La protección internacional de la libertad religiosa", en *Tratado de Derecho eclesiástico*, [edición coordinada por el] Instituto Martín de Azpilicueta], EUNSA, Pamplona, 1994, pp. 188-189.

En línea de pensamiento se encuentra I. MARTÍN SÁNCHEZ, quien sostiene que las libertades de pensamiento, conciencia y religión reguladas en los documentos internacionales tienen como finalidad garantizar la elección de unas convicciones ya sean religiosas o ideológicas, y su manifestación[29].

Además de los autores mencionados, se incluirían, con distintos matices, las tesis de autores como L. PRIETO SANCHÍS[30], quien afirma: "(...) la libertad de pensamiento es muy amplia, y comprende la libertad ideológica y religiosa, y la libertad de conciencia"[31]. Por su parte J. A. SOUTO PAZ considera la libertad religiosa como un aspecto de la libertad de pensamiento[32] o D. LLAMAZARES FERNÁNDEZ[33], para quien la libertad religiosa forma parte de la libertad ideológica[34]. También

---

29 Cfr. MARTÍN SÁNCHEZ, I., "Las libertades de pensamiento, de conciencia y de religión en el ordenamiento jurídico internacional", en *Proyección nacional e internacional de la libertad religiosa*, DE LA HERA A. y MARTÍNEZ DE CODES, R.M. (coords.), Ministerio de Justicia, Dirección General de Asuntos Religiosos, Madrid, 2001, p. 28.

30 PRIETO SANCHÍS, L., *Estudios sobre derechos fundamentales*, Debate, Madrid, 1990.

31 PRIETO SANCHÍS, L., "El derecho fundamental a la libertad religiosa", en *Curso de derecho eclesiástico*, *op. cit.*, pp. 302-303.

32 Cfr. SOUTO PAZ, J., "Libertad ideológica y religiosa en la jurisprudencia constitucional", en *Las relaciones entre la Iglesia y el Estado. Estudios en memoria del profesor Pedro de Lombardia*, Universidad Complutense, Madrid, 1989, p. 194.

33 LLAMAZARES FERNÁNDEZ, D., *Derecho Eclesiástico del Estado. Derecho de la libertad de conciencia*, Servicio de Publicaciones de la Facultad de Derecho de la Universidad Complutense, Madrid, 1989, pp. 13-18.

34 Cfr. LLAMAZARES FERNÁNDEZ, D., *Derecho de la Libertad de conciencia. I, Libertad de conciencia y laicidad*, Thomson-Civitas, Cizur Menor, 2007, pp. 25-27.

G. PECES BARBA[35], J. M. SERRANO ALBERCA[36], J. M. CONTRERAS MAZARIO[37] y J. M. TAMARIT SUMALLA[38].

Otra postura *sui generis* es la adoptada por parte de la doctrina constitucionalista española. Algunos autores, siguiendo la configuración de la Constitución española (CE)[39], sostienen la existencia de dos libertades: la ideológica y la religiosa. Entre ellos, destaca E. ÁLVAREZ CONDE, quien, al referirse al artículo 16 de la CE, establece que este "(...) constitucionaliza dos derechos fundamentales de ámbito personal, íntimamente relacionados entre sí, pero con sustantividad propia"[40]. Por ello, considera que los derechos a la libertad ideológica y religiosa se reconocen en el artículo 16[41]. En la misma línea, J. PÉREZ ROYO, manifiesta que el artículo 16 "(...) garantiza simultáneamente la libertad ideológica y religiosa y de culto, aunque se trata de dos libertades distintas, más amplia la primera que la segunda"[42]. Se encuadra también aquí la posición de F. FERNÁNDEZ SEGADO quien considera que "(...) el artículo 16 de (la) Constitución acoge un conjunto de libertades que, pese a hallarse perfectamente diferenciadas,

---

35 Por su parte, G. Peces Barba alude a la libertad de pensamiento y de conciencia como derechos del artículo 16 CE, cfr. PECES BARBA, G., *Derecho y derechos fundamentales*, Centro de Estudios Constitucionales, Madrid, 1993, p. 98.

36 SERRANO ALBERCA, J., "Artículo 16", en *Comentarios a la Constitución*, GARRIDO FALLA, F. (coord.), segunda edición., Cívitas, Madrid, 1985, p. 287.

37 CONTRERAS, J., "Algunas consideraciones sobre la libertad de conciencia en el sistema constitucional español (I)", en *Derechos y Libertades. Revista del Instituto Bartolomé de las Casas*, 3 (1994), pp. 138-139.

38 TAMARIT SUMALLA, J., *La Libertad Ideológica en el Derecho Penal*, PPU, Barcelona, 1989, pp. 38-41 y 46-62.

39 Artículo 16: Libertad ideológica y religiosa

1. Se garantiza la libertad ideológica, religiosa y de culto de los individuos y las comunidades sin más limitación, en sus manifestaciones, que la necesaria para el mantenimiento del orden público protegido por la ley.

2. Nadie podrá ser obligado a declarar sobre su ideología, religión o creencias.

3. Ninguna confesión tendrá carácter estatal. Los poderes públicos tendrán en cuenta las creencias religiosas de la sociedad española y mantendrán las consiguientes relaciones de cooperación con la Iglesia Católica y las demás confesiones.

40 ÁLVAREZ CONDE, E. *Curso* de *Derecho Constitucional*, Tecnos, Madrid, 1996, p. 320.

41 Cfr. *Ibidem*.

42 PÉREZ ROYO, J., *Curso de Derecho Constitucional*, Marcial Pons, Madrid, 1996, p. 252.

mantienen en común ciertos vínculos que justifican su acogida en un mismo precepto”[43]. Asimismo, G. ESCOBAR ROCA sostiene que “de las afirmaciones precedentes se sigue que no es contradictorio afirmar que la objeción de conciencia es un derecho derivado de la libertad de conciencia y que lo es de la libertad ideológica y religiosa. Si desde el punto de vista material resulta más correcto la primera afirmación, desde la perspectiva constitucional, la segunda parece más acertada”[44]. Por lo que según este grupo de autores solo existirían dos libertades: la ideológica y la religiosa.

A pesar de la falta de unanimidad sobre la configuración jurídica de estas libertades, nos aventuramos a manifestar que cuando los documentos internacionales se refieren a la libertad de pensamiento, conciencia y religión, lo que pretenden es proteger el derecho a garantizar la formación y la elección de unas convicciones o creencias, independientemente de su fundamentación, ya sean religiosas o no. La postura de R. DOMINGO no es contradictoria con lo antes mencionado, cuando sostiene que las libertades de pensamiento, conciencia y religión son interdependientes entre sí pero, a la vez, no dejan de tener autonomía propia[45]. De tal forma que no puede existir libertad de conciencia sin previamente darse la libertad de pensamiento[46], y no podrá concurrir la libertad religiosa sin antes existir una libertad de conciencia[47]. Se comprende entonces lo que afirma J. LÓPEZ GUZMÁN, cuando sostiene que “aun cuando estas libertades posean muchas conexiones, no puede identificarse la libertad de pensamiento con la de religión o con la de conciencia”[48].

---

43 FERNÁNDEZ SEGADO, F., *El sistema constitucional español*, Dykinson, Madrid, 1992, pp. 294-295. En la misma línea, vid. ESPÍN, E., “Libertad ideológica y religiosa”, en *Derecho Constitucional*, LÓPEZ GUERRA, L. (coord.), vol. 1, Tirant lo Blanch, Valencia, 1997, p. 207.

44 ESCOBAR ROCA, G., *La objeción de conciencia en la Constitución Española*, Centro de Estudios Constitucionales, Madrid, 1993, p. 193.

45 Cfr. DOMINGO, R., “Restoring Freedom of Conscience”, *op. cit.*, p. 11.

46 Al respecto, R. Domingo señala “La libertad de pensamientos es la condición indispensable de las demás libertades”, DOMINGO, R., “Restoring Freedom of Conscience”, *op. cit.*, p. 11.

47 *Ibidem.*

48 LÓPEZ GUZMÁN, J., *Objeción de conciencia farmacéutica*, *op. cit.*, p. 37.

En este sentido, adoptaremos la postura que sostiene la existencia de tres libertades autónomas, pero, a la vez, interdependientes entre sí, con una vinculación profunda que subyace en la propia naturaleza racional del hombre, como veremos en el siguiente epígrafe.

1.2. Fundamento

Como se ha señalado, las libertades de pensamiento, conciencia y religión tienen un fundamento común que está en el dominio que tiene el hombre sobre su ser, sobre su racionalidad[49]. En esta línea de pensamiento, P. VILADRICH sostiene que estas tres libertades "tienen en común (...) que las tres implican el reconocimiento de la naturaleza y dignidad del ser personal en su dimensión más profunda y específica, aquel dónde actúa su racionalidad, mediante la búsqueda y el establecimiento de su relación con la verdad, el bien y Dios"[50].

Respecto de la racionalidad, J. HERVADA manifiesta que "(...) es importante señalar que no todo lo generado en el mundo de la racionalidad es objeto de libertad en el paso de su manifestación. La libertad manifestable es aquella cuyo ejercicio no produce un acto injusto y pertenece al ámbito de la autodeterminación de la persona"[51].

Esta racionalidad del ser humano comprende tres aspectos básicos: el conocimiento o relación con la verdad, que daría como resultado la libertad de pensamiento; la aceptación de la creaturidad y la consiguiente relación con Dios, que desembocaría en la libertad de religión[52]; y la moralidad, entendida como ámbito de actuación de la persona o elección del bien moral, se plasmaría en la libertad de

---

49 Cfr. HERVADA, J., "Libertad de conciencia y error sobre la moralidad de una terapéutica", *op. cit.*, p. 184.

50 VILADRICH, P., "Los principios informadores del derecho eclesiástico español", en *Derecho Eclesiástico y del Estado*, *op. cit.*, p. 94.

51 HERVADA, J., "Libertad de conciencia y error sobre la moralidad de una terapéutica", *op. cit.*, p. 187.

52 En relación con la libertad religiosa, J. HERVADA, sostiene que lo protegido en ella es el acto libre del hombre de querer adherirse a Dios, por lo que todo acto debe estar inmune de coacción tanto para ejecutar ese acto como para no hacerlo; por lo que, desde esa visión, tanto el agnosticismo como el ateísmo son objeto de libertad religiosa, cfr. HERVADA, J., "Libertad de conciencia y error sobre la moralidad de una terapéutica", *op. cit.*, p. 193.

conciencia[53]. En este sentido, R. DOMINGO, haciendo un comentario a estas libertades, afirma que:

> "La libertad de pensamiento es una demanda de la persona humana como un ser racional *(homo rationalis)*, la libertad de conciencia es una demanda de la persona humana como un ser moral *(homo moralis)*; y la libertad de religión es una demanda de la persona humana como un ser religioso *(homo religiosus)*. Estos tres derechos completamente son entrelazados, pero ellos son ontológicamente diferentes. Aunque las tres libertades sean protegidas bajo el mismo derecho humano universal"[54].

Estos tres aspectos básicos llevan consigo la necesidad de no injerencia del Estado en dichos ámbitos[55]. En este sentido, P. VILADRICH considera que estas libertades pertenecen a un campo de no pertenencia, ni de poder del Estado, sino más bien a un ámbito propio, innato, inviolable, irrenunciable e imprescriptible de la racionalidad y de la conciencia del ser humano. En este sentido, cada hombre busca y establece su acto personal de relación con la verdad, la belleza, el bien y Dios. Por ello, la diferencia entre un Estado totalitario y un Estado democrático se encuentra en que en el primero existen ciudadanos-súbditos en todo, incluso en su intimidad o en su vida personal, mientras que, en el segundo Estado, en el democrático, estamos ante ciudadanos libres, desde la libertad de su racionalidad y de su conciencia[56].

En este sentido, la persona humana, por su configuración de ser racional, moral y religiosa, debe gozar del amparo de los poderes del Estado, lo cual traerá como resultado una verdadera neutralidad ética de éste, evitando la injerencia en las conciencias de sus ciudadanos[57].

1.3. Aproximación a la libertad de pensamiento y de religión

A continuación, se intentarán aportar algunas precisiones conceptuales sobre la libertad de pensamiento y la libertad de religión. Más

---

53 *Ibidem*, p. 186.

54 DOMINGO, R., "Restoring Freedom of Conscience", *op. cit.*, p. 1.

55 Cfr. HERVADA, J., "Libertad de conciencia y error sobre la moralidad de una terapéutica", *op. cit.*, p. 184.

56 Cfr. VILADRICH, P., *Derecho Eclesiástico y del Estado español*, *op. cit.*, p. 204.

57 Cfr. NAVARRO-VALLS, R., MARTÍNEZ-TORRÓN, J., *Conflictos entre conciencia y ley: las objeciones de conciencia*, *op. cit.*, pp. 71-75.

adelante se abordará, de forma más minuciosa, la libertad de conciencia, dada su importancia para nuestra investigación.

1.3.1. Libertad de pensamiento

El pensamiento puede definirse como el sistema de ideas, o juicios que el ser humano se forma, sobre las personas y su entorno, dándole ocasión de actuar como ser racional de acuerdo con sus fines[58]. Por su parte J. HERVADA afirma:

> "Hay quienes reducen la libertad de pensamiento a lo que se llama una *cosmovisión* o -según el sentido neológico del término- *Weltanschauung*. A nuestro juicio es más amplia; la ideología o pensamiento no precisa referirse solo a los juicios e ideas básicas y más fundamentales de la realidad. Abarca cuanto se incluya en los fines naturales del hombre (en ello reside su fundamentalidad), aunque se trate de los aspectos menos trascendentales, como es el lúdico. O sea, el sentido más clásico y tradicional de *Weltanschauung,* como ideario o ideología"[59].

En esta línea, se puede definir la libertad de pensamiento como la "facultad que tiene toda persona de escoger o elaborar, por sí misma, las respuestas que entienda más convenientes a todas las preguntas que le plantea el devenir de su vida personal y social, de comportarse de acuerdo con tales respuestas y de comunicar a los demás lo que considere verdadero"[60]. Reafirmando lo anterior, J. HERVADA y J. M. ZUMAQUERO consideran que el pensamiento hace referencia a la concepción sobre las cosas, el hombre y la sociedad, es decir al pensamiento filosófico, cultural, científico, político, artístico, lúdico, etc; en este sentido puede decirse que no se trata solo de una libertad limitada al conocimiento especulativo y a su transmisión o manifestación, sino que engloba el entendimiento práctico y comporta la libertad de obrar y de conducirse de conformidad con el propio pensamiento.

---

58 Cfr. SIEIRA MUCIENTES, S., *La objeción de conciencia sanitaria*, *op. cit.*, p. 30.

59 HERVADA, J., "Libertad de conciencia y error sobre la moralidad de una terapéutica", *op. cit.*, p. 189.

60 RIVERO, J., *Les libertés publiques*, Presses Universitaires de France, Paris, 1980, citado por TARODO, S., *Libertad de conciencia y derecho del usuario de los servicios sanitarios*, *op. cit.*, p. 86.

Como refieren los autores en mención, se trata de una libertad no solo de pensar, sino también de obrar[61].

En este sentido, puede apreciarse que esta libertad no solo estaría referida al mero pensamiento, sino que además implicaría la capacidad de actuar conforme a la ideología o pensamiento que se posee[62]. Esto se refleja, por ejemplo, en el pronunciamiento del Fiscal en la Sentencia del Tribunal Constitucional Español (STCE) de 11/2016, del 01 de febrero, que resolvió el recurso de amparo número 533-2014, en el que establece:

> "El derecho a la libertad ideológica no se agota en una dimensión interna a la hora de adoptar una determinada posición intelectual ante la vida; alcanza igualmente a una dimensión que permite a los ciudadanos exteriorizar ese claustro íntimo con arreglo a sus propias convicciones, manteniéndolas frente a terceros, lo que supone que tal actuar no puede llevar aparejado sanción o demérito"[63].

Como refiere G. Escobar, la libertad ideológica no es libertad de ideas, sino de ideología y esta hace referencia a las ideas fundamentales del individuo, las que, de un modo u otro, afectan a su concepción de la vida, por lo que se excluyen del concepto de ideas aisladas y de menor importancia[64]. Por ello, esta libertad tiene una correspondencia especial con el intelecto, y éste, a su vez, posee una relación objetiva con la verdad, por lo que la libertad de pensamiento o libertad ideológica nace de esa relación[65].

Se comprende entonces lo que afirma J. Hervada, cuando sostiene que "la libertad de pensamiento no se basa en la indiferencia del entendimiento respecto de la verdad, sino en la pertenencia del pen-

---

61 Cfr. Hervada, J., "Libertad de conciencia y error sobre la moralidad de una terapéutica", *op. cit.*, p. 188.

62 *Ibidem*., pp. 188-190.

63 STCE 11/2016, del 1 de febrero de 2016 dictada en el recurso de amparo avocado núm. 533-2014, en BOE, Número 57, 07 de marzo de 2016. Fundamento Jurídico número 7, p. 18385. [consultado 17 de enero 2016]. Disponible en: Disponible en: http://www.boe.es/boe/dias/2016/03/07/pdfs/BOE-A-2016-2328.pdf.

64 Cfr. Escobar Roca, G., *La objeción de conciencia en la Constitución Española*, *op. cit.*, p. 190.

65 Cfr. Hervada, J., "Libertad de conciencia y error sobre la moralidad de una terapéutica", *op. cit.*, p. 190.

samiento al ámbito íntimo de la persona (y, el último término, en la dignidad humana), que es dueña de sí y, en consecuencia, de su capacidad y actividad intelectual y volitiva"[66]. En este sentido "la libertad de pensamiento es propia de todo hombre, esté en la verdad o en error y cualquiera que sea su opinión, dentro de los límites antes descritos"[67].

De esto se desprende que, independientemente de que el Estado reconozca el derecho a la libertad de pensamiento, el ser humano, por su naturaleza racional, ya la posee[68]. Se trata, en definitiva, de un derecho a pensar, aunque no sea verdad lo que se piensa. Por ello, el derecho está en el plano de lo subjetivo, no en el objetivo: no se fundamenta en el hecho de que todo sea opinable, sino en que es legítimo opinar[69].

En relación con lo manifestado, considero que libertad de pensamiento es equiparable a la libertad ideológica, tal y como señalan algunos autores; entre ellos, I. Martín Sánchez, cuando refiere que la libertad de pensamiento es un concepto sinónimo de la libertad ideológica en lo referente a los documentos internacionales[70]. Por su parte, J. Hervada en sus escritos hace continuamente referencia a la libertad de pensamiento o ideológica, como si solo nos refiriéramos a una sola libertad[71].

---

66 *Ibidem.*

67 *Ibidem.*

68 Cfr. López Guzmán, J., *Objeción de conciencia farmacéutica*, *op. cit.*, p. 37.

69 Cfr. Marzoa, A., "Libertad de pensamiento: Relativismo o dignidad de la persona", en *Revista Persona y Derecho*, 11 (1984), p. 77.

70 Martín Sánchez, I., "Las libertades de pensamiento, de conciencia y de religión en el ordenamiento jurídico internacional", *op. cit.*, p. 28.

71 Cfr. Hervada, J., "Libertad de conciencia y error sobre la moralidad de una terapéutica", *op. cit.*, pp. 188-190. En sentido contrario existen constitucionalistas que consideran que la libertad de pensamiento y la libertad ideológica, son distintas y cuentan con elementos perfectamente distinguibles. En este contexto, puede mencionarse a F. Fernández Segado, quien basándose en las STCE 120/1990 del 27 de junio y la STCE 137/1990 del 19 julio, ofrece una definición de libertad ideológica. Ésta debe ser entendida como "aquella posición intelectual ante la vida y cuanto le concierne, que conlleva la representación o enjuiciamiento de la realidad según personales convicciones. Además, comprende una dimensión externa de *agere licere*, con arreglo a las propias ideas sin sufrir por ello sanción o demérito ni padecer compulsión o injerencia de los poderes públicos". (cfr. Fernández Segado, F., *El sistema constitucional español*, *op. cit.*, pp. 295-296. En el mismo sentido, Rodríguez Zapata, J., *Teoría y práctica del*

1.3.2. Libertad de religión

Como se ha señalado en las líneas anteriores, mientras que la libertad de pensamiento ampara el libre ejercicio intelectual, la libertad religiosa se refiere a la relación del hombre con Dios, a través de un acto de adhesión a Él mediante una religión, de la cual se derivan también responsabilidades.

En este sentido, para una adecuada concepción de la libertad religiosa, se requiere previamente saber qué se entiende por religión. Al respecto, el Diccionario de la Real Academia de Lengua Española (RAE), refiere que el término religión proviene del latín, *religio, -ōnis*, que significa "conjunto de creencias o dogmas acerca de la divinidad, de sentimientos de veneración y temor hacia ella, de normas morales para la conducta individual y social y de prácticas rituales, principalmente la oración y el sacrificio para darle culto"[72]. Como puede apreciarse, en esta definición se exige el elemento de la divinidad para poder referirnos a una religión.

J. Hervada, cuyos argumentos asumo en este punto, considera que: "la palabra religión tiene tres sentidos fundamentalmente distintos: virtud, relación con Dios y comunidad religiosa. De estos tres, el que nos interesa es el segundo (...)"[73]. Por lo que la religión implicará "la relación vital del hombre con Dios. Ello supone un credo religioso y comporta una moral, pero el núcleo central de la religión es el diálogo entre el hombre y Dios o sistema de relación entre Dios

---

Derecho Constitucional, Tecnos, Madrid, 1996, pp. 330-332. También, Pérez Royo, J., *Curso de Derecho Constitucional*, Marcial Pons, Madrid, 2010, pp. 292 y ss, y Pérez Serrano, N., *Tratado de Derecho Político*, Civitas, Madrid, 1997, pp. 660-665). De lo que se deduce que la libertad de pensamiento estará referida a la mera construcción de ideas, la cual solo puede ser verificable en el fuero interno, mientras que la libertad ideológica implica proyección externa.

72 Real Academia Española., *Diccionario de la lengua española*, Espasa Calpe, Madrid, 2014.

73 El autor explica que se opta por la segunda palabra, "(...) porque el tercero se refiere, no al objeto de una libertad sino, en todo caso, a un sujeto de ella; y en cuanto a virtud, no es otra cosa que una disposición subjetiva que, como tal, constituye una faceta de la relación con Dios", Hervada, J., "Libertad de conciencia y error sobre la moralidad de una terapéutica", *op. cit.*, p. 190.

y el hombre"[74]. En este sentido, si no existe esa relación dialógica, es decir, ese dialogo entre Dios con el hombre, sino solo captación de la existencia de Dios, como es el caso de las concepciones panteístas o de las llamadas teístas, no hay religión propiamente dicha, sino "cosmovisión deísta", aunque el ser humano invoque a la divinidad[75]. J. HERVADA concluye afirmando que el budismo, pese a que presenta rasgos similares a los de una religión y que se le tenga como tal, más que una religión es una *filosofía*[76].

Como se viene afirmando, la religión es relación dialogal que requiere de determinados elementos obligatorios, destacando entre ellos un credo o ideario religioso, un culto y una ley[77]. Se comprende entonces

---

74 HERVADA, J., "Libertad de conciencia y error sobre la moralidad de una terapéutica", *op. cit.*, p. 191.

75 *Ibidem.*

76 *Ibidem.* En este sentido J. Hervada a fin de justificar lo manifestado sostiene que: "Hablamos aquí de filosofía, no como la disciplina o ciencia así llamada, sino en el sentido antiguo de conjunto de ideas fundamentales sobre el mundo, el hombre y su conducta, que sus seguidores adoptan como su sistema de vida. Ya hemos señalado antes que la existencia de la idea de Dios en esas *filosofías* no las convierte en religión. Por eso, no son religiones -pese a que con frecuencia con ellas se las confunden- las sectas, movimientos o comunidades que admiten un absoluto *impersonal*, como es el caso del budismo, y adoptan sistemas de vida que tienden a que el hombre se funda en el Absoluto. Tales sistemas pueden adoptar formas distintas de las religiosas, pero también pueden adoptar formas muy similares a 1as propias de las religiones. Así e1 budismo tiene templos–donde se venera a un maestro: Buda -, ritos, ofrendas, monjes, etc., y contiene ciertas expresiones de religiosidad. Pero estas formas externas no cambian la sustancia. Otra cosa distinta es que, en estos casos, la legislación positiva incluya este tipo de filosofías, con manifestaciones semejantes a las religiones, dentro de la legislación sobre e1 hecho religioso, porque dadas las similitudes externas se adecúa a ellas mejor que las formas jurídicas propias de la libertad de pensamiento; en tales casos, que no ofrecen especial importancia, salvo abusos, se sigue la técnica jurídica llamada *equiparación formal* y a esas filosofías se les extiende la legislación sobre libertad religiosa. Para que exista religión–como se dice en la nota anterior–hace falta, como elemento esencial básico, la aceptación de un Trascendente *personal* con el que se *dialoga* (obediencia, oración, etc.)". HERVADA, J., "Libertad de conciencia y error sobre la moralidad de una terapéutica", *op. cit.*, pp. 191-192, nota 56.

77 Cfr. HERVADA, J., "Libertad de conciencia y error sobre la moralidad de una terapéutica", *op. cit.*, p. 192.

que la libertad de religión tiene por objeto la religión[78], es decir, el sistema de relación del hombre con la divinidad[79]. Por ello, no se puede limitar el objeto principal de la libertad religiosa al solo acto de fe, ya que requiere también un acto de razón, como es lo propio de la razón natural. Por ello, puede concluirse, siguiendo a J. HERVADA, que la "(...) la libertad religiosa es el acto de adhesión a Dios como Creador al que se debe culto y obediencia, aunque esto no traspase la comprensión racional de Dios, al que se da un culto natural. Por eso no hay que hablar solamente de credo religioso (fe), sino también de ideario religioso (razón)"[80].

Este acto de adhesión a Dios conlleva una manifestación externa a través de la práctica, la enseñanza, y la observancia[81]. Además, exigirá el reconocimiento de un ámbito de libertad a las comunidades religiosas[82]. Como puede apreciarse, se parte de una concepción iusnaturalista, de acuerdo con la cual la libertad religiosa es un derecho que deriva de la naturaleza humana. No es creada por el Estado. A este solo le corresponde la función de reconocerlo[83].

---

78 *Ibidem*, pp. 190-194. En el mismo sentido, S. Tarodo, manifiesta que el objeto de la libertad religiosa son las creencias religiosas, cfr. TARODO, S., *Libertad de conciencia y derecho del usuario de los servicios sanitarios*, *op. cit.*, p. 83.

79 Cfr. SIEIRA MUCIENTES, S., *La objeción de conciencia sanitaria*, *op. cit.*, p. 30.

80 HERVADA, J., "Libertad de conciencia y error sobre la moralidad de una terapéutica", *op. cit.*, pp. 192-193.

81 Cfr. SIEIRA MUCIENTES, S., *La objeción de conciencia sanitaria*, *op. cit.*, p. 30.

82 Cfr. HERVADA, J., "Libertad de conciencia y error sobre la moralidad de una terapéutica", *op. cit.*, p. 193. En este sentido, el Concilio Vaticano II establece que la libertad de las comunidades religiosas implicará: autonomía normativa, culto colectivo en privado y en público, atención religiosa a sus miembros, elección, nombramiento y traslado de sus ministros, libre comunicación entre las autoridades y las comunidades religiosas, uso de bienes muebles e de inmuebles, determinación del contenido de los libros de enseñanza religiosa a sus miembros, divulgación de la propia doctrina religiosa, juicio religioso y moral sobre toda actividad humana, reuniones y formación de asociaciones e instituciones educativas, caritativas, culturales y sociales. Cfr. Concilio Vaticano II, *Declaración Dignitatis Humanae sobre la Libertad Religiosa*, Nº 4. [consultado 4 de febrero 2016]. Disponible en: Disponible en: http://www.vatican.va/archive/hist_councils/ii_vatican_council/documents/vat-ii_decl_19651207_dignitatis-humanae_sp.html

83 LÓPEZ GUZMÁN, J., *Objeción de conciencia farmacéutica*, *op. cit.*, p. 39.

Frente a lo expuesto, existe, no obstante, otra postura que extiende el objeto de la libertad religiosa no solo a la religión, tal y como la hemos descrito en líneas anteriores, sino que la amplía a aquellas creencias que poseen una intensidad axiológica equiparable a las religiosas[84]. Esta extensión del concepto de religión tiene su origen en la Sentencia del Tribunal Supremo de los Estados Unidos (TSEU) en el caso *United States vs. Seeger*[85], en materia de objeción de conciencia al servicio militar, por parte de un objetor que no alegaba razones religiosas en su fundamentación. La *Universal Military Training and Service Act* de 1948 solo admitía entre los motivos de exención del servicio militar, profesar un credo religioso, entendiendo legalmente por tal una creencia individual basada en una relación con un Ser Supremo, que implicara la existencia de deberes superiores a aquellos derivados de cualquier relación humana (380 U.S. at 165). Los tres objetores que pretendían acogerse a la ley no profesaban creencia religiosa alguna, en el sentido legal indicado, sino solo una serie de convicciones personales, netamente pacifistas, inspiradas en la creencia en una suerte de deidad superior, de indudables connotaciones panteístas. Al señalar la razón por la que dos objetores habían decidido no obedecer a la ley, se refirieron a creencias religiosas. Sin embargo, un tercero se negó, alegando que su decisión no se fundamentaba en razones religiosas. Por tal motivo, el TSEU, a fin de poder solucionar el inconveniente, extendió el concepto de religión, a efectos de conceder la exención del servicio militar, a todas aquellas creencias que ocuparan en la vida de la persona un papel de importancia semejante al que ocupa Dios en las religiones tradicionales. Este fue el argumento que permitió amparar la objeción[86].

---

84 MARTÍNEZ-TORRÓN, J., "El objeto del Derecho eclesiástico", en *Anuario de Derecho eclesiástico del Estado*, XI (1995), pp. 225-248, en especial p. 241; también en: "Derecho de familia y libertad de conciencia en el Convenio Europeo de Derechos Humanos", en *Derecho de familia y libertad de conciencia en los países de la Unión Europea y el derecho comparado: actas del IX Congreso Internacional de Derecho Eclesiástico del Estado [celebrado en San Sebastián del 1 al 3 de junio de 2000]*, CASTRO JOVER, A. (ed.), Servicio editorial de la Universidad del País Vasco, Bilbao, 2001, p. 145.

85 Caso *Estados Unidos vs. Seeger:* 380 U.S. 163 (1965).

86 Cfr. SIEIRA MUCIENTES, S., *La objeción de conciencia sanitaria*, *op. cit.*, p. 31.

En sus primeros pronunciamientos, el TSEU entendió el concepto de religión de manera estricta, reduciéndolos a creencias exclusivamente teístas. Sin embargo, posteriormente, su jurisprudencia ha ido evolucionando hacia el reconocimiento de una acepción amplia del término religión, por la cual se protegería a todo tipo de convicción, siempre que esté dotada de sinceridad y posea entidad relevante para la vida de la persona. Por ello, el TSEU ha llevado a cabo, mediante una evolución oscilante de su jurisprudencia, una interpretación expansiva del término religión, para integrar en él todas aquellas creencias de la persona que ocupan un papel trascendente en su vida, con independencia de su carácter religioso o secular[87]. En este sentido, el TSEU ha optado por utilizar un concepto amplio de religión, integrador de aquellas convicciones del individuo que, no poseyendo un contenido estrictamente religioso, adquieren un papel en la vida de quien la practica equiparable al ocupado por la religión en quienes profesan una concreta fe[88].

Dicho lo anterior, resulta, sin embargo, conveniente precisar que no se comparte aquella postura que extiende el objeto de la libertad religiosa, tanto a las creencias religiosas, como a las no religiosas[89], por más que estas tengan gran solidez en la vida de la persona, equiparables a las creencias religiosas para quienes la profesan. La razón de ello es que, si se amplía el objeto de la libertad religiosa a todo tipo de creencias, se estaría desvirtuando el verdadero contenido de esta libertad[90], que tiene como núcleo principal, "la relación dialogal entre Dios y el hombre -la religión, en la perspectiva que nos interesa como objeto de una libertad fundamental- comienza con la aceptación de

---

87 Cfr. Valero Heredia, A., *Libertad de conciencia, neutralidad del Estado y principio de laicidad: (un estudio constitucional comparado)*, Ministerio de Justicia, Madrid, 2008, p. 44.

88 *Ibidem.*

89 martínez-torrón, j., "El objeto del Derecho eclesiástico", *op. cit.*, pp. 225-248, en especial p. 241; también en: "Derecho de familia y libertad de conciencia en el Convenio Europeo de Derechos Humanos", en *Derecho de familia y libertad de conciencia en los países de la Unión Europea y el Derecho comparado. actas del IX Congreso Internacional de Derecho Eclesiástico del Estado*, castro jover, A. (ed.), *op. cit.*, p. 145.

90 Cfr. Tarodo, S., *Libertad de conciencia y derecho del usuario de los servicios sanitarios*, *op. cit.*, p. 91.

Dios, no solo como Ser Supremo, sino como Ser al que se debe culto y obediencia"[91]. Por lo que, "el fenómeno religioso -en cuanto interesa a la libertad religiosa, o sea, como acto del hombre- se origina con la respuesta del hombre a la apelación dialogal de Dios, una respuesta de razón (revelación natural, religión natural) o de fe (revelación sobrenatural, religión sobrenatural)"[92].

1.4. Libertad de conciencia

A continuación, se estudiará la figura de la libertad de conciencia, incluyendo su concepto, contenido y relación con la conciencia. Asimismo, se revisará la conexión que pueda existir entre la libertad de conciencia y la objeción de conciencia.

1.4.1. Conciencia y libertad de conciencia

Cuando se estudia la libertad de conciencia, resulta obvio que debe hacerse referencia a la conciencia. No obstante, referirse a este concepto supone abordar un tema muy complejo, que posee múltiples perspectivas[93]. La presente investigación se ceñirá a su dimensión ético-jurídica, tal y como lo la han abordado en España, entre otros autores, J. Hervada[94], A. Aparisi[95], y M. Albert[96].

---

91 Hervada, J., "Libertad de conciencia y error sobre la moralidad de una terapéutica", *op. cit.*, p. 192.

92 *Ibidem.*

93 Hervada, J., "Libertad de conciencia y error sobre la moralidad de una terapéutica", *op. cit.*; Aparisi Miralles, A., *Ética y deontología para juristas*, EUNSA, Pamplona, 2006; Rodríguez Luño, A., *Ética*, EUNSA, Pamplona, 1986; Finnis, J. M., *Ley natural y derechos naturales*, Abeledo-Perrot, Buenos Aires, 2000; Kant, I., *Metafísica de las costumbres*, Espasa Calpe, Madrid, 1990; Muguerza, J., "De la conciencia al discurso ¿un viaje de ida y vuelta?", en *La filosofía moral y política de Jürgen Habermas*, J.A. Gimbernat (ed.), Biblioteca Nueva, Madrid, 1997; Calvo Espiga, A., "Conciencia y Estado de Derecho", en *Laicidad y Libertades: Escritos jurídicos*, 1, 2001, entre otros.

94 Hervada, J., "Libertad de conciencia y error sobre la moralidad de una terapéutica", *op. cit*, pp. 173-182.

95 Aparisi Miralles, A., *Ética y deontología para juristas*, *op. cit*, pp. 384–410.

96 Albert Márquez, M., *Libertad de conciencia: el derecho a la búsqueda personal de la verdad*, Ed. Palabra, Madrid, 2015.

Ya Tomás de Aquino sostuvo que: "(...) la conciencia es en cierto modo un dictamen de la razón pues es una aplicación de la ciencia al acto (...)"[97]. Por su parte, A. Rodríguez Luño considera que la conciencia es el juicio de la razón práctica que, a partir de los primeros principios de la ley natural, dictamina acerca de la bondad o malicia de un acto concreto que vamos a realizar o que hemos realizado[98]. A. Aparisi, afirma que la noción de conciencia se encuentra estrechamente ligada a la de ética y que dependiendo del planteamiento que se asuma, cambiará el modo de entender la conciencia, debido a la existencia de concepciones muy variadas[99]. Además, resulta conveniente distinguir entre el sistema moral o código ético personal o comunitario, y la conciencia en sentido estricto. En los primeros supuestos, los juicios que se lleven a cabo estarán amparados por la libertad de pensamiento o religiosa y en los segundos por la libertad de conciencia[100]. En este sentido, la autora en mención explica qué debe entenderse por conciencia:

> "(...) la conciencia no es la fuente última de la moralidad, ni tampoco lo es el sistema de valores imperante en una determinada comunidad o sociedad. La conciencia «interpreta» y «aplica» principios subsistentes a una situación específica, a unas circunstancias particulares. A través de la misma, la razón reconoce la existencia de los primeros principios de la razón práctica –no los crea- y, al mismo tiempo, los *personaliza*. Por otro lado, se puede mantener que la conciencia posee un carácter normativo en atención a una actuación singular y concreta. (...) Obrar o no conforme a la recta conciencia es lo que va a determinar que una persona actúe o no de acuerdo a su dignidad y a las exigencias de su ser personal"[101].

En la misma línea, J. Hervada sostiene que la conciencia no es una potencia ni tampoco un sentimiento, sino que es algo que pertenece a la razón práctica, porque se trata del juicio del deber[102]. Por ello, afirma que:

---

97 Tomás de Aquino, *Summa Theologica*, I-II, cuestión 79, artículo 13, Biblioteca de Autores Cristianos, Madrid, 2001, pp. 738-739.

98 Cfr. Rodríguez Luño, A., *Ética*, EUNSA, Pamplona, 1986, p. 99.

99 Cfr. Aparisi Miralles, A., *Ética y deontología para juristas*, *op. cit.*, p. 211.

100 *Ibidem*.

101 *Ibidem*, p. 213.

102 Cfr. Hervada, J., "Libertad de conciencia y error sobre la moralidad de una terapéutica", *op. cit.*, p. 195.

"La conciencia no es una potencia (en cuanto potencia es la razón práctica), ni un sentimiento. ¿Qué es entonces? Lo que llamamos conciencia es el *dictamen de la razón* práctica, de lo que moralmente puede hacerse u omitirse *en una situación concreta* en la que se encuentra el hombre. El rasgo fundamental de la conciencia reside en que aparece en la acción singular y concreta. No consiste en enunciados generales, sino en el juicio del deber respecto de la conducta concreta que el sujeto está en trance de realizar (...), está realizando (...) o ha realizado"[103].

En el ámbito iusfilosófico anglosajón refleja este pensamiento J. FINNIS, cuando señala que una exigencia clave de la razón práctica es la que establece que uno no debe hacer lo que juzga o piensa que no debiera hacerse. O, lo que es lo mismo, "uno debe actuar de acuerdo con la propia conciencia"[104]. En este contexto, A. APARISI, precisa que "ello no significa que nos «autoconcedamos» a nosotros mismos los principios morales"[105].

Resulta interesante la propuesta que hace M. ALBERT, cuando sostiene que la noción de conciencia requiere ser estudiada teniendo en cuenta dos modelos. Uno, denominado "conciencia de los antiguos" y otro "conciencia de los modernos"[106]. El primer modelo se basaría en la noción de conciencia que ya expuso SAN AGUSTÍN, entendida como la voz de Dios en el interior de la persona[107]. En consecuencia,

---

103 *Ibidem*, pp. 195-196.

104 Cfr. FINNIS, J. M., *Ley natural y derechos naturales*, *op. cit.*, p. 154.

105 APARISI MIRALLES, A., *Ética y deontología para juristas*, *op. cit.*, p. 213.

106 Cfr. ALBERT MÁRQUEZ, M., *Libertad de conciencia: el derecho a la búsqueda personal de la verdad*, *op. cit.*, pp. 39-40 y 43-47.

107 "Retorna a tu conciencia, interrógala. (...) Retornad, hermanos, al interior, y en todo lo que hagáis mirad al testigo, Dios", San Agustín, *In epistulam loan nis ad Parthos tractatus 8, 9*. M. ALBERT, explica: "(...) la experiencia cotidiana nos advierte que la conciencia humana no siempre nos aconseja correctamente sobre la orientación del obrar. Pero, si la voz que resuena en el corazón humano fuera, como parece afirmar san Agustín, divina, ¿cómo podría equivocarse? Este es quizá el más grave de los problemas que plantea el tratamiento pre-moderno de la conciencia moral. TOMÁS DE AQUINO ofreció una respuesta a esta pregunta a través de la distinción entre *sindéresis* y conciencia (*De veritatis*, n. 16-17). Por *sindéresis* se entiende el hábito de los primeros principios prácticos, la distinción entre bien y mal y la conciencia de que el bien debe hacerse y el mal, evitarse. La conciencia así entendida no puede equivocarse. Junto a la *sindéresis*, está la conciencia propiamente dicha, que aplica los principios morales al caso concreto. En este ámbito cabe el error, a diferencia de lo que ocurre con la sindéresis.

la conciencia no sería la fuente de la bondad, sino que se constituiría en la depositaria de lo bueno en sí, especialmente en cuanto que es "para mí"[108]. En este sentido, M. SCHELER afirmaba que la conciencia no solo se ocupa de aplicar normas éticas generales al caso concreto en el obrar cotidiano del hombre, sino que también es el órgano de aprehensión del bien de validez individual[109].

De acuerdo con lo señalado, para el primer modelo[110], la conciencia no constituye una fuente de bondad o maldad de las acciones, sino que es despositaria de valores, que se desvelan progresivamente. En este sentido, conviene precisar que se utiliza la palabra *desvelar* porque lo bueno es objetivo y no relativo a uno, de tal forma que lo bueno o lo malo se descubre[111]. En consecuencia, y "en la medida en que lo bueno y lo malo tienen un término de referencia más allá de nosotros mismos, la propia conciencia puede equivocarse, es falible"[112].

Los fallos de la conciencia no siempre son imputables al hombre. En ocasiones, son fruto de los llamados "errores invencibles": quien juzga erróneamente no es responsable de su error, ya que no hubiera podido evitarlo. Otras veces, quizá las más, se obra mal por pura ignorancia, no siendo esta siempre imputable al hombre. La conciencia es, por tanto, la voz de Dios en el corazón del hombre. Aún así, el juicio de la conciencia puede equivocarse: la conciencia puede errar o puede no guiar el obrar humano. El hecho mismo de que la falibilidad se presente como uno de los problemas fundamentales de la indagación sobre la conciencia durante toda la época pre-moderna nos hace girar nuestra atención sobre dos cuestiones fundamentales: (a) La conciencia no tiene sentido al margen de la concepción del hombre como criatura hecha a imagen y semejanza de Dios. (b) La conciencia no crea la verdad de la que nos habla, sino que la desvela y la muestra al hombre como guía de su obrar". ALBERT MÁRQUEZ, M., *Libertad de conciencia: el derecho a la búsqueda personal de la verdad*, *op. cit.*, pp. 39-40.

108 *Ibidem*, pp. 28-29.

109 Cfr. SCHELER, M., *Ética*, Caparrós Editores, Madrid, 2004, p. 658.

110 Cfr. ALBERT MÁRQUEZ, M., *Libertad de conciencia: el derecho a la búsqueda personal de la verdad*, *op. cit.*, p. 29.

111 *Ibidem*.

112 *Ibidem*.

El otro modelo al que hace referencia M. ALBERT es el denominado "conciencia de los modernos". A diferencia del anterior modelo, aquí la conciencia se convierte en fuente de moralidad, es decir, la verdad no procede de un referente objetivo, sino que la propia conciencia la crea[113]. En este sentido se sostiene que "la "conciencia de los modernos" vendría representada, paradigmáticamente, por el obrar según criterios que el hombre libremente se da a sí mismo (...)"[114]. Se concluye, por tanto, que: el juicio de conciencia no es recto en la medida en que se realiza adecuadamente, sino solo en cuanto que es autónomo y procede de su ser interior[115].

En definitiva, puede afirmarse que el conflicto actual en torno a la libertad de conciencia tiene su fundamento en el enfrentamiento entre la conciencia de los modernos, es decir, en el derecho a la intimidad, autonomía y autodeterminación, y la conciencia de los antiguos[116]. De allí lo que afirma M. ALBERT cuando sostiene que la importancia de comprender esta forma de interpretación de las conciencias demuestra una auténtica discriminación: por un lado, las conciencias que reconocen el bien; por otro lado, otras que pretenden crearlo. Una ejemplificación de este choque en la manera de entender la conciencia estaría en la libertad de conciencia del ginecólogo que considera que la vida humana desde sus primeros estadios es inviolable y, por otro lado, la alegación de la autonomía de la mujer en la esfera reproductiva en el supuesto de aborto[117].

Establecida la importancia de la conciencia, puede afirmarse que sin la existencia de la conciencia no podría existir la libertad de conciencia. Como se sabe "la libertad de conciencia implica el derecho de

113 *Ibidem*, p. 44.

114 *Ibidem*.

115 *Ibidem*. Señala, M. ALBERT: "Prefiero emplear el término «*autodeterminación*» porque la palabra autonomía tiene fuerte resonancias kantianas y nos puede confundir, pensando o bien que KANT defendía que la bondad moral dependía del origen de las normas o que la autonomía de la que nos ocupamos tiene algo que ver con la correcta interpretación de la ética kantiana. Las dos cosas son, en mi opinión, falsas". *Ibidem*.

116 *Ibidem*, p. 46.

117 *Ibidem*.

llevar a cabo un juicio de conciencia, y además el reconocimiento de una libertad de actuación conforme a los mismos" [118].

1.4.2. Concepto de libertad de conciencia

Al abordar el concepto de libertad de conciencia, lo primero que se advierte es que la terminología empleada para designarla no es uniforme, ni a nivel legislativo, ni en un plano doctrinal[119]. Por ejemplo, un buen número de Constituciones no la reconocen expresamente, o simplemente aluden a nociones vecinas, como libertad ideológica, religiosa, de pensamiento, de creencias, etc. En el caso español,

---

[118] Esta doctrina ha sido consagrada por la STCE 19/1985, del 13 de febrero de 1985 dictada en el recurso de amparo avocado núm. 98 – 1984, en BOE, Número 55, 05 de marzo de 1985. Fundamento Jurídico número 2, p. 26. [consultado 21 de marzo 2016]. Disponible en Disponible en: http://www.boe.es/boe/dias/1985/03/05/pdfs/T00025-00027.pdf y la STCE 120/1990, del 27 de junio de 1990, dictada en el recurso de amparo avocado núm. 443-1990, contra Auto de la Sección Segunda de la Audiencia Provincial de Madrid, resolutorio de recurso de apelación contra providencia del Juzgado de Vigilancia Penitenciaria núm. 2 de Madrid, sobre asistencia médica a reclusos en huelga de hambre, en BOE, Número 181, 30 de julio de 1990. Fundamento Jurídico número 10, p. 8. [consultado 21 de marzo 2016]. Disponible en: https://hj.tribunalconstitucional.es/HJ/docs/BOE/BOE-T-1990-18314.pdf. Se protege así, por ejemplo, el culto público o la práctica y la enseñanza de la religión. Este derecho ha sido desarrollado por la Ley Orgánica 7/1980, de 5 de julio, de Libertad Religiosa (L.O.L.R.). En ella se reconoce como único límite al "ejercicio de los derechos de libertad religiosa y de culto (…) la protección del derecho de los demás al ejercicio de sus libertades públicas y derechos fundamentales, así como la salvaguardia de la seguridad, de la salud y moralidad pública, elementos constitutivos del orden público protegido por la ley en el ámbito de una sociedad democrática".

[119] Gascón Abellán, M., *Obediencia al Derecho y objeción de conciencia*, *op. cit.*, p. 256.

la Constitución hace mención a la libertad ideológica y a la libertad religiosa[120], a diferencia de la Constitución Política del Perú (CPP), que reconoce textualmente el derecho a la libertad de conciencia[121]. Asimismo, en numerosos Documentos internacionales se contempla bajo la terminología genérica de libertad de pensamiento, conciencia y religión.

Por otro lado, y en cuanto a su contenido, también existe, entre los diversos autores que han abordado el tema, una falta de unanimidad: se la considera una parte de la libertad religiosa o, en el caso de la doctrina española, como ya se ha expuesto, se considera el sustrato de la libertad ideológica y religiosa[122].

Ante este panorama, resulta adecuada la postura adoptada por E. STEIN, quien sostiene que: "la libertad de conciencia se refiere a las convicciones de cada individuo sobre la conducta moralmente debida, (protegiendo) las convicciones de los individuos de las consecuencias que podrían sufrir por comportarse de acuerdo con sus creencias"[123]. De ahí que la libertad de conciencia proteja a las personas que actúan de acuerdo con sus convicciones o a los dictados de su conciencia, existiendo una estrecha relación entre libertad de conciencia y conciencia, como se ha advertido en líneas anteriores.

M. GASCÓN refiere que "si la genérica libertad de pensamiento de la doctrina francesa o la libertad ideológica y religiosa de la Constitución española, nos permiten dar y comunicar una respuesta autónoma

---

120 Cfr. BENEYTO, J., "Artículo 16. Libertad ideológica y religiosa", *op. cit.*, pp. 303-338.

121 El artículo 2.3 de la Constitución Política del Perú de 1993, reconoce lo siguiente: "Toda persona tiene derecho: A la libertad de conciencia y de religión, en forma individual o asociada. No hay persecución por razón de ideas o creencias. No hay delito de opinión. El ejercicio público de todas las confesiones es libre, siempre que no ofenda la moral ni altere el orden público".

122 Al respecto, N. PÉREZ SERRANO afirma que dentro de la libertad religiosa "existe en primer término la llamada libertad de conciencia, libertad de confesión o libertad de creencia", PÉREZ SERRANO, N., *Tratado de Derecho Político*, *op. cit.*, pp. 662-663. Por su parte, G. PECES BARBA se refiere a la "libertad de pensamiento y de conciencia", PECES BARBA, G., *Derechos fundamentales*, Guadiana de Publicaciones, Madrid, 1973, p. 98.

123 STEIN, E., *Derecho político*, Aguilar, Madrid, 1973, p. 210. Traducción de F. Sainz Moreno, nota preliminar a la edición española de F. Rubio Llorente.

a los interrogantes de la vida personal y social, la libertad de conciencia nos permite ser coherentes en la práctica con dicha respuesta"[124]. Por tanto, una vez delimitado el concepto de libertad de conciencia, el inconveniente surge a la hora de establecer su contenido, aspecto en el que se centrará el siguiente epígrafe.

1.4.3. Contenido

Lo primero que se advierte al abordar este tema es la falta de unidad entre los distintos autores que han abordado la cuestión[125]. Las posiciones que se han adoptado son, fundamentalmente, las siguientes:

a) Un primer grupo de autores considera que la libertad de conciencia comprende la formación de la conciencia. En esta corriente de pensamiento se encuentran autores italianos y españoles, como P. Bellini[126], C. Cardia[127] T. Martines[128], S. Lariccia[129], R. Botta[130],

---

124 Gascón Abellán, M., *Obediencia al Derecho y objeción de conciencia*, *op. cit.*, p. 258.

125 Cfr. Martín Sánchez, I., *El derecho a la formación de la conciencia y su tutela penal*, *op. cit.*, p. 16

126 Bellini, P., "Nuova problematica della libertà religiosa individuale nella società pluralistica", en *Individuo, gruppi, confessioni religiose nello Stato democratico: atti del Convegno Nazionale di Diritto Ecclesiastico, Siena, 30 novembre–2 dicembre 1972*, Milano, 1973, pp. 1.095 y ss.; *Ídem*, "Libertà dell'uomo e fattore religioso nei sistemi ideologici contemporanei", en Bellini, P., *Teoria e prassi delle libertà di religione*, Il Mulino, Bologna, 1975, pp. 103 y ss.

127 Cardia, C., "Religione, ateismo, analisi giuridica", en *Individuo, gruppi, confessioni religiose nello Stato democrático: atti del Convegno Nazionale di Diritto Ecclesiastico, Siena, 30 novembre–2 dicembre 1972*, Milano, 1973, p. 1.179 y ss.; Cardia, C., "Societá moderna e diritti di liberta", en Bellini, P., *Teoria e prassi delle libertà di religione*, *op. cit.*, p. 25 y ss.

128 Martines, T., "Libertà religiosa e libertà di formazione della coscienza", en Ibán, I. C., Martines, T. y Peces-Barba, G., et al.(coords.), *Libertad y derecho fundamental de libertad religiosa*, (Arcos de la Frontera 1 y 2 de febrero de 1989),. Editoriales de Derecho Reunidas, Madrid, 1989, p. 25.

129 Lariccia, S., *Coscienza e libertà: profili costituzionali del diritto ecclesiastico italiano*, Il Mulino, Bologna, 1989, p. 79.

130 Botta, R., *Manuale di Diritto ecclesiastico: valori religiosi e società civile*, Giappichelli, Torino, 1994, pp. 148 y ss.

I. C. Ibán[131], G. Suárez Pertierra[132], I. Martín Sánchez[133], entre otros.

Esta postura doctrinal reconoce que la libertad de conciencia debe ser entendida, primordialmente, como el derecho a la libre formación de la propia conciencia. En este sentido, T. Martínes afirma que: "la libertad de conciencia viene siendo entendida, mayoritariamente, en su proyección externa, ignorándose toda la fase correspondiente al proceso de formación de la misma"[134]. Por ello, se considera que este proceso también debe ser garantizado jurídicamente[135]. Por su parte, I. Martín Sánchez, sostiene:

> "Creemos en primer lugar, que la libertad de conciencia (...) constituye el presupuesto de las libertades ideológica y religiosa, sin que, por otra parte, quepa identificarla con estas. En segundo lugar, opinamos que la libertad de conciencia solo cabe entenderla en un sentido estricto. Es decir, como el derecho a la libre formación de la conciencia, en cuanto presupuesto lógico y necesario para poder elegir libremente una convicción religiosa o no, y no como el derecho a actuar de acuerdo a unas convicciones, las cuales presuponen una conciencia formada conforme a la que se han elegido. Actuación que no cabe denominar libertad de conciencia, sino ejercicio de los derechos de libertad ideológica o religiosa"[136].

Como puede apreciarse, este grupo de autores limita el contenido o la protección de la libertad de conciencia a la libre formación de

---

131 Ibán, I. C., "Grupos confesionales atípicos en el Derecho eclesiástico español vigente", en *Estudios de Derecho Canónico y de Derecho Eclesiástico, en homenaje al Profesor Maldonado*, Universidad Complutense, Madrid, 1983, pp. 279 y ss.

132 Suárez Pertierra, G., "El fenómeno religioso en la nueva Constitución española. Bases de su tratamiento jurídico", en *Revista de la Facultad de Derecho de la Universidad Complutense*, 61(1980), p. 22.

133 Martín Sánchez, I., "El derecho a la formación de la conciencia y sus garantías constitucionales en el ordenamiento jurídico español", en *Il Diritto ecclesiastico*, (2), Giuffrè, Milano, 1999, pp. 450 y ss; y, más recientemente, *El derecho a la formación de la conciencia y su tutela penal*, *op. cit.*, pp. 13 y ss.

134 Martines, T., "Libertà religiosa e libertà di formazione della coscienza", *op. cit.*, p. 34.

135 Cardia, C., "Società moderna e diritti di libertà", en Bellini, P., *Teoria e prassi delle libertà di religione*, *op. cit.*, p. 59.

136 Cfr. Martín Sánchez, I., *El derecho a la formación de la conciencia y su tutela penal*, *op. cit.*, pp. 25-26.

ésta, considerando que el derecho a actuar de acuerdo con las propias convicciones pertenece a la esfera de los derechos de libertad ideológica o religiosa[137]. De ello se deduce que la objeción de conciencia no formaría parte de la libertad de conciencia, sino de la libertad ideológica y religiosa. De acuerdo con este criterio, parece razonable entender que las denominadas actuaciones de conciencia, entre las cuales destaca como arquetípica la objeción de conciencia, más que fundamentarse en la libertad de conciencia, deben entenderse como el ejercicio de una convicción religiosa o de otra índole, apoyándose en la libertad religiosa o ideológica[138].

b) Un segundo grupo estaría conformado por quienes consideran que la libertad de conciencia comprende, tanto la formación de la conciencia, como la capacidad de actuar conforme a ella. Aquí se incluirían, con distintos matices, las tesis de autores como M. GASCÓN, E. STEIN, D. LLAMAZARES, entre otros. En este sentido, M. GASCÓN sostiene:

> "La libertad de conciencia (...) no solo permite formar y exteriorizar libremente las propias convicciones, reunirse y asociarse en torno a ellas o hacer proselitismo con las mismas, sino que autoriza también a comportarse de un modo coherente con esas ideas, aun cuando ello implique rehusar el cumplimiento de algún deber jurídico"[139].

En el mismo sentido, E. STEIN, afirma que "(...) la libertad de conciencia se refiere necesariamente a la conducta humana y no se limita a la libre formación de la conciencia, sino que se extiende también a la libertad de actuar según dicha conciencia"[140].

Como puede apreciarse, los partidarios de esta postura afirman que la protección de la libertad de conciencia comprende, tanto la libertad de formar la conciencia, como la capacidad de actuar de forma coherente conforme a las propias convicciones. Así, para D. LLAMAZARES, esta libertad implicaría no solo la libre formación de la

---

137 *Ibidem*, p. 26.

138 Cfr. MARTÍNEZ-TORRÓN, J., "La objeción de conciencia en el Derecho Internacional", en *Quaderni di diritto e politica ecclesiastica*, Università degli Studi di Parma, Istituto di Diritto Pubblico, Tomo 2, CEDAM, Padova, 1989, p. 174.

139 GASCÓN ABELLÁN, M., *Obediencia al Derecho y objeción de conciencia*, *op. cit.*, p. 256.

140 STEIN, E., *Derecho político*, *op. cit.*, p. 210.

conciencia, sino la libertad de mantener en el interior las creencias o convicciones, a actuar exteriormente conforme a ellas y, sobre todo, el derecho a disponer de un espacio de privacidad donde la obligatoriedad del derecho no puede ingresar[141].

c) Un tercer sector de autores se decanta por no conceder importancia al proceso de formación de la conciencia, ya que consideran que, para el derecho solo son relevantes sus manifestaciones externas. Así, A. MOTILLA niega cualquier relevancia jurídica al proceso de formación de la conciencia. Y, en este sentido, afirma que dicha formación solo puede ser tenida en cuenta por el derecho cuando se refleje externamente[142]. Ello, en su opinión, es debido a que la libertad de conciencia, entendida como "una libertad interna, subjetiva o psicológica carece de significado en el mundo heterónomo del derecho"[143]. Además, forman parte de esta corriente de pensamiento N. PÉREZ SERRANO[144] entre otros.

En mi opinión, la libertad de conciencia debe ser entendida desde sus dos vertientes o dimensiones: una primera, que podríamos denominar *ad intra* o interna, que estaría configurada por el derecho a formar libremente la conciencia sin coacción alguna, y comprendería la capacidad de elegir, adoptar, rechazar o, incluso, abandonar unas u otras convicciones que forman parte de la identidad personal[145] y

---

141 Cfr. LLAMAZARES FERNÁNDEZ, D., *Derecho a la Libertad de conciencia. I, Libertad de conciencia y laicidad*, *op. cit.*, pp. 22-23.

142 Cfr. MOTILLA, A., "Breves notas en torno a la libertad religiosa en el Estado promocional contemporáneo", en *Libertad y derecho fundamental de libertad religiosa*, *op. cit.*, p. 195.

143 PRIETO SANCHÍS, L., "El derecho fundamental de la libertad religiosa", en *Curso de derecho eclesiástico*, *op. cit.*, p. 329.

144 En este sentido N PÉREZ SERRANO, niega cualquier relevancia jurídica al proceso de formación de la conciencia (cfr. PÉREZ SERRANO, N., *Tratado de Derecho Político*, Civitas, Madrid, 1976, p. 623).

145 Cfr. VALERO HEREDIA, A., *Libertad de conciencia, neutralidad del Estado y principio de laicidad: (un estudio constitucional comparado)*, *op. cit.*, p. 69. Al respecto S. Tarodo sostiene: "(...), no se puede pasar por alto que la expresión libertad de conciencia indica de forma directa esta vinculación existente entre las convicciones y la identidad personal (...)". TARODO, S., *Libertad de conciencia y derecho del usuario de los servicios sanitarios*, *op. cit.*, p. 84.

constituiría la base o sustrato ontológico de la dimensión externa[146]. Y una segunda dimensión, denominada *ad extra* o externa, que incluye la libertad para exteriorizar, es decir, para manifestar las convicciones, o el derecho a comportarse de acuerdo con ellas, y a no actuar de modo que las contradiga[147], siempre que se respeten los presupuestos para una convivencia pacífica y justa.

De lo manifestado, puede concluirse que la objeción de conciencia sería la manifestación *ad extra* más característica de la libertad de conciencia[148]. Por ello, coincido con la afirmación de E. Stein, cuando sostiene que la libertad de conciencia se refiere a la conducta humana y no se limita solo a la formación de la conciencia, ya que implica actuar de acuerdo con ella[149].

Teniendo en cuenta todo lo señalado, puede entenderse la libertad de conciencia, como aquel derecho que "(...) nos permitiría obrar de acuerdo a nuestras convicciones y gozar de la protección del Estado frente a la injerencia de terceros cuando esas convicciones se desarrollasen en el ámbito de la licitud jurídica; y al propio tiempo, nos permitiría formular objeción de conciencia cuando las convicciones entrasen en contradicción con alguna obligación jurídica"[150].

Entendida de esta forma la libertad de conciencia, resulta sencillo integrar la objeción de conciencia dentro de ésta[151]. Obviamente, la objeción de conciencia sería una figura restringida, pero relacionada con la libertad de conciencia[152]. En este sentido, M. Gascón considera que no solo se "debería incluir a la objeción de conciencia en el catálogo de los derechos fundamentales, sino que históricamente

---

146 Cfr. Valero Heredia, A., *Libertad de conciencia, neutralidad del Estado y principio de laicidad: (un estudio constitucional comparado)*, *op. cit.*, p. 65.

147 *Ibidem.*

148 Cfr. Martín Sánchez, I., *El derecho a la formación de la conciencia y su tutela penal*, *op. cit.*, p. 20.

149 Cfr. Stein, E., *Derecho político*, *op. cit.*, p. 210.

150 Gascón Abellán, M., *Obediencia al Derecho y objeción de conciencia*, *op. cit.*, p. 258.

151 *Ibidem.*

152 *Ibidem.*

deberíamos situarla en el núcleo primigenio de esa filosofía de los derechos humanos"[153].

No obstante, lo señalado resulta importante precisar que, desde una perspectiva tanto histórica como conceptual, la libertad de conciencia se presenta íntimamente unida a la libertad religiosa e ideológica. De tal forma, que, como refiere S. Sieira, "(...) la libertad de conciencia coincide con una parte de la libertad ideológica y religiosa, precisamente cuando la convicción moral, sea religiosa o ideológica, entra en juego en una situación concreta"[154]. Cómo se puede advertir, cuando el derecho a la objeción de conciencia entra en conflicto con un deber jurídico, resulta adecuado identificarlo con el derecho a la libertad ideológica o religiosa[155]. Al respecto S. Sieira considera que:

> "(...) esta identificación está justificada, no solo porque la esencia o el fundamento de la objeción está, como sabemos en la libertad de conciencia, sino porque de esta manera se está considerando como derecho con un contenido material concreto. Por otra parte, estamos en condiciones de afirmar que no es necesaria una regulación para que el derecho pueda ejercerse, pues nos encontramos en presencia de un derecho fundamental (...)"[156].

En definitiva y a modo de recapitulación, entiendo que el derecho a la libertad de conciencia, en cuanto a su contenido, comprende el derecho a la libre formación de la conciencia, así como el derecho a comportarse de acuerdo con las propias convicciones, aunque estas impliquen rehusar el cumplimiento de un deber jurídico[157], siempre que no se atente contra el orden público y se respete el derecho ajeno. A este último aspecto se referirá el apartado 2.3.4 de este trabajo. Por

---

[153] *Ibidem*. Resulta oportuno precisar que no se entrará en la discusión sobre si se está ante un derecho fundamental o un derecho humano, porque ahora no procede.

[154] Al respecto, S. Siera, sigue diciendo: "Así por ejemplo comprender que el aborto es moralmente malo puede ser objeto de ideología o religión. Solo es cuestión de conciencia cuando al profesional sanitario se le solicita su cooperación con un aborto en una situación determinada". Sieira Mucientes, S., *La objeción de conciencia sanitaria*, *op. cit.*, p. 33.

[155] Cfr. Sieira Mucientes, S., *La objeción de conciencia sanitaria*, *op. cit.*, p. 48.

[156] *Ibidem*.

[157] Cfr. Gascón Abellán, M., *Obediencia al Derecho y objeción de conciencia*, *op. cit.*, p. 256.

otro lado, el punto de partida será la idea de que la objeción de conciencia se fundamenta en la libertad de conciencia, y ésta se encuentra en conexión con la libertad ideológica y religiosa.

1.4.4. Libertad de conciencia y objeción de conciencia

Como ya se ha indicado, entiendo que la libertad de conciencia supone, no solamente el derecho a formar libremente la propia conciencia, sino también a obrar de manera conforme a sus imperativos[158], aun cuando ello implique actuar en contra de algún deber jurídico[159].

En este sentido, L. Prieto Sanchís señala que la objeción de conciencia "es la situación en la que se halla la libertad de conciencia cuando alguna de sus modalidades de ejercicio (*prima facie*) encuentra frente a sí razones opuestas derivadas de una norma imperativa o de la prevención de un particular"[160]. De aquí, que la objeción de conciencia sea considerada como la manifestación más característica de la libertad de conciencia[161], o como su concreción *ad extra*. En este sentido, A. Aparisi, afirma que:

> "De ese modo, la objeción de conciencia, al tratarse de la dimensión externa de la libertad de conciencia, no se sitúa propiamente en el ámbito del razonamiento práctico – aunque este es, lógicamente, un requisito previo -, sino en el plano de la actuación personal. (...) Como es lógico, los problemas que se generan con respecto a la libertad de conciencia surgen, no cuando esta efectúa el mencionado razonamiento práctico, sino cuando la persona pretende comportarse de acuerdo con la opción escogida" [162].

---

158 STCE 15/1982 del 23 de abril de 1982, dictada en el recurso de amparo avocado núm. 205/1981. Fundamento Jurídico número 6. [consultado 17 de junio 2016]. Disponible en: https://hj.tribunalconstitucional.es/HJ/docs/BOE/BOE-T-1982-11457.pdf

159 Cfr. Gascón Abellán, M., *Obediencia al Derecho y objeción de conciencia*, *op. cit.*, p. 256.

160 Prieto Sanchís, L., "Desobediencia civil y Objeción de conciencia", en Sancho Gargallo, I. (dir.), *Objeción de conciencia y función pública*, Consejo General del Poder Judicial, Madrid, 2007, p. 25.

161 Martín Sánchez, I., *El derecho a la formación de la conciencia y su tutela penal*, *op. cit.*, p. 20.

162 Aparisi Miralles, A., López Guzmán, J., "El derecho a la objeción de conciencia en el supuesto del aborto: de la fundamentación filosófico-jurídica a su

Por ello, puede afirmarse que la objeción de conciencia es el escudo que adopta la libertad de conciencia frente a las demandas normativas externas contrarias a nuestras convicciones, sean o no religiosas[163]. En este sentido, como ya se ha manifestado, la objeción de conciencia sería un derecho derivado de la libertad de conciencia[164]. Por ello, puede reconocerse la conexión existente entre libertad de conciencia y objeción de conciencia. De ahí que algunos autores defienden un derecho general a la objeción de conciencia[165].

En definitiva, la objeción de conciencia constituye una especificación de la libertad de conciencia, que aparece cuando el ejercicio de ésta entra en conflicto con un deber jurídico. No es sino la forma que asume la libertad de conciencia en caso de conflicto con un deber jurídico[166].

2. LA OBJECIÓN DE CONCIENCIA

En el apartado anterior se han señalado las diferentes posturas doctrinales sobre la libertad de pensamiento, conciencia y religión, así como la relación directa de la libertad de conciencia con la objeción de conciencia. A continuación, estudiaremos de forma sucinta, la figura de la objeción de conciencia.

---

reconocimiento legal", en *Revista Persona y Bioética*, 10/1 (2006), p. 38.

163 Solar Cayón, J., "La objeción de conciencia en la aplicación del derecho", en *Libertad ideológica y objeción de conciencia: pluralismo y valores en derecho y educación*, Garrido Gómez, M. I., Barranco Avilés, M. del C. (eds.), Dykinson, Madrid, 2011, p. 164.

164 Cfr. Escobar Roca, G., *La objeción de conciencia en la Constitución Española*, *op. cit.*, p. 193. Además, cfr. Sieira Mucientes, S., *La objeción de conciencia sanitaria*, *op. cit.*, p. 47.

165 Cfr. Prieto Sanchís, L., "La objeción de conciencia", en *Curso de derecho eclesiástico*, *op. cit.*, p. 351; Gascón Abellán, M., *Obediencia al Derecho y objeción de conciencia*, *op. cit.*, p. 281.

166 Cfr. Solar Cayón, J., "La objeción de conciencia en la aplicación del derecho", *op. cit.*, p. 165.

2.1. Concepto

Definir la objeción de conciencia no es una labor sencilla[167]. No solo por la multiplicidad de perspectivas y aportaciones brindadas por los estudiosos de esta institución, sino también, como refieren R. Navarro-Valls y J. Martínez-Torrón, por la "(...) dificultad de diferenciar una noción tan flexible de otras colindantes y, a menudo, ambiguas"[168], como es el caso de la desobediencia civil[169].

A continuación, se trascribirá, a título de ejemplo, algunas definiciones aportadas por diversos autores, entre ellos R. Navarro-Valls y J. Martínez-Torrón, quienes consideran que la objeción de conciencia:

> "(...) consiste en el rechazo del individuo, por motivos de conciencia, a someterse a una conducta que en principio sería jurídicamente exigible (...). Y todavía más ampliamente, se podría afirmar que el concepto de objeción de conciencia incluye toda prestación motivada por razones axiológicas –no meramente psicológicas– de contenido primordialmente religioso o ideológico, ya tenga por objeto la elección menos lesiva para la propia conciencia entre las alternativas previstas en la norma, eludir el comportamiento contenido en el imperativo legal o la sanción prevista por su incumplimiento, o incluso, aceptando el mecanismo represivo lograr la alteración de la ley que es contraria al personal imperativo ético"[170].

---

167 R. Navarro-Valls y J. Martínez-Torrón, afirman: "Es ya lugar común preceder todo intento definitorio de la objeción de conciencia con una observación acerca del carácter mutable de sus significados, el dinamismo de los fines que persigue y su sentido no unívoco en la doctrina jurídica". Navarro-Valls, R., Martínez-Torrón, J., *Conflictos entre conciencia y ley: las objeciones de conciencia*, *op. cit.*, p. 34. Comparten esta idea, entre otros: Prieto Sanchís, L., "Desobediencia civil y Objeción de conciencia", *op. cit.*, pp. 13-42; Bertolino, R., "L'obiezione di coscienza", en *La objeción de conciencia en el derecho español e italiano*, Jornadas celebradas en Murcia, del 12 al 14 de abril de 1989, Universidad, Murcia, 1990, p. 41; Escobar Roca, G., *La objeción de conciencia en la Constitución Española*, *op. cit.*, pp. 39-44; Capodiferro Cubero, D., *La objeción de conciencia: estructuras y pautas de ponderación*, *op. cit.*, pp. 34-38.

168 Navarro-Valls, R., Martínez-Torrón, J., *Conflictos entre conciencia y ley: las objeciones de conciencia*, *op. cit.*, p. 28.

169 Sobre esta institución, vid. el apartado 2.4.

170 Navarro-Valls, R., Martínez-Torrón, J., *Conflictos entre conciencia y ley: las objeciones de conciencia*, *op. cit.*, p. 37.

En el campo iusfilosófico, destaca la definición propuesta por F. D'Agostino, quien entiende que el núcleo esencial de la objeción de conciencia consiste en:

> "el comportamiento no violento, por el cual se desobedece a una norma jurídica positiva en base a motivaciones axiológicas, pertenecientes a las más íntimas, personales e irrenunciables convicciones morales, las cuales constituyen un "deber ser" expresado por la normatividad de la misma conciencia, que se contrapone a la misma vez con el dictado expreso de una norma del ordenamiento jurídico positivo"[171].

Como puede apreciarse según el concepto descrito, la objeción de conciencia implica un conflicto entre el deber de obediencia a la norma y el deber de obediencia a la propia conciencia, independientemente de la motivación que lo preceda, teniendo definitivamente que optar por obedecer a la conciencia, asumiendo las consecuencias que de ello se derivan. De ahí que para F. D'Agostino se esté ante un deber de lealtad entre el imperativo de la conciencia y el de la norma jurídica[172].

A su vez, M. Gascón refiere que la objeción de conciencia debe ser entendida como: "(...) aquel incumplimiento de un deber jurídico motivado por la existencia de un dictamen de conciencia, que impide observar el comportamiento prescrito y cuya finalidad se agota en la defensa de la moralidad individual, renunciando a cualquier estrategia de cambio político o de búsqueda de adhesiones"[173]. De lo expuesto conviene resaltar que la objeción de conciencia no tiene como finalidad conseguir un cambio en la norma, sino solo pedir una excepción, a diferencia de la desobediencia civil, cuyo fundamento es,

---

171 D'Agostino, F., "Obiezione di coscienza e verità del diritto tra moderno e postmoderno", en *Quaderni di diritto e politica ecclesiastica*, Università degli Studi di Parma, Istituto di Diritto Pubblico, Tomo 2, CEDAM, Padova, 1989, p. 3.

172 En este sentido, F. D'Agostino considera que: "Más específicamente la objeción de conciencia puede ser representada como un conflicto del deber, o de lealtad o de obediencia: entre el imperativo de la conciencia, de un lado, y de la norma jurídica externa por el otro". D'Agostino, F., "Obiezione di coscienza e verità del diritto tra moderno e postmoderno", *op. cit.*, p. 3.

173 Gascón Abellán, M., *Obediencia al Derecho y objeción de conciencia*, *op. cit.*, p. 85.

precisamente, la voluntad de erradicar la norma o situación política injusta[174].

Desde otra perspectiva, cabe destacar la aportación de C. Sartea, quien considera que la justificación para la existencia de la objeción de conciencia radica en la tensión interna que se produce en el derecho entre el ser y el deber ser[175]. Así, sostiene que "el espacio entre el uno y el otro es el espacio de la historia humana, la línea de sombra entre derecho positivo y derecho natural, el margen de los posibles errores de los legisladores, jueces, gobernantes; y, por eso, es el espacio de la objeción"[176]. Con base en lo manifestado, para este autor la objeción de conciencia debe ser entendida como:

> "un deber de defensa del sistema jurídico, de protección y promoción de su más auténtico deber ser. He dicho "un deber", y lo subrayo: porque mucho se ha escrito con referencia al "derecho de objeción de conciencia", que considero indiscutible por las razones ya expuestas, un verdadero derecho fundamental, con sus propias condiciones; pero poco se habla de la objeción como deber del ciudadano responsable"[177].

En consecuencia, Sartea entiende que la objeción de conciencia es un acto de fidelidad, porque constituye un gesto de rendición a la verdad o, dicho de otro modo, se configura como un acto de defensa de la verdad contra el poder[178].

Asimismo, D. Capodiferro define la objeción de conciencia como una excepción de responsabilidad jurídica. En este sentido refiere que:

> "(...) la reacción individual, consciente y voluntaria, derivada de la contradicción entre la conciencia del sujeto y el contenido o fundamento de un deber jurídico, que consiste en el incumplimiento del comportamiento estipulado por éste, acogiéndose al cumplimiento de un deber que

---

174 En el apartado 2.4.2 del presente capítulo se desarrollará esta idea.

175 Cfr. Sartea, C., "¿Qué objeción? ¿Qué conciencia? Reflexiones acerca de la objeción de conciencia y su fundamentación conceptual", en *Cuadernos de Bioética*, XXIV (3), 2013, p. 393.

176 *Ibidem*, p. 394.

177 Sartea, C., "¿Qué objeción? ¿Qué conciencia? Reflexiones acerca de la objeción de conciencia y su fundamentación conceptual", *op. cit.*, p. 394.

178 *Ibidem*, p. 395.

se plantea como alternativo o, en caso de que no se recoja tal posibilidad, pretendiendo la exención de responsabilidad jurídica por la conducta"[179].

Los autores mencionados coinciden en señalar que la objeción de conciencia presupone la existencia de un conflicto entre un deber jurídico y una exigencia de conciencia, argumento que comparto. En concordancia con todo lo señalado, me aventuro a aportar una noción amplia de objeción de conciencia, que sirva en la presente investigación como hilo conductor: la objeción de conciencia podría ser definida como el comportamiento personal[180], no violento, por el cual se omite obedecer una concreta norma jurídica[181], con base en motivos de conciencia[182], que, como se explicará más adelante, pueden tener un fundamento propiamente jurídico. Las razones últimas en las que se apoya una objeción de conciencia pueden ser: religiosas, éticas, morales, axiológicas o de justicia[183]. Sus límites serán los establecidos para el ejercicio de los derechos fundamentales[184]. Por

179 Capodiferro Cubero, D., *La objeción de conciencia: estructuras y pautas de ponderación*, *op. cit.*, p. 86.

180 Al respecto, L. Prieto Sanchís señala: "(...) es el incumplimiento de una obligación de naturaleza personal, cuya realización produciría en el individuo una lesión grave de la propia conciencia o, si se prefiere, de sus principios moralidad", Prieto Sanchís, L., "La objeción de conciencia como forma de desobediencia al derecho", en *Sistema Revista de Ciencias Sociales*, 59 (1984), p. 49.

181 En este sentido, G. Peces Barba defiende un concepto de objeción de conciencia que presupone una visión positivista del derecho: "Se trata de una desobediencia al derecho de carácter civil y sectorial, que necesita una juridificación, esto es, una regulación jurídica (convirtiéndose en una inmunidad o en un derecho subjetivo), y que supone una excepción a una obligación jurídica que pueda ser incluso fundamental". Peces-Barba, G., "Desobediencia civil y objeción de conciencia", en *Anuario de Derechos Humanos*, 5 (1988-1989), p. 168.

182 F. D'Agostino, sobre la coexistencia del deber de conciencia, afirma que este "(...) pertenece a las más íntimas, personales e irrenunciables convicciones, las cuales constituyen un «deber ser» expresado por la misma normatividad de la conciencia, que se contrapone a la misma vez con el dictado expreso de una norma del ordenamiento positivo". D'Agostino, F., "Obiezione di coscienza e verità del diritto tra moderno e postmoderno", *op. cit.*, p. 3.

183 Aparisi Miralles, A., *Ética y deontología para juristas*, *op. cit.*, pp. 387-393; López Guzmán, J., *Objeción de conciencia farmacéutica*, *op. cit.*, p. 26.

184 Cfr. Gascón Abellán, M., *Obediencia al Derecho y objeción de conciencia*, *op. cit.*, pp. 281-284.

último, la conducta debe carecer de intencionalidad política[185], ya que con ella no se pretende, en principio, cambiar o anular la norma objetada[186].

2.2. *Naturaleza*

Una vez establecido el concepto de objeción de conciencia, resulta convieniente analizar su naturaleza jurídica, para lo cual se requiere, previamente, adoptar una visión de las relaciones entre derecho y moral.

Siguiendo a A. Ollero[187], puede sostenerse que el derecho representa el mínimo ético que garantiza una convivencia pacífica y justa[188], mientras que la moral busca el logro de la máxima perfección ética individual[189]. En consecuencia, la finalidad del derecho es más modesta, ya que, como se ha indicado, solo persigue hacer posible la convivencia pacífica y ordenada entre los miembros de una sociedad. Dicha convivencia está orientada, en última instancia, al logro de la justicia objetiva, es decir del "(...) ajustamiento objetivo de las relaciones de convivencia, que determina jurídicamente lo suyo de cada uno y genera una exigencia moral de respeto propio de la virtud sub-

---

185 M. Gascón afirma: "Recordemos que la objeción de conciencia se concibe como el incumplimiento de un deber jurídico, pacífica y moralmente motivado, que tan solo procura salvaguardar la propia integridad moral frente a un imperativo heterónomo que se juzga injusto, pero que en modo alguno supone un empeño de que los demás se adhieran a las creencias o practiquen las actuaciones del objetor", Gascón Abellán, M., *Obediencia al Derecho y objeción de conciencia*, *op. cit.*, p. 217.

186 Ruiz Miguel, A., "Sobre la fundamentación de la objeción de conciencia", en *Anuario de Derechos Humanos*, 4 (1986-1987), p. 404.

187 Ollero Tassara, A., *Derecho y moral: una relación desnaturalizada*, Fundación Coloquio Jurídico Europeo, Madrid, 2012.

188 En este sentido, A. Ollero considera que ha optado "(...) por el término ético para identificar ese ámbito global de la conducta debida, lo que permite distinguir dentro de él las exigencias que tendrían Fundamento Jurídico y las que solo lo encontrarían en la moral", Ollero Tassara, A., *Derecho y moral: una relación desnaturalizada*, *op. cit.*, p. 12.

189 El cumplimiento de las maximalistas exigencias propias de la moral genera en el actor hábitos virtuosos, pero no obligaciones jurídicas, cfr. Ollero Tassara, A., *Derecho y moral: una relación desnaturalizada*, *op. cit.*, p. 24.

jetiva de la justicia"[190]. En cambio, la moral busca la perfección de los seres humanos, generando hábitos virtuosos[191].

Además, para A. OLLERO resulta importante precisar que el derecho no se puede reducir a las normas positivizadas. En concreto, afirma:

> "(...) describir el derecho como es en realidad, lleva a reconocer que en su dinámica entran en juego elementos jurídicos no formalmente positivados, o a los que solo cabe considerar positivados de modo implícito. Así ocurrirá con los valores y –aún más, dada su mayor operatividad positivadora– con los principios jurídicos, a los que sería absurdo conceptualizar como morales"[192].

En consecuencia, las exigencias jurídicas no solo pueden ser plasmadas en normas jurídicas, sino también en principios y valores[193]. Como se intentará mostrar, esta visión del derecho, que refleja la realidad de los actuales Estados de Derecho, es la que permite explicar, de manera más adecuada, la naturaleza jurídica de la objeción de conciencia[194]. Asimismo, como se tendrá ocasión de mostrar, ayudará a diferenciarla de otras figuras similares, pero diferentes, como es el caso de la desobediencia civil.

2.2.1. La objeción de conciencia como figura jurídica

En el epígrafe anterior se ha señalado que, en general, los diversos autores coinciden en afirmar que la objeción de conciencia presupone la existencia de un conflicto entre un deber jurídico y una exigencia de conciencia. No obstante, considero que la exigencia que plantea

---

190 OLLERO TASSARA, A., *Derecho y moral: una relación desnaturalizada*, *op. cit.*, p. 25. Sobre esta cuestión, A. OLLERO, considera que "(...) la Justicia, consistirá en un *médium rei* radicado en la naturaleza de las cosas y racionalmente captable en ella por el sujeto, sin necesaria vinculación a sus disposiciones subjetivas", OLLERO TASSARA, A., *Derecho y moral: una relación desnaturalizada*, *op. cit.*, p. 25.

191 *Ibidem*, p. 24.

192 *Ibidem*, p. 28.

193 *Ibidem*.

194 En este punto seguimos a OLLERO TASSARA, A., *Derecho y moral: una relación desnaturalizada*, *op. cit.*; ALBERT MÁRQUEZ, M., *Libertad de conciencia: el derecho a la búsqueda personal de la verdad*, *op. cit.*

la conciencia no tiene carácter exclusivamente moral, sino también jurídico. Por lo tanto, el recurso a la objeción de conciencia no presupone un conflicto entre derecho y moral –como muchos autores han planteado-, sino que se está frente a una "discrepancia netamente jurídica, pues lo que se debate es si debe o no incluirse en el mínimo ético característico de derecho, la imposición o prohibición de determinada conducta (...)"[195]. O, dicho de otra manera, lo que se plantea es si el respeto a las convicciones morales íntimas ha de incluirse, o no, en ese mínimo ético que es el derecho[196].

Por ello, ante lo que se está es ante una oposición entre dos pretensiones jurídicas. Por un lado, se encuentra la obligación jurídica aprobada por la mayoría (por ejemplo, la legalización del aborto en un determinado país) y, por otro lado, el derecho del objetor a que el ordenamiento jurídico garantice el respeto de sus convicciones (libertad de conciencia, libertad religiosa, entre otras). En este sentido, resulta ilustrativo el voto particular concurrente que formuló A. Ollero en relación con la STCE 145/2015, quien defendió la juridicidad de la objeción de conciencia. Al respecto, señaló:

> "En realidad el conflicto se da entre la delimitación legal del mínimo ético característico del derecho, fruto de un respaldo mayoritario, y la discrepante concepción de ese mínimo ético jurídico suscrita por un ciudadano en minoría. No nos encontramos pues ante un conflicto entre el mínimo ético que da sentido a lo jurídico y maximalismos morales que puedan repercutir sobre la conciencia individual. Pretender que la obediencia al derecho pueda depender del código moral de cada cual es una torpe caricatura del derecho a la objeción de conciencia. Este refleja en realidad un conflicto jurídico y no el imaginado entre derecho y moral. Se trata del derecho de la minoría a poder acogerse excepcionalmente a su visión del mínimo ético que el derecho ha de avalar, en relación al impuesto mayoritariamente por cauces democráticos. Todo un síntoma elocuente del respeto del Estado a los derechos de los ciudadanos; de modo especial a su libertad ideológica, no ajena en ocasiones a referencias religiosas (...)"[197].

---

195 Ollero Tassara, A., *Derecho y moral: una relación desnaturalizada*, *op. cit.*, p. 104.

196 Cfr. Albert Márquez, M., *Libertad de conciencia: el derecho a la búsqueda personal de la verdad*, *op. cit.*, p. 66.

197 Voto particular concurrente de A. Ollero en relación con la STCE 145/2015 del 25 de junio de 2015, dictada en el recurso de amparo avocado núm. 412-

Por ello, como establece M. Albert, la exigencia de respeto al obrar conforme a los dictados de la conciencia no es una demanda moral, sino jurídica, porque emana directamente de lo que la propia naturaleza humana reclama como debido y, además, porque forma parte de las exigencia éticas estrictamente necesarias para la convivencia verdaderamente humana, ya que el no verse obligado a actuar de modo que repugne a la propia conciencia es un presupuesto mínimo que se debe respetar en todo Estado de Derecho[198].

Por su parte, L. Prieto considera también que la objeción de conciencia es una figura jurídica, que no otorga ninguna autorización para desobedecer al derecho basada en razones de tipo moral, sino que requiere la existencia de alguna norma que, en atención a la conciencia del sujeto o al respeto a sus convicciones, permita la excepción al cumplimiento de determinada obligación. Por ello, entiende que la objeción de conciencia es una figura que busca preservar la conciencia de una minoría, pero con un fundamento propiamente jurídico[199].

En el mismo sentido, R. Navarro-Valls y J. Martínez-Torrón, consideran que un adecuado planteamiento jurídico de la objeción de conciencia lleva a entender que el objetor es una persona que, de forma ocasional, solicita la excepción al cumplimiento de una ley aprobada democráticamente que entra en colisión con sus convicciones. Dicha solicitud la apoya en su derecho fundamental a la libertad de conciencia. Por ello, destacan que no se está ante casos de violación del ordenamiento jurídico por razones legítimas, pero privadas, sino más bien ante situaciones en las que se produce un enfrentamiento entre diferentes bienes jurídicos, que deberán ser ponderados adecuadamente por el juez[200]. En definitiva, el objetor no es un ciudadano que apela a su moralidad para incumplir una norma jurídica, sino

2012 en BOE, Núm. 182, de 31 de julio de 2015. Fundamento Fundamento Jurídico número 6. [consultado 17 de enero 2016]. Disponible en: https://hj.tribunalconstitucional.es/HJ/es/Resolucion/Show/24527

198 Cfr. Albert Márquez, M., *Libertad de conciencia: el derecho a la búsqueda personal de la verdad*, *op. cit.*, pp. 66-67.

199 Cfr. Prieto Sanchís, L, "Desobediencia civil y Objeción de conciencia", *op. cit.*, pp. 20-21.

200 Cfr. Navarro-Valls, R., Martínez-Torrón, J., *Conflictos entre conciencia y ley: las objeciones de conciencia*, *op. cit.*, p. 39.

que, con apoyo en el propio ordenamiento jurídico, solicita el reconocimiento de un derecho[201].

Establecido el carácter jurídico de la objeción de conciencia, a continuación, se estudiará su naturaleza jurídica.

2.2.2. Naturaleza jurídica de la objeción de conciencia

Abordar la cuestión de la naturaleza jurídica de la objeción de conciencia no es tarea sencilla. En la actualidad, las posiciones doctrinales son variadas[202], pero pueden resumirse en dos tesis predominantes[203]. Una primera postura, que niega la existencia de la objeción de conciencia como derecho fundamental. Y una segunda tesis que considera la objeción como un derecho fundamental.

La primera tesis sostiene que, pese a la indudable conexión entre objeción de conciencia y derecho a la libertad de conciencia, la objeción no formaría parte de su contenido. Por ello, únicamente podrá ejercitarse el derecho a la objeción de conciencia cuando el respectivo supuesto se encuentre reconocido en una norma positiva. Solo de esta forma podrá existir un derecho a la objeción de conciencia, aunque no con la naturaleza de fundamental. Comparte esta postura, entre otros, A. Barrero Ortega, quien sostiene:

> "Ni nuestra Constitución reconoce un derecho general (a la objeción de conciencia) ni éste puede deducirse sin más de las libertades ideoló-

---

201 Cfr. Ollero Tassara, A., *Derecho y moral: una relación desnaturalizada*, *op. cit.*, pp. 31-36.

202 Siguiendo a L. Gómez Abeja, pueden citarse hasta seis nociones o posturas distintas sobre la naturaleza de la objeción de conciencia. Podría ser entendida como: a) una mera desobediencia de la ley; b) una tolerancia del legislador; c) una excepción legal a la norma; d) una sustitución de la moral social por la moral individual; e) un derecho subjetivo f) un derecho fundamental. Cfr. Gómez Abeja, L., *Las objeciones de conciencia*, Centro de estudios políticos y constitucionales, Madrid, 2016, p. 189. Para una mayor profundización en estas posturas, se puede recurrir al mismo libro en las pp. 189-201.

203 Siguiendo a L. Prieto Sanchís, quien sostiene que "(...) dos son las posibles respuestas y ambas han sido exploradas con algún detalle tanto para la doctrina como por la jurisprudencia". Prieto Sanchís, L., "Las objeciones de conciencia", en Prieto Sanchís, L (Coord), *Actas de los seminarios sobre objeción de conciencia y desobediencia civil*, Fundación Ciudadanía y Valores, Madrid, 2011, p. 5.

gicas y religiosa consagradas en el artículo 16. 1 CE. Otra interpretación conduciría frontalmente a la destrucción del Estado de Derecho (1.1 CE), a la negación de la imperatividad de las normas jurídicas y, en suma, a hacer normas jurídicas subjetivamente disponibles"[204].

En la misma línea de pensamiento, L. M. DÍEZ-PICAZO considera que el principio que se desprende de la CE hace pensar que la objeción de conciencia no se encuentra comprendida dentro de la libertad ideológica y religiosa[205]. Pero, como señala el mismo autor, ello no es un obstáculo en el supuesto de que el legislador considere otorgar tal derecho, si bien se requerirá que se reúnan las condiciones que se derivan del precepto constitucional[206].

Entre los filósofos del derecho que se muestran a favor de esta postura destaca G. PECES BARBA, quien sostiene que la objeción de conciencia no es un derecho fundamental, sino un derecho dependiente de una obligación y su excepción. Por ello, a los casos de objeción no previstos expresamente por ley los denomina *pretensión de objeción de conciencia*. Designa solo objeción de conciencia *stricto sensu* a aquellos supuestos que se encuentren juridificados[207].

Entre los estudiosos del Derecho eclesiástico destaca D. LLAMAZARES, quien también se muestra contrario a que exista un derecho fundamental a la objeción de conciencia, debido a que considera que ello supondría la negación misma del derecho[208].

Frente a esta postura, existe otro sector de la doctrina que considera que la objeción de conciencia forma parte del contenido del derecho fundamental a la libertad de conciencia, reconocido en su vertiente ideológica y religiosa que, de acuerdo con la CE, estaría amparada en

---

204 BARRERO ORTEGA, A., *La libertad religiosa en España*, Centro de Estudios Políticos y Constitucionales, Madrid, 2006, p. 410.

205 Cfr. DÍEZ-PICAZO, L. M. y GULLÓN BALLESTEROS, A., *Sistema de derechos fundamentales*, Civitas, Madrid, 2005, p. 256.

206 *Ibidem*.

207 PECES-BARBA, G., "Desobediencia civil y objeción de conciencia", *op. cit.*, pp. 168-169.

208 Cfr. LLAMAZARES FERNÁNDEZ, D., *Derecho a la libertad de conciencia*, Civitas, Madrid, 1999, p. 267.

el artículo 16.1, y en el artículo 2.3 de la CPP[209]. Para estos autores, la objeción de conciencia tendría el carácter de derecho fundamental por su íntima relación con dichos derechos. Comparten esta postura L. Prieto Sanchís, R. Navarro-Valls, J. Martínez-Torrón, A. Ollero, S. Sieira, M. Albert, entre otros.

L. Prieto Sanchís sostiene que el objetor, cualquiera sea su deber jurídico, ejerce un derecho fundamental a la objeción de conciencia. Este derecho no sufre restricción por el resultado negativo que se pueda obtener por dicha solicitud de objeción, eso es totalmente independiente. Lo que no se puede negar es el derecho fundamental a objetar[210]. En este sentido "concebir la objeción como una manifestación del derecho fundamental a la libertad de conciencia tan solo supone que las distintas formas o modalidades de objeción no reguladas (...) deben ser tratadas como un caso de conflicto entre el derecho fundamental y el deber jurídico cuyo cumplimiento se rehúsa. Nada más, pero tampoco nada menos"[211]. Por ello, entiende que cada supuesto debe ser analizado de forma independiente.

M. Gascón afirma que, siendo la libertad de conciencia el derecho fundamental que sirve de matriz a la objeción, y dada la peculiar posición de los derechos en nuestro sistema, no parece muy coherente exigir como ineludible una regulación específica de la objeción de conciencia, ni sostener que las únicas modalidades legítimas son aquellas que han sido concretamente previstas por el legislador. De adoptar esta postura, el contenido del artículo 16 de la CE quedaría

---

209 Artículo 2.- Toda persona tiene derecho. 3. A la libertad de conciencia y de religión, en forma individual o asociada. No hay persecución por razón de ideas o creencias. No hay delito de opinión. El ejercicio público de todas las confesiones es libre, siempre que no ofenda la moral ni altere el orden público.

210 Cfr. Prieto Sanchís, L., "Desobediencia civil y Objeción de conciencia", *op. cit.*, p. 35.

211 Además, sostiene que: "no existe un derecho general, definitivo y concluyente a ejercer cualquier modalidad de objeción de conciencia, pero sí existe lo que hemos llamado un "derecho a la argumentación", un derecho a que la conducta sea enjuiciada como el ejercicio de un derecho (o de una posición subjetiva provisional, si se prefiere) en conflicto con otros derechos o bienes constitucionales, cuyo resultado queda librado al juicio de proporcionalidad o ponderación". Prieto Sanchís, L., "Desobediencia civil y Objeción de conciencia", *op. cit.*, pp. 39-40.

mutilado o, mejor dicho, descolgado del régimen común de las libertades públicas. Para esta autora:

> "El reconocimiento de que la objeción de conciencia descansa y se explica desde la libertad de conciencia, parece que debe llevar a la conclusión de que en un sistema desarrollado de libertades públicas existe un derecho general a la objeción de conciencia; esto es, existe una presunción favorable de que quien incumple un deber por motivos de conciencia se halla amparado por un derecho fundamental, sin perjuicio naturalmente de que ese derecho fundamental haya de ceder luego ante otros derechos o valores más atendibles"[212].

S. SIEIRA considera que la objeción de conciencia forma parte del contenido de la libertad ideológica y religiosa, garantizada en el artículo 16 de la CE y, por tanto, es un derecho fundamental de máxima protección constitucional[213]. Debido a ello, la misma autora explica que "(...) es posible identificar la objeción de conciencia con el mismo derecho de libertad ideológica o religiosa cuando dicho derecho entra en conflicto con un deber jurídico". Esta identificación se produce, no solo porque la esencia o el fundamento de la objeción de conciencia se encuentran en la libertad de conciencia, sino también porque la objeción de conciencia es un derecho con un contenido concreto. Por ello, puede afirmarse que no resulta necesaria una regulación legal del supuesto concreto de objeción de conciencia para

---

212 GASCÓN ABELLÁN, M., *Obediencia al Derecho y objeción de conciencia*, *op. cit.*, p. 275.

213 SIEIRA MUCIENTES, S., *La objeción de conciencia sanitaria*, *op. cit.* En otro lugar, la misma autora sostiene lo siguiente: "Como yo me inscribo en la línea de los autores que postulan la existencia de la objeción de conciencia como derecho fundamental, tomo la objeción al aborto como caso prototípico de cualquier otra objeción sanitaria, lo que implicará, en cualquiera de estas modalidades de objeción, la necesidad de reconocer como parte del conflicto el ejercicio de la libertad de conciencia, que será legítimo a priori, para luego ponderar, sobre la base del principio de proporcionalidad, si debe o no limitarse dicho ejercicio en el caso concreto. Todo ello, mientras no exista regulación legal alguna al respecto que señale, sin desconocer el contenido esencial del derecho fundamental (art. 53 CE), otros posibles límites a su ejercicio". SIEIRA MUCIENTES, S., "La objeción de conciencia sanitaria", en *Objeción de conciencia y función pública*, Estudios de Derecho Judicial, Madrid, 2007, p. 52.

poder ejercerla, sino que el solo hecho de ser un derecho fundamental permite su efectivo ejercicio[214].

Por su parte, G. Escobar Roca ha defendido la existencia de un derecho general a la objeción de conciencia en España, manifestando que:

> "(...) la Constitución exige un equilibrio entre sus componentes liberal y democrático–formal. La referencia del art. 10.1 a la dignidad de la persona sirve como criterio interpretativo en favor de una concepción amplia (tesis extensiva) de la libertad ideológica y religiosa, en cuyo contenido se incluye así la objeción de conciencia, entendida como derecho a la excepción de aquellos deberes jurídicos incompatibles con la conciencia individual"[215].

Por tanto, para este autor, la objeción de conciencia forma parte del derecho a la libertad ideológica y religiosa. Tratándose de derechos fundamentales, también la objeción de conciencia gozaría de dicho privilegio.

Por su parte, M. Albert ha sostenido la existencia de un derecho general a la objeción de conciencia. Ello no implicaría el reconocimiento de un derecho general a la excepción, sino, más bien, un derecho a una excepción puntual en el cumplimiento de un deber jurídico. De tal forma que "aunque se reconozca con carácter general y como derecho fundamental sigue siendo exactamente lo mismo: un derecho fundamental a recibir una excepción, por motivos de conciencia, del cumplimiento de un deber"[216].

No obstante, cuando se habla de un derecho general a la objeción de conciencia, se debe entender que esa generalidad está sometida a las limitaciones propias de todo derecho fundamental. El voto particular de A. Ollero en la STCE 145/2015, deja sentada la naturaleza

---

214 Cfr. Sieira Mucientes, S., *La objeción de conciencia sanitaria*, *op. cit.*, p. 48. En el mismo sentido se manifestó el TCE, en su Sentencia 15/1982, del 23 de abril de 1982 (sobre el reconocimiento de la objeción de conciencia al servicio militar, pese a no existir regulación legal) y la STCE 19/1985 sobre objeción laboral.

215 Escobar Roca, G., *La objeción de conciencia en la Constitución Española*, *op. cit.*, p. 201.

216 Albert Márquez, M., *Libertad de conciencia: el derecho a la búsqueda personal de la verdad*, *op. cit.*, p. 103.

jurídica de la objeción de conciencia y su posible limitación. Al respecto, sostiene:

> "La realidad es que, aun siendo la objeción de conciencia un derecho fundamental, no lo es con un alcance ilimitado. Es preciso ponderarlo como otros bienes o derechos constitucionalmente protegidos. Será el legislador en principio el encargado de hacerlo, sin perjuicio de que tal labor la lleve en caso contrario el órgano judicial competente (...)"[217].

Una vez expuestas las dos posturas doctrinales predominantes en relación a la naturaleza jurídica de la objeción de conciencia, a los efectos de la presente investigación se considerará más adecuada la posición que sostiene que la objeción de conciencia forma parte del contenido del derecho fundamental a la libertad de conciencia, reconocido en su vertiente ideológica y religiosa en el caso del ordenamiento jurídico español.Asimismo, se considera que, si la libertad de conciencia, entendida esta "como el derecho de toda persona a formar sus imperativos de conciencia libremente, así como a mantener un comportamiento acorde con los mismos (...)"[218], es un derecho fundamental, y si el reconocimiento de la objeción de conciencia se deriva de esta libertad, es posible configurar un derecho general a la objeción de conciencia. Si bien, como todo derecho fundamental, estará sujeto a determinadas limitaciones.

Una vez establecido el carácter de derecho fundamental de la objeción de conciencia derivado de la libertad conciencia (como se verá más adelante, es así en el CEDH) o de la libertad ideológica o de creencias (CE), o libertad de conciencia en otras Constituciones como por ejmplo la peruana, puede afirmarse que de ello se derivarían las siguientes consecuencias:

a) Al tratarse de un derecho fundamental, la eficacia directa de la Constitución hará posible que cualquier ciudadano puede gozar del derecho a la objeción de conciencia; por tanto, no será necesaria la *interpositio legislatoris*;

---

217 Voto particular concurrente que formula A. Ollero Tassara en relación con la STCE 145/2015, de 25 de junio. Fundamento Jurídico número 1, p. 66675.

218 Sieira Mucientes, S., *La objeción de conciencia sanitaria*, *op. cit.*, p. 46

b) Por pertenecer la objeción de conciencia al grupo de los derechos fundamentales, goza de un mecanismo de protección especial, como es la posibilidad de interponer recurso de amparo;

c) Se presupone la capacidad de vincular al legislador con el contenido esencial del derecho. De este modo, quien hace uso de un derecho fundamental, no solo lo puede oponer ante terceros, sino que posee también la facultad de vincular al mismo poder legislativo, de modo que éste se vea obligado a respetar el contenido esencial del derecho siempre que lo regule.

Teniendo en cuenta todo lo señalado, siguiendo a A. Ollero[219], M. Albert[220], M. Gascón[221], G. Escobar[222], S. Sieira[223], entre otros, considero que nada impide que el derecho de objeción de conciencia se entienda como un derecho fundamental, aunque no pueda ser reconocido con carácter general.

2.3. Notas definitorias

Una vez que se han expuesto, de manera sucinta, el concepto y la naturaleza jurídica de la objeción de conciencia, se abordarán sus notas características. En principio, podrían destacarse[224]:

a) Preexistencia de un deber jurídico;

b) Coexistencia de un deber de conciencia;

c) Comportamiento omisivo;

---

219 Voto particular concurrente de A. Ollero en relación con la STCE 145/2015, *op. cit.*, Fundamento Jurídico número 1, p. 66676.

220 Cfr. Albert Márquez, M., *Libertad de conciencia: el derecho a la búsqueda personal de la verdad*, *op. cit.*, p. 98.

221 Gascón Abellán, M., *Obediencia al Derecho y objeción de conciencia*, *op. cit.*, p. 275.

222 Escobar Roca, G., *La objeción de conciencia en la Constitución Española*, *op. cit.*, p. 201.

223 Sieira Mucientes, S., *La objeción de conciencia sanitaria*, *op. cit.*, p. 48.

224 Aparisi Miralles, A., *Ética y deontología para juristas*, *op. cit.*, pp. 387-393; López Guzmán, J., *Objeción de conciencia farmacéutica*, *op. cit.*, pp. 25-29; Palomino, R., *Las objeciones de conciencia*, Montecorvo, Madrid, 1994, pp. 20-22; Agulles Simó, P., *La objeción de conciencia farmacéutica en España*, Edizioni Università Santa Croce, Roma, 2006, pp. 30-43.

d) Fundamentación en razones religiosas, filosóficas, éticas, axiológicas o de justicia;
e) Existencia de límites en su ejercicio;
f) Ausencia de contenido político.

2.3.1. Preexistencia de un deber jurídico

Como es conocido, el derecho tiene como nota o característica esencial la obligatoriedad. En palabras de J. HERVADA:

> "La obligatoriedad del derecho –su carácter vinculante como deuda– nace de la suidad de la cosa que es derecho, esto es, de su atribución al titular como suya. Que es suya una cosa significa que es del dominio exclusivo del titular –según los rasgos y límites de cada forma de suidad, de atribución y, por ende, de ser suya la cosa respecto del titular-, al cual le ha sido atribuida la cosa con esa nota de exclusividad. Este dominio y atribución radican en la condición de persona que es propia del titular"[225].

Por lo tanto, la primera exigencia necesaria para el reconocimiento de la objeción de conciencia, por parte del objetor, es la existencia previa de un deber jurídico. En el caso puntual de la objeción de conciencia, se está ante un deber jurídico concreto[226]. M. GASCÓN manifiesta que "(...) solo procede hablar de un hipotético derecho a la objeción de conciencia cuando estamos en presencia de una concreta y estricta obligación jurídica y no cuando se trata de una obligación que admite modalidades alternativas de cumplimiento o de dos obligaciones alternativas entre sí"[227].

Además, este deber personal es actual, porque afecta directamente al objetor. Al respecto, G. ESCOBAR ROCA establece que: "(...) la objeción consiste, precisamente en la negativa al cumplimiento del deber que vulnera la conciencia individual, y no de otro. A esto se alude

---

225 HERVADA, J., *Lecciones propedéuticas de filosofía del derecho*, EUNSA, Pamplona, 2008, p. 203.

226 En la misma línea se manifiesta CAPODIFERRO CUBERO, D., *La objeción de conciencia: estructuras y pautas de ponderación*, *op. cit.*, p. 130; ESCOBAR ROCA, G., *La objeción de conciencia en la Constitución Española*, *op. cit.*, pp. 44-46.

227 GASCÓN ABELLÁN, M., *Obediencia al Derecho y objeción de conciencia*, *op. cit.*, p. 245.

cuando se exige que la objeción sea directa"[228]. En la misma línea, M. GASCÓN considera, que "el deber objetado debe imponerse directamente sobre el individuo"[229]. Por lo que se estará ante un deber que expresamente constriñe la conciencia del objetor. En consecuencia, éste solo se rebela contra aquél deber jurídico que repele su conciencia[230].

Al mismo tiempo, esta obligación se encuentra legalmente impuesta[231], es decir, se trata de un deber jurídicamente exigible[232], con independencia de su origen concreto, ya sea una norma, un contrato, un mandato judicial o una resolución administrativa[233]. En este sentido, A. RUIZ MIGUEL, afirma que "solo cabe objetar conductas que pueden imponerse jurídicamente; si la conducta debiese ser libre pero se exige por el ordenamiento más allá de aceptar la objeción de conciencia a la misma, lo que procede es la derogación de la misma"[234]. En este punto, cabría añadir lo manifestado por G. ESCOBAR ROCA, quien señala:

> "La oposición al deber característica de la objeción de conciencia, como fenómeno social y no como una mera hipótesis intelectual, implica la negativa al cumplimiento de un deber dirigido precisamente al objetor. De esta forma, no puede considerarse objetor quien simplemente se opo-

---

228 ESCOBAR ROCA, G., *La objeción de conciencia en la Constitución Española*, *op. cit.*, p. 54.

229 GASCÓN ABELLÁN, M., *Obediencia al Derecho y objeción de conciencia*, *op. cit.*, p. 82.

230 Cfr. FLORES MENDOZA, F., *La objeción de conciencia en derecho penal*, Comares, Granada, 2001, p. 75.

231 Cfr. RUIZ MIGUEL, A., "Sobre la fundamentación de la objeción de conciencia", *op. cit.*, p. 415.

232 Cfr. ALBERT MÁRQUEZ, M., *Libertad de conciencia: el derecho a la búsqueda personal de la verdad*, *op. cit.*, p. 57.

233 Cfr. MARTÍNEZ-TORRÓN, J., "Las objeciones de conciencia y los intereses generales del ordenamiento", en GUITARTE IZQUIERDO, V., ESCRIVÁ IVARS, J. (eds.), *La objeción de conciencia: actas del VI Congreso Internacional de Derecho Eclesiástico del Estado (Valencia 28-30 mayo 1992)*, Consejo General del Poder Judicial, Madrid, 1993, p. 258.

234 RUIZ MIGUEL, A., "Sobre la fundamentación de la objeción de conciencia", *op. cit.*, p. 415.

ne en su fuero interno a un deber jurídico o quien se manifiesta verbalmente en su contra, pero sin embargo lo cumple"[235].

En esta misma línea, aunque desde una perspectiva jurisprudencial, resulta ilustrativa la Sentencia del Tribunal Supremo español (STSE) 905/2008, de 11 de febrero de 2009, la cual señala:

> "(...) la idea misma de la objeción de conciencia solo tiene sentido, en principio, cuando se opone a deberes jurídicos válidos, es decir, deberes jurídicos que emanan de una norma que no vulnera ninguna otra norma de rango superior. Si la norma que impone el deber jurídico es inconstitucional–o, tratándose de un reglamento ilegal -, la respuesta no puede ser nunca la objeción de conciencia, sino la activación de los procedimientos previstos en nuestro ordenamiento jurídico para la anulación de la norma: (...)"[236].

En este marco, también puede resultar interesante mencionar la Sentencia del Tribunal Superior de Justicia (STSJ) de Andalucía 1/2007, de 8 de enero, en la que se rechazó la objeción de conciencia de un licenciado en Farmacia, que se oponía a la dispensación de la denominada "píldora del día siguiente". La razón en la que se basó la Sentencia fue que el demandante no era titular de ningún despacho farmacéutico, por lo que sobre él no recaía, de forma directa, el deber jurídico de tener en stock dicha "píldora del día siguiente", ni de responsabilizarse de su dispensación[237].

Por otro lado, ya se ha indicado que el objetor de conciencia no busca anular la obligatoriedad del derecho, sino solo pedir la excepción personal a ese deber jurídico, por motivos de conciencia. Como señala A. Ollero, en la objeción de conciencia se está ante un derecho cuyo

---

235 Escobar Roca, G., *La objeción de conciencia en la Constitución Española*, *op. cit.*, p. XX.

236 STSE 905/2008, del 11 de febrero del 2009, Sala de lo Contencioso-Administrativo, en Jueces para la Democracia. [consultado 17 de enero 2016]. Disponible en: Disponible en: http://www.juecesdemocracia.es/Sentencias/2009/905.pdf Fundamento Jurídico número 4.

237 STSJ de Andalucía 1/2007, del 02 de enero de 2007, Sala de lo Contencioso-Administrativo de Málaga dicha Sentencia tiene como precedente la STSJ de Andalucía N° 628, en VLEX. Fundamento Jurídico número 5. [consultado 17 de enero 2016]. Disponible en: https://tsj.vlex.es/vid/urbanizacion-impugnacion-plan-territorio-an-32498433

contenido es una excepción[238]. En la misma línea argumental, M. ALBERT precisa que: "(...) un derecho general a la objeción de conciencia es un derecho general a la excepción, que no es lo mismo que un derecho a la excepción generalizada"[239], ya que esto generaría un caos y una situación de inseguridad jurídica. Por eso, como se viene señalando, el derecho a la objeción remite a una excepción puntual del cumplimiento de un deber jurídico concreto[240].

En la ya mencionada STSJ de Andalucía 1/2007, se afirma que la objeción de conciencia:

> "(...) debe ser entendida como una excepción personal derivada de un juicio de carácter ético o moral, que nos legitima para la impugnación de una norma de carácter general, ya que el objetor de conciencia no puede hacer prevalecer o imponer a otros sus condiciones religiosas o morales, para justificar la nulidad de una norma general, aun cuando dicha objeción puede ser enarbolada cuando, en virtud de la no aplicación de dicha norma, pueden derivarse prejuicio o sanciones por su incumplimiento"[241].

En definitiva, la objeción no pretende la nulidad de la norma con carácter general, sino una excepción en su eficacia respecto del objetor: tal es su naturaleza, el ser una excepción. Cuando es reconocido en estos términos, el derecho a la objeción no se ve recortado, sino regulado, conforme a su propio carácter excepcional. Dicho carácter no impide que, cuando se dan los elementos necesarios para reconocer el derecho a objetar, este deba ser considerado[242]. Por ello, como establece G. ESCOBAR ROCA, en la objeción de conciencia, "el deber jurídico, dirigido a una persona concreta, sigue existiendo como norma general. Un deber exceptuable, en determinados casos y con determinadas condiciones, sigue siendo un deber jurídico. Si el objetor

---

238 Cfr. OLLERO TASSARA, A., "Libertad de conciencia y salud", en *Religión, racionalidad y política*, Comares, Granada, 2013, p. 271.

239 ALBERT MÁRQUEZ, M., *Libertad de conciencia: el derecho a la búsqueda personal de la verdad*, *op. cit.*, p. 103.

240 *Ibidem.*

241 STSE 905/2008, de 11 de febrero del 2009, Sala de lo Contencioso-Administrativo. Fundamento Jurídico número 4.

242 Cfr. ALBERT MÁRQUEZ, M., *Libertad de conciencia: el derecho a la búsqueda personal de la verdad*, *op. cit.*, pp. 97-98.

nada opone, el deber será exigible, jugando la exclusión como una excepción particular"[243].

2.3.2. Coexistencia de un deber de conciencia

Una segunda característica, necesaria para el reconocimiento de la objeción de conciencia, es la coexistencia del deber de conciencia, en paralelo al deber jurídico. Al respecto, R. PALOMINO, sostiene:

> "La objeción de conciencia es ante todo un comportamiento individual —ya que remite a la conciencia—, contra una norma jurídica o un mandato legal en sus múltiples formas. El objetor se encuentra ante un dilema consistente en obedecer la ley aun contra las exigencias morales que se le presentan como imperativas, o bien mantenerse fiel a las mismas incluso bajo el precio de sufrir la sanción que se dispara en virtud del mecanismo represivo, sufriendo las consecuencias desfavorables que se siguen del incumplimiento del deber requerido y que le sitúan en una posición de desventaja para el logro de las consecuencias previstas por el ordenamiento"[244].

El objetor se encuentra en una situación de conflicto, directa e ineludible, entre el deber que establece la norma y los dictados de su conciencia, de tal forma que la aceptación de uno supone, irremediablemente, la negación del otro, posición que le llevará a objetar el primero, para así ser fiel al deber de conciencia.

Por lo tanto, no basta la existencia de una situación de conflicto entre ambos deberes, sino que es necesaria la manifestación externa de esa decisión de conciencia, a través de una conducta a favor de ésta y, por tanto, en contra del deber jurídico[245]. En cualquier caso, es necesario recordar que el hecho de estar ante un deber de conciencia no implica que tal deber no sea también propiamente jurídico.

---

[243] ESCOBAR ROCA, G., *La objeción de conciencia en la Constitución Española*, *op. cit.*, p. 48.

[244] PALOMINO, R., "Objeción de conciencia y religión", en *Anuario de Derechos Humanos*, 10 (200)9, p. 440.

[245] En el mismo sentido, RAWLS, J., *Teoría de la justicia*, Fondo de Cultura Económica, México, 1979, p. 410.

2.3.3. Comportamiento omisivo

Los dos presupuestos anteriormente descritos, necesitan ser exteriorizados a través de la realización de una conducta. En el caso de la objeción de conciencia, ello se concretiza en un comportamiento omisivo por parte del objetor, entendido como la negativa del individuo, por motivos de conciencia, a llevar a cabo una conducta que, en principio, resulta jurídicamente exigible. En este sentido, S. Sieira, afirma que:

> "el comportamiento característico del objetor suele consistir más en una omisión que en acción. No es que deba descartarse que un comportamiento activo pueda formar parte del concepto de objeción, (...). Nosotros no nos atrevemos a excluir la «objeción activa» de modo categórico, pero si podemos afirmar que es más frecuente que la objeción se formule contra mandatos que contra prohibiciones. Cuando existe una norma prohibitiva, todas las conductas son legales excepto la contenida en la norma, con la que existen muchas más alternativas de comportamiento, siendo más improbable que se suscite el conflicto de conciencia"[246].

Por otro lado, resulta conveniente recordar que el objetor también obra con el convencimiento de que el respeto a sus convicciones no es un mero asunto de tolerancia hacía él, no es una gracia que se le concede, sino un derecho que legítimamente le corresponde, con independencia de que se le reconozca o no"[247].

En definitiva, se está ante un deber jurídico, frente al cual el objetor, por motivos de conciencia, solicita su omisión[248]. Como ya se ha indicado, la excepcionalidad en el cumplimiento de ese deber jurídico, por motivos de conciencia, no afecta a la estabilidad de la norma, garantizándose su cumplimiento por el resto de las personas[249].

---

[246] Sieira Mucientes, S, *La objeción de conciencia sanitaria*, *op. cit.*, p. 29.

[247] Cfr. Albert Márquez, M., *Libertad de conciencia: el derecho a la búsqueda personal de la verdad*, *op. cit.*, pp. 65-66.

[248] Cfr. Gascón Abellán, M., *Obediencia al Derecho y objeción de conciencia*, *op. cit.*, p. 243. Asimismo, véase entre otros, Escobar Roca, G., *La objeción de conciencia en la Constitución Española*, *op. cit.*, p. 48.

[249] Cfr. Peces-Barba, G., "Desobediencia civil y objeción de conciencia", *op. cit.*, p. 390.

2.3.4. Necesidad de límites en su ejercicio

La relevancia de la convicción en la esfera moral o intelectual de la persona y su apoyo jurídico constituye el fundamento principal de la solicitud de objeción de conciencia. Pero no existe un derecho absoluto a la objeción. Como ocurre con el resto de los derechos fundamentales, esta figura jurídica posee unos límites. En general, los distintos autores se refieren al respeto del orden público, la seguridad jurídica y la igualdad[250].

Por su parte, G. PECES BARBA propone cuatros límites al ejercicio de la objeción de conciencia que, en definitiva, son los que deben ser considerados en el ejercicio de todo derecho fundamental: "el derecho ajeno, la moral vigente, el orden público y el bien común". El primero supone, simplemente, "el reconocimiento de una realidad esencial del Derecho, su estructura relacional, la alteridad o bilateralidad". El segundo viene constituido por "el *minimun* ético que todo sistema jurídico debe realizar". El tercero sería el orden público que, en sus palabras, implica una limitación de los derechos "por razones de tranquilidad, seguridad, salubridad pública"[251]. Y, finalmente, el bien común, que resumiría "el conjunto de condiciones necesarias para el desarrollo integral de todos los hombres", por lo que –en su opinión-, puede identificarse con el primero de los límites señalados[252].

Por su parte, para M. ALBERT, "como todos los derechos fundamentales, la libertad de conciencia no puede entenderse como un derecho absoluto. La necesaria ponderación jurisprudencial irá advirtiendo, caso por caso, cuándo estamos ante una verdadera y legítima objeción de conciencia (...)"[253], y cuándo será necesario que cuente con alguna limitación, a fin de poder custodiar el orden en una sociedad. Por lo que, el ejercicio del derecho a la objeción de conciencia no puede convertirse en un instrumento que avale conductas que son contrarias al ordenamiento jurídico o que traicionan los

---

250 Cfr. ESCOBAR ROCA, G., *La objeción de conciencia en la Constitución Española*, *op. cit.*, p. 484.

251 Cfr. PECES BARBA, G., *Derechos fundamentales*, *op. cit.*, pp. 140-151.

252 *Ibidem.*

253 Cfr. ALBERT MÁRQUEZ, M., *Libertad de conciencia: el derecho a la búsqueda personal de la verdad*, *op. cit.*, pp. 64-65.

valores superiores que lo inspiran[254]. Para esta autora, toda sociedad establece unos límites, fundados en los derechos humanos, y tiene la obligación de hacerlos valer frente a conductas que supongan una clara violación de éstos, no pudiendo estar sujetos a negociación alguna o a limitación que invada su contenido esencial. En definitiva, la conciencia no puede ser invocada para actuar en contra de los derechos humanos[255].

A continuación, se desarrollarán, brevemente, los límites que deben tenerse en cuenta, especialmente por un juez, al valorar la existencia, o no, de una objeción de conciencia. En concreto: el orden público y el respeto a los derechos ajenos.

a) Orden público

Como se ha señalado al inicio de este epígrafe, la objeción de conciencia tiene unos límites; entre ellos estaría, en primer lugar, el orden público[256]. J. MARTÍN DE AGAR, al referirse a él, señala que:

> "(…) es un concepto jurídico indeterminado, que condiciona el ejercicio del derecho (y el ejercicio del poder) a aquellas exigencias de la vida social que en cada momento se consideran irrenunciables; no es posible establecer su alcance a priori y con precisión. Son los jueces quienes, en cada caso o tipo de casos, lo determinan confrontando las leyes y principios, especialmente los de rango constitucional, con la realidad social"[257].

Por su parte, resulta interesante el pronunciamiento de la STCE 42/2000[258], en las que se establece que, en un Estado democrático de

---

254 Cfr. ALBERT MÁRQUEZ, M., *Libertad de conciencia: el derecho a la búsqueda personal de la verdad*, *op. cit.*, p. 74. Al respecto, M. Albert afirma: "Piénsese por ejemplo, en una hipotética apelación a la conciencia, que buscara justificar una práctica como la ablación del clítoris". *Ibidem.*

255 *Ibidem.*

256 Cfr. PÉREZ-UGENA Y COROMINA, M., *La objeción de conciencia entre la desobediencia y el derecho constitucional*, Civitas, Cizur Menor (Navarra), 2015, pp. 183-196.

257 MARTÍN DE AGAR, J., "Problemas jurídicos de la objeción de conciencia", en *Scripta Theologica*, 27 (1995), p. 538.

258 STCE 42/2000 de 14 de febrero de 2000 recurso de amparo avocado núm. 602/97, promovido por don Juan Galafate Parra frente a la Sentencia de la Sala de lo Contencioso-Administrativo del Tribunal Superior de Justicia de Andalu-

Derecho, el orden público no puede ser reducido a la simple tranquilidad en la vía pública impuesta por la autoridad, sino que ha de ser visto como el pacífico ejercicio de los derechos fundamentales por parte de todos[259]. En realidad, ésta es la idea sobre la que se apoya el artículo 10.1 de la CE, cuando sostiene que la dignidad y los derechos inviolables inherentes a la persona constituyen el fundamento del orden político y de la paz social. Al respecto, L. M. Díez-Picazo, señala que "(...) los derechos fundamentales, constituyen el armazón de la propia idea de orden público"[260].

En el mismo sentido, M. Albert precisa, que "(...), ninguna conducta contraria al orden público podrá ser avalada por el hecho de que venga exigida por ninguna conciencia. Ningún derecho fundamental puede avalar conductas contrarias al orden público"[261].

Teniendo en cuenta todo lo señalado, puede afirmarse, siguiendo a A. Ollero, que:

---

cía, en BOE, Núm. 66, 17 de marzo del 2000. [consultado 12 de julio 2016]. Disponible en: http://hj.tribunalconstitucional.es/docs/BOE/BOE-T-2000-5097.pdf, pp. 46-50.

259 En la misma línea de pensamiento, M. J. Izu Belloso manifiesta que el concepto de orden público puede enfocarse en dos sentidos: en primer lugar, en un orden público material o en sentido restringido, que consistirá en una situación de orden exterior o tranquilidad en una comunidad; es decir, la inexistencia de altercados o desordenes sociales. En un segundo sentido estará referido al orden público formal, que hará referencia al orden general de la sociedad. Será en este segundo sentido dónde actuará como límite al ejercicio de las libertades y derechos fundamentales, así como criterio interpretativo general. Cfr. Izu Belloso, M. J., "Los conceptos de orden público y seguridad ciudadana tras la Constitución de 1978", en *Revista Española de Derecho Administrativo*, 58 (1988), p. 2. [consultado 20 de enero 2016]. Disponible en: http://webs.ono.com/mizubel/conceptos.pdf

260 Díez-Picazo, L. M., "Notas sobre la renuncia a los derechos fundamentales", en *Persona y Derecho*, 45 (2001), pp. 133-134.

261 Albert Márquez, M., *Libertad de conciencia: el derecho a la búsqueda personal de la verdad*, *op. cit.*, p. 103.

> "(...) hablar de mínimo ético no es necesariamente remitir a exigencias – por mínimas – despreciables, sino muy al contrario resaltar un núcleo de bienes considerados de orden público, que han de situarse al margen de toda negociación y cuyo respeto no dejará de exigir esfuerzo por parte de los ciudadanos y del Estado, a fin de conseguir la convivencia pacífica"[262].

b) Derechos ajenos

Un segundo límite a la objeción de conciencia es el respeto a los derechos ajenos. La legitimidad de la objeción de conciencia desaparecerá cuando entre en conflicto con otros bienes y derechos fundamentales, en definitiva, cuando, se atente contra la propia persona y su dignidad[263]. Se trata, al igual que en el supuesto anterior, de una labor de ponderación de los distintos valores en juego[264]. En cualquier caso, no sería justa la simple solución de hacer prevalecer, siempre, el interés de la mayoría.

Al respecto, M. Gascón considera que los límites generalmente establecidos para el ejercicio de los derechos fundamentales pueden ser aplicados a la objeción de conciencia[265]. Por su parte, F. Cañal afirma, refiriéndose al objetor:

> "(...) que puede ampararse en su autonomía moral siempre que no transforme a otras personas en objetos o meros instrumentos de la satisfacción de su deber de conciencia, pues la dignidad de la persona impide que pueda considerarse de modo distinto que un fin en sí misma. El objetor está legitimado para incumplir un deber jurídico, pero no para lesionar los derechos ajenos, obligarles a compartir su criterio o utilizar a los demás como instrumentos"[266].

---

262 Ollero Tassara, A., *Derecho y moral: una relación desnaturalizada*, *op. cit.*, p. 24.

263 Cfr. López Guzmán, J., *Objeción de conciencia farmacéutica*, *op. cit.*, p. 26.

264 Cfr. García herrera, M. A., *La objeción de conciencia en materia de aborto*, Servicio Central de Publicaciones del Gobierno Vasco, Vitoria, 1991, p. 45.

265 Cfr. Gascón Abellán, M., *Obediencia al Derecho y objeción de conciencia*, *op. cit.*, pp. 281-283.

266 Cañal, F., "Perspectiva jurídica de la objeción de conciencia del personal sanitario", en *Cuadernos de Bioética*, 19 (1994), p. 224.

En la misma línea de pensamiento, A. Ollero manifiesta que la concepción de la objeción de conciencia como derecho fundamental no significa, en absoluto, que uno se pueda comportar siempre conforme a sus creencias. De hecho, como el mismo autor ha manifestado, el derecho existe precisamente para hacernos desistir de la voluntad de comportarnos siempre según nuestras creencias. Ni el ladrón puede robar, ni el estafador puede engañar, ni el defraudador puede dejar de pagar impuestos[267]. Todas estas conductas, y otras más, estarán limitadas por el respeto al derecho ajeno. Es aquí donde surgen la mayoría de los conflictos en relación con el reconocimiento de la objeción de conciencia, y en este punto es donde se requiere una mayor prudencia del juez para interpretar y aplicar adecuadamente el derecho.

2.3.5. Reconocimiento jurídico

La objeción de conciencia puede ser legal o ilegal, según el ordenamiento jurídico reconozca su ejercicio, o no lo haga[268]. Al respecto, M. Gascón afirma que "(...) si la objeción de conciencia no está reconocida, es el Juez quien, mediante la oportuna ponderación de los bienes en conflicto, debe hacer prevalecer uno u otro; o si la objeción de conciencia está reconocida, es la regulación que disciplina su ejercicio la que determinará las condiciones y límites del mismo"[269].

Lo habitual es que sea el juez quien resuelva la discrepancia. En este sentido, A. Ollero manifiesta que resulta bastante complicado que el legislador pueda resolver adecuadamente este asunto, debido a que suele mostrar una razonable resistencia a hacerlo[270]. Además, podría agregarse, como refieren J. Martínez-Torrón y R. Navarro-Valls, que

267 Cfr. Ollero Tassara, A., *Derecho y moral: una relación desnaturalizada*, *op. cit.*, p. 24.

268 Cfr. *Ibidem*, p. 48-49. Además, cfr. Aparisi Miralles, A., López Guzmán, J., "El derecho a la objeción de conciencia en el supuesto del aborto: de la fundamentación filosófico-jurídica a su reconocimiento legal", *op. cit*, p. 41.

269 Gascón Abellán, M., "A propósito de la objeción de conciencia al servicio militar", en *Anuario de Filosofía del Derecho*, XI (1994), p. 558.

270 Cfr. Ollero Tassara, A., *Derecho y moral: una relación desnaturalizada*, *op. cit.*, p. 33.

existe un número incontable de supuestos de objeción de conciencia, lo que hace imposible regularlos singularmente todos[271].

En relación con la admisibilidad de la objeción de conciencia, resultaría importante considerar si el reconocimiento de las minorías y de la objeción de conciencia es un derecho anterior al propio Estado y, por tanto, podría incluso considerarse como una condición de legitimidad del ejercicio del poder[272]. Si es así, podría decirse que, entre los requisitos necesarios para poder admitir la existencia de un Estado de Derecho, se encontraría la objeción de conciencia en aquellos supuestos justificados[273]. De ahí que R. BERTOLINO se refiera a la objeción de conciencia como "un fruto maduro de la democracia"[274].

En relación con este tema cabe destacar el pronunciamiento de A. OLLERO, en su voto particular, en la STCE 145/2015, en el que afirma que "una democracia avanzada aspira a evitar dictaduras mayoritarias, dando espacio –siempre que resulte viable– a excepciones que salvaguarden tales convicciones jurídicas discrepantes"[275]. Por ello, quien objeta en un Estado democrático de derecho, no lo hace solo con base en su conciencia, sino también con fundamento en el derecho fundamental que la tutela[276].

En este sentido, si la objeción de conciencia está reconocida en el ordenamiento jurídico, puede estarlo de forma condicional o incondicional. Será incondicional cuando la ley, o la Constitución, en su caso, atribuya eficacia jurídica a la simple declaración objetora, con independencia de las razones en que se funde y con base, exclusivamente, en la convicción individual expresada en la manifestación externa de la objeción. Por su parte, la objeción de conciencia estará condicionada cuando exista un procedimiento legal para comprobar

---

271 Cfr. NAVARRO-VALLS, R., MARTÍNEZ-TORRÓN, J., *Conflictos entre conciencia y ley: las objeciones de conciencia*, *op. cit.*, p. 31.

272 Cfr. LÓPEZ GUZMÁN, J., *Objeción de conciencia farmacéutica*, *op. cit.*, p. 26.

273 Cfr. *Ibidem.*

274 BERTOLINO, R., "La libertad de conciencia: el hombre ante los ordenamientos estatales y confesionales", en *Anuario de Derecho Eclesiástico*, 3 (1987), p. 44.

275 Voto particular concurrente que formula A. OLLERO TASSARA en relación con la STCE 145/2015, *op. cit.*, Fundamento Jurídico número 1, p. 66676.

276 Cfr. MARTÍN DE AGAR, J., "Problemas jurídicos de la objeción de conciencia", *op. cit.*, p. 531.

la admisibilidad y sinceridad de las razones alegadas por el objetor[277]. El reconocimiento condicionado se fundamenta en el hecho de que el Estado tiene el derecho, y el deber, de regular y tutelar la objeción de conciencia, por lo que puede poner algunas condiciones como, por ejemplo, la obligatoriedad de la inscripción en el Registro de profesionales sanitarios, en el supuesto de la interrupción voluntaria del embarazo en Navarra[278], entre otros casos. A continuación, se desarrollará cada una de estas formas:

a) Vía mandato legal

Existen autores[279] que consideran que la cuestión del reconocimiento de la objeción de conciencia podría solucionarse con la oportuna intervención del legislador, ya sea con una norma general, o con una de tipo restrictivo, ya que así los ciudadanos conocerían sus limitaciones. En línea con lo que se viene argumentando, se considera que esta postura conlleva riesgos, debido a que cuando nos enfrentamos a conflictos entre conciencia y ley no existen soluciones uniformes. Por ello, proponer una norma que regule, de manera tajante, la posibilidad de ejercer la objeción de conciencia puede generar problemas. En este sentido, se comparten los argumentos de J. Martínez-Torrón y R. Navarro-Valls, quienes afirman que "(...) la objeción de conciencia, (...) es un fenómeno esencialmente individual. Es la conciencia de cada persona la que, desde su autonomía como individuo, genera el conflicto con una concreta obligación jurídica. De ahí la dificultad de su regulación estrictamente en el plano legislativo (...)"[280].

---

277 Cfr. García Herrera, M. A., *La objeción de conciencia en materia de aborto*, *op. cit.*, pp. 34-35.

278 Sobre el tema se puede ver: Navarro-Valls, R., "Una ocasión perdida. Comentario a la STCE de 23 de septiembre de 2014, sobre registro de objetores de conciencia al aborto", en *Revista General de Derecho Canónico y Derecho Eclesiástico del Estado*, 36 (2014). [consultado 6 de julio 2015]. Disponible en: Disponible en: http://www.iustel.com/v2/revistas/detalle_revista.asp?id_noticia=415184&d=1

279 Al respecto, se puede revisar Roca, M. J. (coord.), *Opciones de conciencia: propuestas para una ley*, Tirant lo Blanch, Valencia, 2008, de forma específica los capítulos III y IV.

280 Navarro-Valls, R., Martínez-Torrón, J., *Conflictos entre conciencia y ley: las objeciones de conciencia*, *op. cit.*, p. 38.

De la misma forma, M. ALBERT establece que por la situación excepcional que implica la objeción de conciencia, ésta no debe ser regulada mediante ley. En este sentido, precisa:

> "La ley no puede resolver el problema de la objeción de conciencia. La lógica legal es una lógica propia de cuanto es general y común en la conducta social del hombre. Está pensada, para los casos normales, para los problemas típicos, pero sirve de poco para situaciones excepcionales. (...). La ley sirve para lo general y abstracto, y la objeción de conciencia es lo excepcional y lo concreto"[281].

Resulta interesante recordar aquí a ARISTÓTELES, quien ya señaló: "(...) la ley se limita a los casos más ordinarios, sin que disimule los vacíos que deje. La ley por esto no es menos buena; la falta no está en ella; tampoco está en el legislador que dicta la ley; está por entero en la naturaleza de las cosas; porque esta es precisamente la condición de todas las cosas prácticas"[282]. Al respecto, A. APARISI y J. LÓPEZ GUZMÁN comentan que, en el caso de la objeción de conciencia, tal como ya indicó ARISTÓTELES, se está ante una figura que no se ejerce en abstracto. Implica, por parte del propio individuo, la previa realización de un razonamiento práctico, que mueve la voluntad hacia la búsqueda de la verdad[283].

R. NAVARRO-VALLS y J. MARTÍNEZ-TORRÓN se refieren al *bing bang* de las objeciones de conciencia, aludiendo a la multitud de supuestos

---

281 ALBERT MÁRQUEZ, M., *Libertad de conciencia: el derecho a la búsqueda personal de la verdad*, *op. cit.*, pp. 115-117.

282 En este contexto resulta importante citar también a ARISTÓTELES, cuando hace referencia a las leyes: "La ley necesariamente es siempre general, y que hay ciertos objetos sobre los cuales no se puede estatuir convenientemente por medio de disposiciones generales. Y así, en todas las cuestiones respecto de las que es absolutamente inevitable decidir de una manera puramente general, sin que sea posible hacerlo bien, la ley se limita a los casos más ordinarios, sin que disimule los vacíos que deje". ARISTÓTELES, *De Anima*, III, c.9, 432 a.15, ed. Bekker, Gigon–Bonitz, Berlín, 1960.

283 Cfr. APARISI MIRALLES, A., LÓPEZ GUZMÁN, J., "El derecho a la objeción de conciencia en el supuesto del aborto: de la fundamentación filosófico-jurídica a su reconocimiento legal", *op. cit.*, p. 38. Además, la misma autora, citando a Aristóteles establece: "La razón teórica es razón especulativa, persigue el conocimiento en sí. La razón práctica no trata solo de captar la verdad, sino de dirigir la actividad del hombre conforme a esa verdad conocida". ARISTÓTELES, *De Anima*, *op. cit.*

que se pueden generar[284]. En este contexto, B. GONZÁLEZ MORENO clasifica los ámbitos materiales de la objeción de conciencia en cuatro sectores: en primer lugar, la objeción de conciencia científica, que incluye todas las opciones de conciencia en lo referente a la investigación biomédica, técnicas de reproducción asistida, clonación, manipulación genética, diagnóstico preimplantacional y todas las tecnologías genéticas, -como, por ejemplo, la manipulación con células madre de origen embrionario-. En un segundo grupo, de ámbito más estrictamente sanitario, se encuadrarían la objeción de conciencia al aborto y la objeción farmacéutica, así como la relativa a la eutanasia y, con relación al final de la vida, situaciones que se pudieran generar en torno a la sedación terminal y los cuidados paliativos. En tercer lugar, los supuestos de objeción en materia educativa, principalmente configurados, aunque no de manera exclusiva, alrededor del derecho de los padres a elegir la formación religiosa y axiológica que han de recibir sus hijos. En un cuarto sector vendrían recogidas otras modalidades que afectan a diversos aspectos de la vida en una comunidad política, como la objeción de conciencia al juramento, a formar parte de un jurado, o la objeción de jueces y funcionarios a celebrar matrimonios homosexuales. En realidad, este último supuesto podría encajarse en un subgrupo más amplio que incluyera las situaciones de objeción de conciencia que pueden plantearse en el ámbito laboral[285].

En la línea de pensamiento no proclive a regular legalmente la objeción de conciencia, A. OLLERO afirma que:

> "Supone una inusitada circunstancia que lo haga la propia Constitución como en el caso español, que establece una prestación social sustitutoria, al entonces vigente servicio militar obligatorio (art. 30.1), pre-

---

284 Cfr. NAVARRO-VALLS, R., MARTÍNEZ-TORRÓN, J., *Conflictos entre conciencia y ley: las objeciones de conciencia*, *op. cit.*, p. 31.

285 Cfr. GONZÁLEZ MORENO, B., "La regulación legal de las opciones de conciencia y la LOLR", en *Revista General de Derecho Canónico y Derecho Eclesiástico del Estado*, 19 (2009), pp. 21-25. [consultado 13 abril 2014]. Disponible en: http://www.iustel.com/v2/revistas/detalle_revista.asp?id_noticia=407297. En el mismo sentido, cfr. NAVARRO-VALLS, R., MARTÍNEZ-TORRÓN, J., *Conflictos entre conciencia y ley: las objeciones de conciencia*, *op. cit.*, p. 30.

cisamente como modo de resolver la ponderación entre la objeción de conciencia individual y las exigencias de solidaridad colectivas"[286].

Por último, hay que tener en cuenta que, en la actualidad, crece la conciencia de que la ley no es el único, ni el mejor instrumento, para resolver cierta clase de problemas jurídicos. El criterio de la excepcionalidad jurídica cada vez tiene más seguidores[287]. En realidad, como ya se ha señalado, el derecho no puede ser reducido a la ley escrita, sino "que en su dinámica entran en juego elementos jurídicos no formalmente positivizados de modo explícito. Así ocurrirá con los valores y con los principios jurídicos"[288], a los que debe recurrir el juez cuando debe resolver situaciones excepcionales, como es el caso de la objeción de conciencia, que, sin tener apoyo legal explícito, puede fundamentarse en otros elementos jurídicos.

b) Vía jurisprudencial

Hasta ahora se ha sostenido que, por una cuestión de prudencia, es el juez el que está llamado a resolver el conflicto que se produzca entre la conciencia de un individuo y el mandato legal. Son los órganos jurisdiccionales los que, mediante una adecuada ponderación[289], podrán aplicar, en cada caso, los tres criterios que conforman el principio de proporcionalidad, tal y como fue configurado, en su momento, por la jurisprudencia constitucional alemana. Recordemos, por otro lado, que dicha doctrina ha sido también aceptada por el Tribunal

---

286 OLLERO TASSARA, A., *Derecho y moral: una relación desnaturalizada*, *op. cit.*, pp. 33-34.

287 Cfr. GONZÁLEZ-VARAS IBÁÑEZ, A., "Objeción de conciencia al tratamiento psicológico de homosexuales", en *Revista General de Derecho Canónico y Derecho Eclesiástico del Estado*, 32 (2013), pp. 3-4.

288 OLLERO TASSARA, A., *Derecho y moral: una relación desnaturalizada*, *op. cit.*, p. 28.

289 Al respecto, L. M. DÍEZ-PICAZO afirma que: "Ponderar equivale a sopesar. Se trata así de evaluar las razones a favor de un valor u otro, a fin de hallar el punto de equilibrio entre ambos que resulte más apropiado para el caso concreto", DÍEZ-PICAZO, L. M. y GULLÓN BALLESTEROS, A., *Sistema de derechos fundamentales*, *op. cit.*, p. 74.

Constitucional Español (TCE)[290] y por diversos órganos jurisdiccionales latinoamericanos. Estos tres escalones, o subprincipios, deben ser aplicados de forma sucesiva[291], a fin de poder llegar a una solución proporcionada. Serían[292]:

b.1) El subprincipio de idoneidad;

b.2) El subprincipio de la necesidad;

b.3) El subprincipio de proporcionalidad en sentido estricto;

b.1) El subprincipio de idoneidad

Está referido a que toda intervención en los derechos fundamentales debe ser adecuada para contribuir a la obtención de un fin constitucionalmente legítimo[293]. En este contexto, M. Albert, al aplicar dicho principio al tema de la objeción de conciencia, entiende que la exigencia de idoneidad implica la necesidad de verificar, de manera previa, si el cumplimiento del derecho del objetor plantea un conflicto con un bien jurídico protegido constitucionalmente del mismo nivel que la libertad de conciencia. Para ello, es necesario que se verifique,

---

290 Cfr. Albert Márquez, M., *Libertad de conciencia: el derecho a la búsqueda personal de la verdad*, *op. cit.*, pp. 119-120. Asimismo, vid., Leyra Curiá, S., *Participación política de la sociedad civil y objeción de conciencia al aborto*, Tesis doctoral, UCM, 2011, pp. 183-185. [consultado 17 de enero 2016]. Disponible en: http://eprints.ucm.es/15362/1/T33489.pdf

291 Cfr. Bernal Pulido, C., *El principio de proporcionalidad y los derechos fundamentales: el principio de proporcionalidad como criterio para determinar el contenido de los derechos fundamentales vinculante para el legislador*, Centro de Estudios Políticos y Constitucionales, Madrid, 2007, p. 693.

292 Al respecto, R. Alexy, cuando desarrolla el principio de proporcionalidad, lo hace desdoblándolo en subprincipios. Para un mayor abundamiento, se puede consultar Alexy, R., "La fórmula de peso", en *El principio de proporcionalidad y la interpretación constitucional*, Carbonell, M. (ed.), Ministerio de Justicia y Derechos Humanos, Quito, 2008, pp. 12-42.

293 Cfr. Bernal Pulido, C., *El principio de proporcionalidad y los derechos fundamentales: el principio de proporcionalidad como criterio para determinar el contenido de los derechos fundamentales vinculante para el legislador*, *op. cit.*, p. 42.

en primer lugar, si el ejercicio de la objeción conciencia lleva consigo la limitación de un derecho fundamental de un tercero[294].

b.2) El subprincipio de necesidad

Una vez comprobada la idoneidad, se requerirá la confirmación de la necesidad de limitar el derecho, es decir, la verificación de que el conflicto entre derechos de igual categoría sea ineludible. Esto implica que se analice si la conducta del objetor puede ser realizada por alguna vía alternativa, sin deterioro del respeto a los derechos ajenos, o del orden público, propio de un Estado de Derecho[295].

b.3) El subprincipio de proporcionalidad en sentido estricto

Cumplidos los dos primeros presupuestos, se puede constatar la proporcionalidad en sentido estricto. Por medio de este subprincipio, se comprueba que exista una adecuada relación entre el derecho fundamental y el significado del derecho intervenido[296]; por ello "(...) se debe ponderar la lesión que sufriría la libertad de conciencia del objetor, con la lesión del derecho que sufriría el tercero, es decir, el grado de sacrificio que se exige al bien jurídico que deba ceder"[297].

En este contexto, cabría destacar el camino que ha seguido la objeción de conciencia en Estados Unidos. R. Palomino señala que en la jurisprudencia norteamericana se ha ido estableciendo un principio

---

294 Cfr. Albert Márquez, M., *Libertad de conciencia: el derecho a la búsqueda personal de la verdad*, *op. cit.*, p. 119. Además, puede consultarse Leyra Curiá, S., *Participación política de la sociedad civil y objeción de conciencia al aborto*, *op. cit.*, p. 184.

295 Cfr. Albert Márquez, M., *Libertad de conciencia: el derecho a la búsqueda personal de la verdad*, *op. cit.*, p. 120; Leyra Curiá, S., *Participación política de la sociedad civil y objeción de conciencia al aborto*, *op. cit.*, p. 184.

296 Cfr. Bernal Pulido, C., *El principio de proporcionalidad y los derechos fundamentales: el principio de proporcionalidad como criterio para determinar el contenido de los derechos fundamentales vinculante para el legislador*, *op. cit.*, p. 42.

297 Leyra Curiá, S., *Participación política de la sociedad civil y objeción de conciencia al aborto*, *op. cit.*, pp. 183-185. En la misma línea de pensamiento Albert Márquez, M., *Libertad de conciencia: el derecho a la búsqueda personal de la verdad*, *op. cit.*, p. 120.

de presunción a favor de quien pretende actuar con base en su conciencia, produciéndose una inversión de la carga de la prueba. De este modo, dicha carga recae en quien desea limitar el derecho del objetor:

> "El *balancing test*, en este ámbito particular de la objeción de conciencia, se traduce en la determinación de la sinceridad de las creencias del demandante y, siendo ésta probada, recaerá en el demandado la carga de probar la existencia de un alto o compulsivo interés estatal (*compelling state interest*) que justifica la infracción de la libertad del demandante y que no puede lograrse a través de otros medios menos restrictivos o lesivos para la libertad infringida. En caso de que el demandado no logre demostrar la presencia de ese interés estatal, o de que exista un medio menos restrictivo para la libertad, el litigio se fallará a favor del objetor"[298].

Cuestión distinta ocurre en el ordenamiento jurídico español, donde, por ejemplo, la Ley Orgánica 2/2010 de salud sexual y reproductiva e interrupción voluntaria del embarazo, invierte la carga de la prueba en favor de la mujer que desea abortar, por encima del derecho de objeción de conciencia de los profesionales de salud[299].

c) La cláusula de conciencia

Por último, se hará una breve referencia a una posibilidad alternativa a la objeción de conciencia: la llamada *cláusula de conciencia*. Siguiendo a M. Albert, se puede afirmar que esta figura se caracteriza por el reconocimiento legal de un derecho general a la objeción de conciencia, de acuerdo con las pautas previstas en el propio ordenamiento jurídico. Por ello, resulta importante precisar que la cláusula de conciencia implica un derecho limitado a objetar, a fin de guardar

---

298 Palomino, R., "Nuevos supuestos y formas de objeción de conciencia en los Estados Unidos de Norteamérica", en *Revista General de Derecho Canónico y Derecho Eclesiástico del Estado*, 5 (2007), p. 3.

299 Ley Orgánica 2/2010 de salud sexual y reproductiva e interrupción voluntaria del embarazo. Artículo 12. Garantía de acceso a la interrupción voluntaria del embarazo: Se garantiza el acceso a la interrupción voluntaria del embarazo en las condiciones que se determinan en esta Ley. Estas condiciones se interpretarán en el modo más favorable para la protección y eficacia de los derechos fundamentales de la mujer que solicita la intervención, en particular, su derecho al libre desarrollo de la personalidad, a la vida, a la integridad física y moral, a la intimidad, a la libertad ideológica y a la no discriminación.

el orden social y jurídico de un Estado. El fundamento de la cláusula estriba en el reconocimiento expreso de la existencia de un derecho a la objeción que no requerirá, en principio, de la intervención del legislador para poder ser ejercido cuando esté recogido constitucionalmente[300].

Por otro lado, la incorporación de la cláusula de conciencia en leyes que regulan asuntos conflictivos, como pueden ser cuestiones referentes a la vida humana, educación, libertad religiosa, etc., constituye un reflejo de la sensibilidad que demuestra el legislador hacia la regulación de determinados temas[301], en los que la conciencia de las personas se encuentra especialmente en juego[302].

2.3.6. Ausencia de contenido político

Aunque ésta constituye la última característica que se desarrollará en este apartado, no por ello es la menos importante. Se considera que su correcta interpretación permitirá diferenciar la objeción de conciencia de otras figuras colindantes, como pueden ser la desobediencia civil o el derecho de resistencia.

Como se ha referido más adelante, la objeción de conciencia no pretende modificar ninguna norma; por lo tanto, esta figura no forma parte de ninguna estrategia política, ni constituye un modo de información o de presión sobre la opinión pública. Además, el objetor no pretende obstaculizar la decisión de la mayoría sino, únicamente, que se respete o respalde, con la fuerza de la ley, el imperativo de la conciencia individual[303].

Asimismo, se está ante comportamientos pacíficos, que no pretenden un cambio legislativo, sino solo proteger la rectitud moral de la conciencia personal. La intención de cambiar la ley es secundaria en el

---

300 Albert Márquez, M., *Libertad de conciencia: el derecho a la búsqueda personal de la verdad*, *op. cit.*, pp. 118-119.

301 Cfr. Navarro-Valls, R., Martínez-Torrón, J., *Conflictos entre conciencia y ley: las objeciones de conciencia*, *op. cit.*, p. 69.

302 Cfr. Albert Márquez, M., *Libertad de conciencia: el derecho a la búsqueda personal de la verdad*, *op. cit.*, p. 118.

303 Cfr. Gascón Abellán, M., *Obediencia al Derecho y objeción de conciencia*, *op. cit.*, pp. 222-223.

ejercicio de la objeción de conciencia[304]. Ésta es una de las diferencias con la desobediencia civil, que será tratada más adelante.

Por último, se podría afirmar que la objeción de conciencia es un mecanismo que puede resolver, por vía de excepción, los conflictos entre mayorías y minorías que se plantean en cualquier sociedad plural. Al respecto, A. OLLERO manifiesta que el recurso a la objeción de conciencia confirma la vitalidad de la democracia, al reforzar, de alguna forma, el consenso en cuya virtud la objeción existe, y garantizar uno de los elementos políticos que fundamentan el sistema democrático: el respeto de las minorías[305].

2.4. Objeción de conciencia y desobediencia civil

Expuestas en el apatado anterior las notas definitorias de la objeción de conciencia, a continuación, estudiaremos una figura que tiene muchas semejanzas, y que a veces es confundida con la objeción de conciencia, es la desobediencia civil. A continuación, se abordarán las posibles diferencias entre ellas, así como la relación que puedan tener.

Como ya se ha indicado, la libertad de conciencia posee una proyección interna, que consiste en la libertad para formar libremente los juicios de nuestra conciencia, y una dimensión externa, que implica obrar conforme a esos juicios[306]. Por su parte, la esfera pública de la libertad de conciencia puede buscar su reconocimiento jurídico a través de dos figuras: ya sea la objeción de conciencia, o la desobediencia civil. En las siguientes líneas se delimitarán brevemente ambas instituciones.

---

304 Cfr. PRIETO SANCHÍS, L., "La objeción de conciencia como forma de desobediencia al derecho", *op. cit.*, pp. 33-34.

305 Cfr. OLLERO TASSARA, A., *Derechos Humanos y Metodología Jurídica*, Centro de Estudios Constitucionales, Madrid, 1989, p. 199.

306 Cfr. APARISI MIRALLES, A., LÓPEZ GUZMÁN, J., "El derecho a la objeción de conciencia en el supuesto del aborto: de la fundamentación filosófico-jurídica a su reconocimiento legal", *op. cit.*, p. 36.

2.4.1. Posibles diferencias

Tanto la objeción de conciencia, como la desobediencia civil, son instituciones que poseen semejanzas y, en ocasiones, es difícil distinguir, con total nitidez sus diferencias[307]. En este sentido, M. Gascón afirma que "(...) lo cierto es que cuando se plantea el problema de la definición de la desobediencia civil y de la objeción de conciencia no resulta fácil identificar elementos o rasgos seguros que permitan una sólida caracterización, ni tampoco trazar una nítida frontera entre ambos fenómenos, si es que tal frontera existe y debe ser trazada"[308].

Pese a ello, se aportarán algunas notas distintivas. En principio, se podrían destacar las siguientes: su finalidad, la forma en la que se manifiestan, la posibilidad de sanción y la naturaleza jurídica.

a) Finalidad

La primera diferencia radica en que quien reclama la objeción de conciencia no exige, en principio, la anulación o derogación de la norma, ni su desaparición del ordenamiento jurídico. Simplemente, solicita una excepción personal a su cumplimiento, pretendiendo que se le excuse, a ser posible sin sanción, de su observancia en un caso concreto[309].

Al respecto, A. Aparisi y J. López Guzmán, han señalado: "(...) es importante tener en cuenta que lo que el objetor persigue –su intención– no es obstruir u obstaculizar el cumplimiento social de la norma legal, sino obtener el legítimo respeto a su propia conciencia"[310]. Ello lo diferencia de la posición del desobediente que, como ya se ha se-

---

307 En el mismo sentido, López Guzmán, J., *Objeción de conciencia farmacéutica*, *op. cit.*, p. 31. También, Peces-Barba, G., "Desobediencia civil y objeción de conciencia", *op. cit.*, pp. 159-176 y 167-168.

308 Gascón Abellán, M., *Obediencia al Derecho y objeción de conciencia*, *op. cit.*, p. 32. En el mismo sentido López Guzmán, J., *Objeción de conciencia farmacéutica*, *op. cit.*, pp. 31-32. También, Peces-Barba, G., "Desobediencia civil y objeción de conciencia", *op. cit.*, pp. 159-176 y 167-168.

309 Cfr. Albert Márquez, M., *Libertad de conciencia: el derecho a la búsqueda personal de la verdad*, *op. cit.*, p. 51.

310 Aparisi Miralles, A., López Guzmán, J., "El derecho a la objeción de conciencia en el supuesto del aborto: de la fundamentación filosófico-jurídica a su reconocimiento legal", *op. cit.*, p. 36.

ñalado, pretende un cambio de la ley por considerarla injusta. De ahí que, algunos autores, consideren que la desobediencia civil es un "acto público, no violento, contrario a la ley, cometido con el propósito de ocasionar un cambio de la ley o en los programas de gobierno", a diferencia de la objeción de conciencia que carece de toda intencionalidad política[311].

En el mismo sentido, M. ALBERT, refiere que el desobediente civil busca con su conducta un cambio a nivel social, tratando de lograr un debate público que tiene como objetivo la eliminación de ciertas normas del ordenamiento jurídico que considera injustas y que, por tanto, considera que no deben estar vigentes[312].

Para el desobediente civil o insumiso, no es suficiente con que la ley le exima de realizar determinada acción; no solo quiere una excepción para él, desea vivir en una sociedad donde no exista tal actividad[313]; para eso está dispuesto a asumir las consecuencias de su negativa. Coincidiendo con M. J. FALCÓN, se puede sostener que el desobediente civil persigue dinamizar el debate social y lograr un cambio en la política legislativa. Para ello, el desobediente se ampara en el sentido de justicia de la mayoría[314].

De ahí la definición clásica, propuesta por J. RAWLS, de que la desobediencia civil es un "acto ilegal público, no violento, consciente y político realizado con el deseo de provocar un cambio en el derecho o en la dirección política del gobierno"[315].

Reafirmando lo anterior, M. GASCÓN, establece que el criterio diferenciador que parece presentarse como el adecuado para distinguir estos dos conceptos es el de los fines perseguidos por quien realiza las conductas[316]. Y también L. PRIETO SANCHÍS afirma:

---

311 Cfr. RUIZ MIGUEL, A., "Sobre la fundamentación de la objeción de conciencia", *op. cit.*, p. 404.

312 Cfr. ALBERT MÁRQUEZ, M., *Libertad de conciencia: el derecho a la búsqueda personal de la verdad*, *op. cit.*, p. 51.

313 *Ibidem.*

314 Cfr. FALCÓN Y TELLA, M. J., "Objeción de conciencia y desobediencia civil: similitudes y diferencias", en *Anuario de Derechos Humanos de la Universidad Complutense*, Madrid, 10/1 (2009), pp. 176-182.

315 RAWLS, J., *Teoría de la justicia*, *op. cit.*, p. 405.

316 Cfr. GASCÓN ABELLÁN, M., *Obediencia al Derecho y objeción de conciencia*, *op. cit.*, p. 57.

"(...), la desobediencia civil es una forma de presión, una estrategia política que trata de lograr la modificación de una ley o un cambio de rumbo en la política gubernamental. La objeción en cambio, si quiere tener un sentido propio, debe entenderse como un acto estrictamente privado, no político, como la exteriorización de un imperativo de conciencia. Por supuesto la objeción puede entrecruzarse con otras formas de desobediencia y convertirse también en un instrumento de presión política; asimismo, es evidente que el objetor desearía que se derogase la ley que impone el deber jurídico que el rechaza. Sin embargo, en sí misma, la objeción no se presenta como un instrumento de lucha o transformación política; simplemente se trata de rehusar el cumplimiento de la ley porque es injusta y no para que deje de serlo. No es una táctica ni una estrategia; el significado de la objeción de conciencia se agota en su propia exteriorización"[317].

En definitiva, se ha intentado demostrar que la finalidad perseguida con la actuación del desobediente constituye un elemento importante de diferenciación entre objeción de conciencia y desobediencia civil.

b) Manifestación pública

Como han señalado diversos autores, entre ellos G. ESCOBAR ROCA, S. SIEIRA, J. MARTÍNEZ-TORRÓN, R. NAVARRO-VALLS, el objetor de conciencia solo busca la resolución privada y pacífica, de su concreto dilema personal, mientras que el desobediente civil persigue captar la atención pública[318]. En este sentido, por ejemplo, para M. J. FALCÓN Y TELLA, la publicidad es una de las características esenciales de la desobediencia civil, a diferencia de la objeción de conciencia[319], que solo pretende la excepción a un deber jurídico concreto y actual[320], de forma privada, evitando la publicidad. Por otro lado, la desobediencia

---

317 PRIETO SANCHÍS, L, "Desobediencia civil y Objeción de conciencia", *op. cit.*, p. 17.

318 Cfr. FALCÓN Y TELLA, M. J., "Objeción de conciencia y desobediencia civil: similitudes y diferencias", *op. cit.*, p. 177.

319 *Ibidem*, p. 176.

320 Cfr. ESCOBAR ROCA, G., *La objeción de conciencia en la Constitución Española*, *op. cit.*, p. 59.

civil se ejerce de modo colectivo, a diferencia de la objeción de conciencia, en cuanto supone un conflicto privado o individual[321].

Como han referido diversos autores[322], la desobediencia civil se caracteriza por la presión que ejerce la mayoría a través de una insumisión política, a fin de que se adopte un cambio legislativo, por considerar que la norma es injusta. Por el contrario, como ya se ha indicado, en el caso de la objeción de conciencia, lo que se solicita es una excepción al cumplimiento de un deber jurídico por motivos de conciencia. Su finalidad se agota en la defensa de la moralidad individual, evitando cualquier estrategia de cambio normativo o político.

En definitiva y a modo de recapitulación, puede defenderse la existencia de dos momentos dentro de una misma realidad: por un lado, el momento "político", colectivo, que estaría reflejado por la desobediencia civil; y el momento "individual" ético, o de conciencia, proyectado en la objeción de conciencia[323]. De ahí que pueda decirse que la desobediencia civil se caracteriza por su carácter colectivo o público, mientras que la objeción de conciencia tiene un carácter eminentemente individual o privado; la desobediencia es un acto organizado, porque permite que quienes coinciden en sus pretensiones se agrupen para lograr el mismo objetivo, mientras que en el caso de la objeción de conciencia, se está ante un acto individual, y no se plantea, en principio, ninguna estrategia ni organización[324].

c) Sanción

Como han subrayado diversos autores como M. ALBERT, G. ESCOBAR ROCA, S. SIEIRA, etc., otro de los elementos que permite distinguir la objeción de conciencia de la desobediencia civil es la posibilidad de incurrir en sanción. En la objeción de conciencia, el objetor acepta la sanción, cumpliendo, si fuera el caso, la prestación social sustitutoria,

---

321 *Ibidem.*

322 Entre otros autores, pueden mencionarse a NAVARRO-VALLS, R., MARTÍNEZ-TORRÓN, J., *Las objeciones de conciencia en el Derecho español y comparado*, McGraw Hill, Madrid, 1997, p. 11.

323 *Ibidem.*

324 Cfr. FALCÓN Y TELLA, M. J., "Objeción de conciencia y desobediencia civil: similitudes y diferencias", *op. cit.*, p. 177.

sin mayor publicidad, a diferencia del desobediente, para el cual "(...) la sanción es un elemento fundamental de su estrategia"[325]. De ahí que, recibiendo y asumiendo la sanción, el desobediente da un testimonio con el que impactará a la opinión pública, haciéndola reflexionar sobre los motivos de su acción y sobre sus argumentos frente al correspondiente poder político[326]. Al respecto, A. Ollero manifiesta que la desobediencia civil, "ejercida democráticamente, significa negarse taxativamente por razones morales a obedecer o cumplir una ley, asumir la sanción correspondiente y convertirla en público espectáculo, para remover así la conciencia de los vecinos"[327].

d) Naturaleza jurídica

Por último, algunos autores, entre ellos, G. Escobar Roca y A. Ollero, consideran que la diferencia fundamental entre estas dos figuras radica en su naturaleza jurídica. Mientras que es generalmente aceptado que la desobediencia civil no puede llegar a considerarse como un derecho[328], sí se admite que la objeción de conciencia pueda configurase como tal, ya sea bajo la forma de un "derecho general" de objeción de conciencia[329], o de un derecho fundamental, derivado de la libertad de conciencia[330], o de la libertad ideológica.

Teniendo en cuenta lo señalado, puede afirmarse que, en el caso de la objeción, se estaría ante un conflicto totalmente jurídico, mientras que, en el supuesto de la desobediencia civil, la discrepancia se daría entre la esfera de la moral y la del derecho. A diferencia de la objeción de conciencia, que busca solo una excepción, en la desobediencia civil,

---

325 Albert Márquez, M., *Libertad de conciencia: el derecho a la búsqueda personal de la verdad*, *op. cit.*, p. 52.

326 *Ibidem.*

327 Ollero Tassara, A., "Libertad de conciencia y salud", *op.cit.*, p. 270.

328 Cfr. Escobar Roca, G., *La objeción de conciencia en la Constitución Española*, *op. cit.*, p. 58.

329 *Ibidem*, p. 42 y ss. Se puede consultar Acuña, S., "Objeción de conciencia y desobediencia civil" y Salcedo, J., "Objeción de conciencia y desobediencia civil e insumisión", en Guitarte Izquierdo, V., Escrivá Ivars, J. (eds.), *La objeción de conciencia: actas del VI Congreso Internacional de Derecho Eclesiástico del Estado (Valencia 28-30 mayo 1992)*, *op. cit.*, pp. 283-291 y 325-331.

330 Cfr. Sieira Mucientes, S., *La objeción de conciencia sanitaria*, *op. cit.*, pp. 48-54.

la discrepancia genera un deber moral, debido a que el cumplimiento de la norma no solo es inaceptable para el desobediente, sino "pernicioso para la sociedad en su conjunto. Ello hace surgir la obligación moral de enfrentarse frontalmente a la norma en un contexto en el que no cabrá ajustar solución jurídica alguna"[331], convirtiendo a la desobediencia en una figura totalmente antijurídica[332].

En definitiva, la desobediencia civil implica un comportamiento orientado a la denuncia, modificación o derogación de una norma o política, vista como injusta, a través de su inobservancia; mientras que el fin de la objeción de conciencia es la salvaguarda puntual de la conciencia individual frente a un deber jurídico que se percibe como contrario a ella, sin que exista ningún interés por lograr la modificación o derogación de dicha norma[333].

2.4.2. De la objeción de conciencia a la desobediencia civil

Una vez que se han señalado las diferencias existentes entre las figuras de la objeción de conciencia y la desobediencia civil, se hará referencia a los puntos de conexión existentes entre ambas. En este sentido, M. ALBERT señala que, con frecuencia, puede existir confusión entre estas dos figuras[334]. Ello sucede cuando el problema de un objetor puede "afectar a otros que componen una minoría social y, si los poderes públicos no encuentran una solución satisfactoria, es más probable que los objetores se unan, unos con otros, de tal manera que la objeción se transforme poco a poco en pública desobediencia"[335].

---

331 OLLERO TASSARA, A., *Derecho y moral: una relación desnaturalizada*, *op. cit.*, p. 35.

332 Al respecto, R. SORIANO DÍAZ, afirma: "la desobediencia civil es siempre desobediencia. No cabe, como en los supuestos de objeción, desobediencia civil reconocida como derecho". SORIANO DÍAZ, R., *Libertades públicas: significado, fundamentos y estatuto jurídico*, Tecnos, Madrid, 1990, p. 18.

333 Cfr. PORTELLA, J., *La justificación iusnaturalista de la desobediencia civil*, Editorial de la Universidad Católica de Argentina, Buenos Aires, 2005, p. 31.

334 Cfr. ALBERT MÁRQUEZ, M., *Libertad de conciencia: el derecho a la búsqueda personal de la verdad*, *op. cit.*, p. 55.

335 FALCÓN Y TELLA, M. J., "Objeción de conciencia y desobediencia civil: similitudes y diferencias", *op. cit.*, p. 177.

Al respecto, A. Ollero, manifiesta que, cuando se pasa de la objeción de conciencia a la desobediencia civil, el problema se convierte en un conflicto entre moral y derecho, por dos motivos: el primero, porque el recurso a la desobediencia civil puede responder, como se ha señalado, a la convicción de que no es suficiente con lograr una excepción (que, a fin de cuentas, confirma la regla) al cumplimiento de un deber impuesto por el ordenamiento jurídico, sino por considerarlo objetivamente injusto. Y el segundo motivo, es que la desobediencia se dé porque el derecho a la objeción de conciencia se ha visto negado por disposición legal o resolución judicial, que no ha sido declarada inconstitucional, agotándose todos los mecanismos jurídicos. Por lo tanto, al objetor solo le quedaría persistir en la negativa de cumplir el deber que el derecho le impone, como ya se ha señalado[336]. Lo cierto es, como refiere A. Ollero, que "si la objeción, una vez ponderada, no llega a verse aceptada, no quedaría al ciudadano, que considere a la regulación cuestionada de todo punto inaceptable, desde su perspectiva moral, otra opción que la desobediencia"[337].

---

[336] Cfr. Ollero Tassara, A., *Derecho y moral: una relación desnaturalizada*, *op. cit.*, pp. 35-37.

[337] Ollero Tassara, A., "La objeción de conciencia en la Constitución Española", en *Religión, racionalidad y política*, Comares, Granada, 2013, p. 268.

Capítulo II

LAS CONVICCIONES Y SU PROTECCIÓN JURÍDICA

Una vez analizado en el apartado anterior el concepto de objeción de conciencia, su naturaleza jurídica y sus características, en el presente capítulo se examinarán el objeto de tutela de la objeción de conciencia, que son las convicciones. Como se ha referido más adelante, gran parte del debate actual en torno a la objeción de conciencia radica en decidir si la protección de los dictados de la conciencia, manifestada en el respeto a las convicciones morales íntimas, ha de incluirse, o no, en ese mínimo ético que el derecho debe proteger[338].

En las siguientes líneas se explicará qué debe entenderse por convicción, así como los elementos que la configuran y la convierten en el objeto de tutela del derecho a la objeción de conciencia. El capítulo concluirá con un análisis sobre su reconocimiento jurídico, tanto en la normativa internacional como nacional, y con pronunciamientos jurisprudenciales que se consideran significativos para esta investigación.

1. LAS CONVICCIONES

1.1. Convicciones o compromisos fundamentales

El supuesto de partida es que el objeto de tutela de la objeción de conciencia son las convicciones. Se trata, ahora, de concretar el significado que se atribuye a este término. Si se acude al Diccionario de la Real Academia de Lengua española, puede comprobarse que el término convicción, proviene del latín *convictio, -ōnis*, que significa

---

338 Cfr. Ollero Tassara, A., *Derechos Humanos y Metodología Jurídica*, *op. cit.*, p. 12; cfr. Albert Márquez, M., *Libertad de conciencia: el derecho a la búsqueda personal de la verdad*, *op. cit.*, p. 66.

"convencimiento o idea religiosa, ética o política a la que se está fuertemente adherido"[339]. En este sentido, cabe precisar que la palabra *idea*, incluida en la definición, no hace referencia a un simple conocimiento sobre algo, sino que implica un saber más profundo sobre lo que se tiene convencimiento. De esto se desprende que el término convicción no se refiere al mero hecho de conocer algo, sino que remite a una noción más profunda. En las siguientes líneas se intentará establecer qué debe entenderse por "convicciones o compromisos fundamentales"[340].

Como se ha referido más adelante, "la conciencia es algo que pertenece a la razón y en concreto a la razón práctica, porque se trata de un juicio del deber"[341]. Cuando el resultado del juicio mueve a actuar de acuerdo con la conciencia, en una acción concreta y singular[342], estamos ante "convicciones o compromisos fundamentales"[343].

Al respecto, S. Tarodo manifiesta que, "(...) la conciencia está conformada por las convicciones, que se distinguen por estar tan arraigadas en la persona que ésta las siente y las vive formando parte integrante de su personalidad". Por ello, si a la persona se le fuerza a actuar en contra de ella se estaría vulnerando su propia identidad. Esto es debido a "(...) que comprometen la conciencia de la persona de modo que ésta no podría hacer abstracción de ellas o transgredirlas sin ver herido su sentimiento de integridad moral"[344].

En la misma línea de pensamiento, J. Maclure y C. Taylor definen las convicciones o compromisos fundamentales como "aquellas creencias que están íntimamente ligadas a la identidad y al sentimiento de integridad moral de la persona"[345], de tal forma que estas "per-

---

339 Real Academia Española, *Diccionario de la lengua española*, (Disponible en: http://wwwrae.es)

340 Maclure, J., Taylor, C., *Laicidad y libertad de conciencia*, Traducción de M. Hernández Díaz, Alianza Editorial, Madrid, 2011, p. 100.

341 Hervada, J., "Libertad de conciencia y error sobre la moralidad de una terapéutica", *op. cit.*, p. 195.

342 *Ibidem*, p. 201.

343 Maclure, J., Taylor, C., *Laicidad y libertad de conciencia*, *op. cit.*, p. 100.

344 *Ibidem*, p. 116.

345 *Ibidem*, pp. 101 y 104. Se entiende la integridad moral como "(...) el grado de adecuación, entre, por una parte, lo que la persona percibe como sus deberes y compromisos axiológicos preponderantes y, por otra sus acciones", Maclure,

miten estructurar la identidad moral y ejercer la facultad de opinar (...) en la persona"[346].

El TCE ha relacionado la protección de las convicciones con el respeto a la dignidad de la persona[347], núcleo del resto de derechos consagrados en la Constitución[348] y "fundamento, principio y origen del ordenamiento constitucional español"[349]. De ahí que la libre formación de la conciencia se convierta en premisa previa de la coherencia con las propias convicciones, raíz del respeto a los demás y a uno mismo[350]. De lo dicho puede deducir la conexión existente entre la formación de la conciencia, la libertad de conciencia, la identidad personal, la autoestima y la dignidad de la persona[351].

A continuación, se establecerán las diferencias existentes entre las convicciones y otros conceptos semejantes como son las ideas, las opiniones y las preferencias personales.

1.2. Diferencia con otros conceptos

Como se ha indicado en líneas anteriores, el término convicción hace referencia a una idea religiosa, ética o política a la que la persona se encuentra fuertemente adherida[352]. Partiendo de esta definición,

---

J., Taylor, C., *Laicidad y libertad de conciencia*, *op. cit.*, p. 101. Sobre el concepto de integridad, vid. López Guzmán, J., *Integridad en el ámbito profesional sanitario*, Comares, Granada, 2016.

346 Maclure, J., Taylor, C., *Laicidad y libertad de conciencia*, *op. cit.*, p. 101.

347 STCE 53/1985 del 11 de abril 1985, dictada en el recurso previo de inconstitucionalidad avocado número 800/1983, en BOE, Núm. 119 del 18 de mayo de 1985, Fundamento Jurídico número 8, p. 19. [consultado 6 de julio 2015]. Disponible en: https://hj.tribunalconstitucional.es/HJ/es/Resolucion/Show/433

348 Cfr. Pérez Luño, A. E., *Los derechos fundamentales*, Tecnos, Madrid, 2004, p. 115.

349 González Pérez, J., *La dignidad de la persona*, Civitas, Madrid, 1986, p. 96.

350 Cfr. Llamazares Calzadilla, M. C., *Las libertades de expresión e información como garantía del pluralismo democrático*, Civitas, Madrid, 1999, p. 59.

351 Cfr. Tarodo, S., *Libertad de conciencia y derecho del usuario de los servicios sanitarios*, *op. cit.*, p. 63.

352 Cfr. Real Academia Española., *Diccionario de la lengua española* (Disponible en: http://www.rae.es)

nos interesa ahora analizar el significado del término "idea", y si se trata de una palabra sinónima de convicción, opinión o preferencia[353].

1.2.1. Ideas u opiniones

El término idea proviene del latín *idĕa* que expresa "imagen, forma, apariencia", y del griego ἰδέα *idéa,* que significa "primero y más obvio de los actos del entendimiento, que se limita al simple conocimiento de algo"[354]. Como puede apreciarse, ambos significados descritos constituyen el inicial elemento de racionalidad del hombre para con su mundo exterior, pero no crean una vinculación con éste. Por su parte, el término opinión se deriva del latín *opinio, -ōnis,* que hace referencia al "juicio o valoración que se forma una persona respecto de algo o de alguien"[355].

En relación con el término convicción, conviene recordar que el diccionario de la Real Academia de Lengua Española, lo conceptúa como el "convencimiento o idea religiosa, ética o política a la que se está fuertemente adherido"[356]. En este sentido, puede advertirse que los términos idea y convicción no son sinónimos. Las ideas están referidas al simple conocimiento, mientras que las convicciones, son convencimientos que se encuentran fuertemente adheridos al ser de la persona.

De lo dicho se infiere que ni las ideas ni las opiniones constituyen objeto de protección de la libertad de conciencia. Ello es debido a que no afectan a la identidad, ni a la conciencia del individuo, aunque sí a sus conceptos racionales[357]. No obstante, las ideas y opiniones se

---

353 Cfr. Tarodo, S., *Libertad de conciencia y derecho del usuario de los servicios sanitarios*, *op. cit.*, p. 64.

354 Real Academia Española., *Diccionario de la lengua española* (Disponible en: http://www.rae.es)

355 *Ibidem.*

356 *Ibidem.*

357 Al respecto podría compartirse la postura que considera que "(...) las ideas están a medio camino entre las convicciones y las opiniones, y unas veces son lo uno y otras lo otro", Llamazares Calzadilla, M. C., "¿Legislar sobre conciencia?", en *Libertad de conciencia, laicidad y derecho: liber discipulorum en homenaje al Prof. Dr. Dionisio Llamazares Fernández*, Fernández-Coronado, A., *et al.*

encuentran protegidas por la libertad de pensamiento, en su sentido estricto[358].

Por otro lado, con relación a los términos ideas, opiniones y convicciones, resulta interesante la conexión que existe entre ellos y las libertades de conciencia y de pensamiento. En este sentido, S. TARODO afirma que la libertad de conciencia tiene como objeto inmediato de estudio la protección de las convicciones (ideas fuertemente adheridas a la persona). Por ello, otorga valor y protección a todo lo que hace referencia a la propia identidad del sujeto y guarda una mayor proximidad con las convicciones. En consecuencia, no podrá admitirse una objeción de conciencia basada en motivos que no alcancen la fuerza de la convicción. Para esta libertad, la protección de la libre formación de la conciencia tiene una gran importancia para el libre desarrollo de la personalidad y la autodeterminación consciente y responsable.

Por su parte, la libertad de pensamiento tiene por objeto de protección las creencias, ideas y opiniones, desapareciendo toda referencia a la propia identidad de la persona, a diferencia de la libertad de conciencia. En razón de ello, para esta libertad pública, lo más importante es la libertad de expresión y la manifestación de las creencias, ideas u opiniones[359]. De lo expuesto se deduce que la libertad de conciencia

---

(coords.), Civitas-Thomson Reuters, Cizur Menor (Navarra), 2014, p. 309. Tanto las ideas, como las opiniones, pueden llegar a convertirse en convicciones.

358 Cfr. TARODO, S., *Libertad de conciencia y derecho del usuario de los servicios sanitarios*, *op. cit.*, pp. 87-88.

359 Cfr. TARODO, S., *Libertad de conciencia y derecho del usuario de los servicios sanitarios*, *op. cit.*, pp. 87-89. Este autor afirma: "1. El objeto inmediato de la libertad de conciencia son las convicciones, tan arraigadas en el sujeto que éste las siente formando parte de su identidad, (...). El objeto de la libertad de pensamiento son las creencias, ideas y opiniones, todas por igual. 2. (...) la libertad de conciencia privilegia todos aquellos elementos que para el sujeto son expresión de su propia identidad (...). En la libertad de pensamiento desaparece toda referencia directa a la identidad, a la autoestima y a la dignidad del sujeto. 3. (...). 4. La perspectiva de la libertad de conciencia permite explicar el diferente grado de protección que reciben los datos de carácter personal, según sea su mayor o menor proximidad a las convicciones. 5. La perspectiva de la libertad de conciencia permite explicar la razón por la que no se admite la objeción de conciencia por motivos que no alcancen la fuerza de la convicción, (...). 6. (...). 7. Desde la perspectiva de la libertad de conciencia se presta atención a los derechos que hacen posible la libre formación de la conciencia porque su efectividad es condición necesaria del libre desarrollo de la personalidad y de la autodeterminación

se proyecta desde la esfera interna de la conciencia o de la propia interioridad del sujeto, protegiendo aquellas ideas fuertemente adheridas a la personalidad del sujeto que llegan a convertirse en convicciones, mientras que la libertad de pensamiento requerirá la exterioridad para ser custodiada de forma plena a través de la libertad de expresión o la simple manifestación de opiniones o ideas. De ahí que pueda afirmarse que las convicciones se encuentran protegidas por la libertad de conciencia y las opiniones e ideas por la libertad de pensamiento.

En este sentido, puede resultar interesante mencionar la Sentencia del Tribunal Europeo de Derechos Humanos (STEDH), caso *Campbell* y *Cosans vs.* Reino Unido, en la que se estableció que:

> "La palabra convicciones, si se considera aisladamente y en su acepción habitual, no es sinónimo de opinión e ideas, tal como las emplea el artículo 10 del Convenio, que garantiza la libertad de expresión; aparece también en la versión francesa del artículo 9, que consagra la libertad de pensamiento, de conciencia y de religión, y se aplica a la opinión que alcanza determinado nivel de fuerza, seriedad, coherencia e importancia"[360].

En definitiva, se puede concluir afirmando que las ideas y opiniones no pueden ser confundidas con el término convicciones. Además, las convicciones estarán reguladas por el derecho a la libertad de conciencia, mientras que las ideas y opiniones estarán protegidas por la libertad de pensamiento y, de forma específica, por la libertad de expresión.

1.2.2. Preferencias personales

Otro concepto a diferenciar de las convicciones son las preferencias personales. Como han afirmado algunos autores[361], la esencia del problema, en el momento de aceptar una objeción de conciencia, está en la dificultad de diferenciar la esfera de las convicciones del ámbito

---

consciente y responsable de la propia vida. Sin embargo, desde (...) la libertad de pensamiento, lo más relevante es la libertad de expresión y manifestación de las creencias, ideas u opiniones (...)".

360 Caso *Campbell* y *Cosans vs.* Reino Unido, del 25 de febrero de 1982, Fundamento Jurídico número 10.

361 Cfr. MACLURE, J., TAYLOR, C., *Laicidad y libertad de conciencia*, *op. cit.*

de las preferencias personales[362]. Se puede decir que las preferencias personales se caracterizan "(...) por ser esas cosas que deseamos para nosotros mismos, pero que no están ligadas a nuestra integridad moral"[363]. Pueden ser meros gustos o preferencias en menor o mayor nivel, pero su carencia no causa ningún agravio a la conciencia de la persona[364]. Frente a ello, lo que caracteriza a una convicción es "el papel que desempeña en la vida moral de una persona"[365], de tal forma que su no cumplimiento implica una traición a sí mismo[366].

J. Maclure y C. Taylor establecen la diferencia entre las convicciones y las preferencias personales de la siguiente forma:

> "(...) las creencias que comprometan mi conciencia y los valores con los que me identifico y que me permiten orientarme en un espacio moral plural deben diferenciarse de mis deseos, de mis gustos y otras preferencias personales, es decir de todas las cosas que son susceptibles de contribuir a mi bienestar, pero de las que puedo prescindir sin tener la impresión de traicionarme o de desviarme de un camino elegido. La no satisfacción de un deseo puede contrariarme, pero no atenta generalmente contra los pilares de los valores y creencias, que me definen de la forma más fundamental; no me infligen agravio moral"[367].

En definitiva, las convicciones comprometen la conciencia de la persona, de tal forma que si las incumple ve traicionado su espacio moral[368]; a diferencia de las preferencias personales, que se caracterizan por ser "(...) juicios de mera oportunidad o conveniencia"[369], o

---

362 *Ibidem*, p. 117.

363 *Ibidem*, p. 118.

364 *Ibidem*, p. 102.

365 Al respecto, J. Maclure y C. Taylor sostienen: "Este tipo de creencia y de compromiso ayuda al individuo a resolver conflictos de valores, a crear un plan de vida, a atribuir un sentido a sus acciones, en resumen, a tener una vida «plena»". *Ibidem*, p. 118.

366 Cfr. Tarodo, S., *Libertad de conciencia y derecho del usuario de los servicios sanitarios*, *op. cit.*, p. 63.

367 Maclure, J., Taylor, C., *Laicidad y libertad de conciencia*, *op. cit.*, p. 102.

368 Al respecto, G. Escobar Roca considera que lo que se protege forma parte de "las decisiones esenciales de su existencia, conectadas en mayor o menor medida, con sus juicios de valores fundamentales". Escobar Roca, G., *La objeción de conciencia en la Constitución Española*, *op. cit.*, op. 52.

369 *Ibidem*.

simples deseos que satisfacen un capricho o un interés superficial[370]. Sin embargo, tanto las ideas, como las opiniones y las preferencias personales, pueden llegar a convertirse en convicciones, siempre que éstas contribuyan a dar un sentido y rumbo a la vida de la persona, de tal forma que se pueda demostrar que son de ineludible cumplimiento para la autoestima de ésta[371].

1.3. Naturaleza de la convicción

Una vez establecido qué debe entenderse por convicción, resulta oportuno valorar si el hecho de ser una convicción es suficiente para sustentar la objeción, o se requieren experiencias adicionales.

En este sentido, conviene precisar que, en la trayectoria histórica de la objeción de conciencia, se pueden diferenciar dos etapas. En un primer momento, la objeción de conciencia se apoyaba exclusivamente en razones religiosas[372]. Posteriormente, cualquier fundamento ético, axiológico o de justicia se considera adecuado[373]. De ahí que, en

---

370 Cfr. Capodiferro Cubero, D., *La objeción de conciencia: estructuras y pautas de ponderación*, *op. cit.*, p. 89.

371 Cfr. Maclure, J., Taylor, C., *Laicidad y libertad de conciencia*, *op. cit.*, p. 101.

372 Sobre esta cuestión, M. Gascón sostiene que: "Si las primeras modalidades de objeción de conciencia justificadas y reconocidas tenían un contenido inmediatamente religioso, es decir protegían la libertad de conciencia más relacionada con la práctica de la religión, no imponiendo celebraciones o rituales sagrados ajenos a las propias creencias, pronto el fenómeno habría que extenderse a otras obligaciones jurídicas plenamente seculares y que nada tenían que ver con los aspectos de culto o religión, pero que, no obstante, entraban en contradicción con las doctrinas morales de algunas confesiones o sectas. (…). Precisamente aquí reside una segunda línea de evolución. Si en un primer momento se aprecia una ampliación del objeto o contenido de la objeción de conciencia, que junto a las obligaciones inmediatamente religiosas procura integrar también a otras obligaciones seculares rechazadas por la doctrina moral de las confesiones, en un segundo momento se producirá una ampliación en el fundamento de la libertad de conciencia que dejará de tener una referencia exclusivamente religiosa para aceptar cualquier fundamento ético (…)". Gascón Abellán, M., *Obediencia al Derecho y objeción de conciencia*, *op. cit.*, pp. 262-265.

373 Como señala R. Bertolino, en esta evolución cabe apreciar varias fases, hasta llegar al momento en que el ámbito de protección se ampliará a cualesquiera motivos de índole religiosa, para, finalmente, terminar desprendiéndose de toda referencia religiosa. Cfr. Bertolino, R., *L'obiezione di coscienza moderna: per una fondazione costituzionale del diritto di obiezione*, *op. cit.*, p. 179.

el desarrollo legislativo de los últimos años, se aprecie una tendencia a vincular la objeción de conciencia con la libertad de conciencia o libertad ideológica, sin exigir la adhesión a un credo religioso o ideológico[374]. Por tanto, las causas que motivan la objeción de conciencia pueden estar fundadas en las propias concepciones filosóficas o humanitarias, en profundas razones morales o en motivos religiosos[375].

Al respecto, I. MARTÍN SÁNCHEZ sostiene que "los criterios para considerar una objeción de conciencia son muy variados (ideológicos, éticos, morales, etc.) (...). Lo relevante es que la contradicción entre la norma de conciencia y la norma jurídica forme parte inseparable de la identidad de la persona"[376]. Por lo que, desde el punto de vista del derecho, no existirá ninguna diferencia entre las objeciones de conciencia alegadas por convicciones religiosas, de las fundamentadas en otro motivo[377]. Como señala el mismo autor, "(...) cualquier individuo puede oponerse a practicar un acto que le ocasione un grave problema de conciencia tanto por motivos ideológicos o, si es que profesa una determinada creencia, por dichos motivos"[378].

Junto con lo manifestado en líneas anteriores, es conveniente recordar lo establecido en la Ley 48/1984, reguladora de la objeción de conciencia y de la prestación social sustitutoria en España. Esta Ley, pese a estar derogada[379], resulta muy útil a efectos de determinar qué tipo de convicciones fueron admitidas por dicha norma como justificadoras de la objeción de conciencia. Entre los motivos que alegaba, se señalaban:

> "(...) Los españoles sujetos a obligaciones militares que, *por motivos de conciencia en razón de una convicción de orden religioso, ético, moral,*

---

374 Cfr. GASCÓN ABELLÁN, M., *Obediencia al Derecho y objeción de conciencia*, *op. cit.*, pp. 262-265.

375 Cfr. LÓPEZ GUZMAN, J., *¿Qué es la objeción de conciencia?*, EUNSA, Pamplona, 2011, pp. 33-35.

376 MARTÍN SÁNCHEZ, I., *Libertad de conciencia y derecho sanitario en España y Latinoamérica*, Comares, Granada, 2010, p. 2.

377 *Ibidem*, p. 8.

378 *Ibidem*.

379 Es importante señalar que en España la Ley 48/1984 de 26 de diciembre (BOE 28/12/1984) fue derogada por el RD 342/2001, de 4 de abril (BOE 17/ 04/ 2001), como consecuencia de la suspensión de la prestación de servicio militar, por RD 247/2001, de 9 de marzo (BOE 10/03/2001).

humanitario, filosófico u otros de la misma naturaleza, sean reconocidos como objetores de conciencia, quedarán exentos del servicio militar, debiendo realizar en su lugar una prestación social sustitutoria"[380].

En este sentido, I. MARTÍN SÁNCHEZ entiende que la posible distinción entre las convicciones no se basa en su contenido, sino en la posibilidad de ser probadas. Ciertamente, será más fácil de probar una convicción religiosa, ya que será suficiente con remitir al credo correspondiente. No obstante, cabría también admitir cualquier tipo de convicción que formara parte de la identidad personal del objetor, siendo además una pauta importante para su actuación[381].

En la misma línea de pensamiento, C. MORDIVIDUCCI señala que "el ámbito de aplicación de la objeción de conciencia no debe guiarse tanto por el contenido de la convicción, como por su relevancia –que debe ser comprobada caso por caso– sobre la esfera moral o la meramente intelectual de la persona, es decir, sobre la base de la idoneidad de la convicción para guiar y condicionar los comportamientos"[382].

En definitiva, la objeción de conciencia podrá proteger cualquier tipo de convicción[383], siempre que ésta posea realmente tal carácter.

A continuación, se analizarán los elementos que se deben tener en cuenta para verificar la solidez o idoneidad de la convicción alegada, a fin de que se pueda reconocer legalmente la objeción de conciencia.

1.4. Elementos

Ya se ha señalado que decidir cuándo se está ante una auténtica convicción no es tarea sencilla, ni para el legislador, ni para el juez.

---

380 Artículo 1 inciso 2 de la Ley 48/1984, de 26 de diciembre (BOE 28/12/1984). La cursiva es propia.

381 Cfr. MARTÍN SÁNCHEZ, I., *La recepción por el Tribunal Constitucional Español de la jurisprudencia sobre el Convenio Europeo de Derechos Humanos respecto de las libertades de conciencia, religiosa y de enseñanza*, Comares, Granada, 2002, p. 21.

382 MORVIDUCCI, C., "La protezione della libertà religiosa nel sistema del Consiglio D'Europa", en FERRARI, S., SCOVAZZI, T., CEDAM, *La tutela della libertà di religione*, Padova, 1988, p. 44.

383 Cfr. VALERO HEREDIA, A., *Libertad de conciencia, neutralidad del Estado y principio de laicidad: (un estudio constitucional comparado)*, *op. cit.*, p. 56.

Ello es debido a que el "carácter interno, impenetrable, de la conciencia hace que sea complicado saber cuándo aparece una verdadera contradicción con una convicción personal"[384]. Por tal motivo, y a fin de evitar posibles abusos de derecho, es preciso tener en cuenta que no basta la simple alegación de un motivo de conciencia para poder configurar un supuesto de objeción de conciencia. Se deberá comprobar la consecuencia de algunos elementos o requisitos, que ayudaran a determinar la veracidad y el valor de la convicción alegada por el objetor[385].

A continuación, siguiendo a M. ALBERT[386] y la jurisprudencia vigente, especialmente del TEDH y TCE, se pueden enumerar los siguientes elementos:

- Sistema de pensamiento estructurado, coherente y sincero
- Valor esencial para el Estado de Derecho
- Mínima lesión al bien común

1.4.1. Sistema de pensamiento estructurado, coherente y sincero

Siguiendo la jurisprudencia del TEDH, entre las condiciones que debe reunir una convicción para ser digna de ser amparada por la objeción de conciencia se requiere que ésta proceda de un sistema de pensamiento suficientemente estructurado, coherente y sincero[387].

---

384 CAPODIFERRO CUBERO, D., *La objeción de conciencia: estructuras y pautas de ponderación*, *op. cit.*, p. 92.

385 *Ibidem*.

386 Cfr. ALBERT MÁRQUEZ, M., *Libertad de conciencia: el derecho a la búsqueda personal de la verdad*, *op. cit.*, pp. 75-80.

387 Cfr. NAVARRO-VALLS, R., MARTÍNEZ-TORRÓN, J., *Conflictos entre conciencia y ley: las objeciones de conciencia*, *op. cit.*, p. 74. Al respecto, el CEDH en su artículo 10. *Libertad de expresión*, establece: "1. Toda persona tiene derecho a la libertad de expresión. Este derecho comprende la libertad de opinión y la libertad de recibir o de comunicar informaciones o ideas, sin que pueda haber injerencia de autoridades públicas y sin consideración de fronteras. El presente artículo no impide que los Estados sometan a las empresas de radiodifusión, de cinematografía o de televisión a un régimen de autorización previa. 2. El ejercicio de estas libertades, que entrañan deberes y responsabilidades, podrá ser sometido a ciertas formalidades, condiciones, restricciones o sanciones previstas por la ley, que constituyan medidas necesarias, en una sociedad democrática, para la

En este sentido, conviene precisar qué debe entenderse por *sistema de pensamiento estructurado*. Como se ha indicado en líneas anteriores, las convicciones se caracterizan por no ser simples ideas u opiniones, sino que se forman como fruto de un pensamiento que presenta una estructura lógica, es decir, ha de resultar inteligible. No obstante, como refieren R. NAVARRO-VALLS y J. MARTÍNEZ-TORRÓN esto no debe ser interpretado "como una rígida exigencia de exposiciones sistemáticas o, aún menos, de justificación racional", pues las creencias de suyo implican elecciones que van más allá de lo racionalmente demostrable (...)"[388].

Además de lo dicho y a fin de evitar dudas en la configuración del pensamiento, éste debe ser coherente, es decir no debe existir contradicción con los imperativos éticos sobre los que se fundamenta la objeción[389]. Como sostiene J. MARTÍNEZ-TORRÓN, esto es una necesidad que "exige la seguridad jurídica, y la prudencia más elemental, para evitar que, con el pretexto de la libertad de conciencia, se intente actuar en fraude a la ley"[390].

En este sentido, resulta ilustrativa la Sentencia pronunciada por la Cámara de los Lores, en el caso *Williamson vs.* Reino Unido[391]. Se alegaba que la prohibición del uso del castigo físico, como método de enseñanza conductual, en escuelas cristianas, constituía una violación del derecho a la libertad religiosa. La Corte se pronunció afirmando que el derecho a la libertad religiosa es algo distinto a la forma en que éste se manifiesta. Además, la creencia debe manifestarse en concordancia con los principios de la CEDH. En ella se estableció que una creencia, religiosa o no, para ser considerada digna de tutela, debía ser

---

seguridad nacional, la integridad territorial o la seguridad pública, la defensa del orden y la prevención del delito, la protección de la salud o de la moral, la protección de la reputación o de los derechos ajenos, para impedir la divulgación de informaciones confidenciales o para garantizar la autoridad y la imparcialidad del poder judicial".

388 NAVARRO-VALLS, R., MARTÍNEZ-TORRÓN, J., *Conflictos entre conciencia y ley: las objeciones de conciencia*, *op. cit.*, p. 75.

389 Cfr. MARTÍNEZ-TORRÓN, J., "Las objeciones de conciencia y los intereses generales del ordenamiento", *op.cit*, p. 263.

390 *Ibidem.*

391 *R. Williamson vs.* Secretaria de Estado para la Educación y Empleo, UKHL, 15 (2005), 2.A.C 246.

coherente, es decir debía poseer unos estándares mínimos de respeto a la dignidad humana, referirse a cuestiones fundamentales, poseer un cierto grado de seriedad e importancia y ser inteligible[392].

Unido al sistema de pensamiento estructurado y coherente, se requiere la sinceridad en la convicción alegada por el objetor. Por ello, si se demostrara lo contrario se negaría la objeción de conciencia. En este sentido se manifestó la Sentencia del TEDH, en el caso *Arrowsmith vs.* Reino Unido, por el que una ciudadana británica fue encarcelada por distribuir folletos pacifistas a los soldados. El Tribunal resolvió en contra de la ciudadana, por considerar que su conducta no era una manifestación directa de su creencia, sino una oposición a la política británica en Irlanda del Norte. El Tribunal se pronunció manifestando que "(...) cuando las acciones de los individuos no expresan realmente las creencias en cuestión, no pueden considerarse protegidas por el artículo 9.1, aunque sean motivadas o influidas por ellas"[393].

En la misma línea de pensamiento, está el pronunciamiento de la Corte Suprema Norteamericana (CSN) en el caso *Jensen vs. Quaring*[394], referido a la solicitud de objeción de conciencia de una mujer que se negaba al uso de imágenes humanas. Su postura respondía a una posición personal -en virtud de su interpretación de la Biblia- que no se sustentaba institucionalmente por su confesión religiosa. La CSN confirmó el pronunciamiento en favor de la objetora, alegando que durante toda su vida había sido sincera y coherente, ya que nunca había hecho uso de imágenes humanas. J. MARTÍNEZ-TORRÓN, comentando este caso, sostiene:

> "El Tribunal confirmó que la objeción contra la fotografía en el documento personal de identidad respondía a unas convicciones de conciencia manifestadas en todos los ámbitos de la vida ordinaria de la mujer, y que

---

[392] Cfr. NAVARRO-VALLS, R., MARTÍNEZ-TORRÓN, J., *Conflictos entre conciencia y ley: las objeciones de conciencia*, *op. cit.*, p. 75.

[393] Caso *Arrowsmith vs.* Reino Unido, Informe de la Comisión (Rep. Com.) 7, 050 / 75, DR, número 19, pp. 19-20.

[394] Caso *Jensen vs. Quaring*, ante la Corte Suprema de Norteamerica N° 472 U.S. 478 (1985). Caso *Arrowsmith vs.* Reino Unido, Informe de la Comisión (Rep. Com.) 7, 050 / 75, DR, número 19, pp. 19-20.

no existía apariencia de que se tratara de una mera alegación *pseudo* religiosa con intención de dificultar fraudulentamente su identificación"[395].

En el mismo sentido, más recientemente, A. Ollero, en relación con la STCE 145/2015 del 25 de junio, sobre la sanción a un farmacéutico por negarse a expedir la píldora del día siguiente y los preservativos, estableció lo siguiente:

> "Es obvio que, de tratarse de instancias públicas, la neutralidad y no injerencia solo permite calibrar la «seriedad» de la actitud del objetor (...), su coherencia de conducta y la inexistencia de circunstancias que pudieran llevar a detectar intención alguna de obtener algún beneficio personal más propio de la picaresca"[396].

En definitiva, uno de los retos con los que se enfrenta la objeción de conciencia es la comprobación de la sinceridad de los imperativos de conciencia alegados por el objetor. En este sentido, M. Gascón y P. De Lora afirman que la comprobación de la sinceridad de los motivos de conciencia no podrá ir más allá de la verificación de su existencia mediante indicios como la coherencia entre el ideario que la persona afirma mantener y su conducta, la aceptación del castigo o la predisposición a realizar una prestación alternativa[397]. Otros autores consideran pruebas de la sinceridad de la convicción su persistencia en el tiempo, pese a situaciones conflictivas, la coherencia en la vida y la adhesión pública a determinados grupos ideológicos o religiosos que tienen como regla la convicción invocada[398].

La comprobación de la sinceridad de la convicción se enfrenta con dos obstáculos: por un lado, la posible intromisión en la intimidad del objetor; y por otro, el posible riesgo de fraude en su perjuicio. Al respecto, I. Durany Pich intenta responder a estas dificultades pro-

---

395 Martínez-Torrón, J., "Las objeciones de conciencia y los intereses generales del ordenamiento", *op. cit.*, p. 263, nota a pie 21.

396 Voto particular concurrente que formula A. Ollero Tassara en relación con la STCE 145/2015, Fundamento Jurídico número 4, p. 66677.

397 Cfr. De Lora, P., Gascón, M., *Bioética: principios, desafíos, debates*, Alianza, Madrid, 2008, p. 150, nota a pie 27.

398 Cfr. Del Moral, A., "La objeción de conciencia: líneas maestras de su regulación legal y jurisprudencial", en *Entender la objeción de conciencia: Jornadas de Bioética de la Universidad Católica San Antonio*, Tomás y Garrido, G. M. (coord.), UCAM, D.L, Murcia, 2011, p. 48.

poniendo dos vías posibles: a) en el Derecho anglosajón, los jueces se encargan de realizar un análisis de los motivos y razones, con el fin de establecer su adecuada tipificación como verdaderos motivos de conciencia. El riesgo que se corre es que se penetra en la esfera de la intimidad de la persona; y b) en el sistema continental–europeo, se establecen alternativas más gravosas para el objetor, lo cual permite garantizar su sinceridad y, a la vez, se mantiene la neutralidad estatal[399].

Frente a todo lo manifestado, M. Gascón considera ineficaz cualquier intento de fiscalización del fuero interno, debido a que, ante un solicitante insincero, el Tribunal puede verse engañado. Por otro lado, frente a un solicitante temeroso, pero sincero, el Tribunal puede demostrar la inexistencia de escrúpulos de conciencia[400]. En definitiva, a su juicio, "(...) todo lo que no sea conformarse con la declaración del objetor, o es una pérdida de tiempo, o corre el riesgo de convertirse en una intromisión en la conciencia o en la intimidad del objetor"[401].

1.4.2. Valor esencial para el Estado de Derecho

Se ha afirmado que el primer elemento que debe poseer toda convicción, para ser considerada digna de tutela, es que proceda de un sistema de pensamiento estructurado, coherente y sincero. Un segundo requisito a tener en cuenta es el valor esencial que debe tener dicha convicción para un Estado de Derecho.

Para amparar legítimamente el incumplimiento de una norma obligatoria, la convicción que lo apoya debe tener como fundamento "un valor social básico y no un juicio meramente subjetivo"[402]. En este sentido, M. Albert aclara este punto afirmando que "(...) la desobediencia debe encontrar su fundamento en algún valor de los que constituyen un pilar del Estado de Derecho. La objeción no tiene que

---

399 Cfr. Durany Pich, I., *Objeciones de conciencia*, Instituto Martín de Azpilcueta, Pamplona, 1998, p. 18.

400 Cfr. Gascón Abellán, M., *Obediencia al Derecho y objeción de conciencia*, *op. cit.*, p. 324.

401 *Ibidem.*

402 Albert Márquez, M., *Libertad de conciencia: el derecho a la búsqueda personal de la verdad*, *op. cit.*, p. 78.

ver con lo que cada uno de nosotros considera justo o injusto de manera subjetiva, sino con exigencias objetivas de justicia"[403].

Al respecto, podemos citar a J. MACLURE y C. TAYLOR, quienes otorgan un valor especial a aquellas convicciones que versan sobre "(...) las últimas preguntas de la existencia humana, como el sentido de la vida y de la muerte, el lugar del ser humano en el universo, el origen de la moral, etc."[404]. M. NUSSBAUM defiende una postura análoga en relación con las denominadas "últimas preguntas". Para M. NUSSBAUM, la "facultad con la que cada persona busca el sentido último de la vida posee un valor intrínseco que merece ser protegido"[405].

De acuerdo con lo manifestado, se deduce que el respeto a la vida humana[406], la protección de la dignidad de la persona, la educación, la religión, etc., en la medida en que son verdaderos pilares y valores de un Estado de Derecho, merecen el carácter de fundamentos de las convicciones amparadas por la objeción de conciencia[407]. Los Tribu-

---

403 *Ibidem.*

404 MACLURE, J., TAYLOR, C., *Laicidad y libertad de conciencia*, *op. cit.*, p. 122.

405 Al respecto, M. NUSSBAUM continúa diciendo que esta facultad con la que se busca el sentido último de la vida: "(...) se identifica en parte por lo que hace–razona, busca y experimenta emociones de aspiración asociadas a la búsqueda–y en parte por su objeto, es decir, las últimas preguntas, las preguntas con sentido último. Es esta facultad, y no sus objetivos, lo que constituye la base del respeto político debido. Podemos así ponernos de acuerdo para respetar esta facultad sin que por ello debamos prejuzgar la respuesta a la pregunta sobre si verdaderamente hay un sentido que encontrar y cuál podría ser". NUSSBAUM, M. C., *Liberty of Conscience: in defense of America's tradition of religious equality*, Basic Books, New York, 2008, p. 169.

406 Cfr. ALBERT MÁRQUEZ, M., *Libertad de conciencia: el derecho a la búsqueda personal de la verdad*, *op. cit.*, pp. 78-79.

407 Al respecto, resulta oportuno destacar aquí la tesis de J. Finnis sobre los bienes humanos básicos, los cuales considera que son "formas básicas de bien para nosotros". Entre ellos, se encuentran: la vida, el conocimiento, el juego, la experiencia estética, la sociabilidad o amistad, la razonabilidad práctica y la religión, cfr. FINNIS, J. M., *Ley natural y derechos naturales*, *op. cit.*, pp. 117-121. Por su parte, Tomás de Aquino en su estudio de las formas básicas del bien y de los principios primarios evidentes del razonamiento práctico –que él llama los primeros principios y preceptos generales de la ley natural– dispone los preceptos en un triple orden: i) la vida es un bien que ha de ser sustentado y lo que la amenaza debe ser impedido; ii) la unión de varón y mujer, y la educación de sus hijos, etc., ha de ser favorecida, y lo que se le opone ha de ser evitado; iii) el conocimiento. SANTO TOMAS, *Summa Teologica*, I-II, q. 94, a. 2c.

nales consideran que esos valores esenciales tienen su fundamento en la dignidad humana y en principios fundamentales, no meramente secundarios o superficiales. Cuestiones que se desarrollarán con detalle más adelante.

1.4.3. Mínima lesión al bien común

Junto a los dos elementos anteriores, se deberá acreditar un tercero: la menor lesión al bien común por parte de la convicción alegada como justificación de la objeción de conciencia. Para ello se requerirá llevar a cabo un juicio de proporcionalidad, en el sentido de valorar que la objeción que se admita no traiga consecuencias irreparables para los derechos de terceros, o ponga en riesgo el Estado de Derecho[408]. Entre los posibles criterios a tener en cuenta se encontraría la alternativa de poder optar por una conducta sustitutoria que permita evitar un desequilibrio en los objetivos propuestos por la norma, además de como hemos dicho antes, comprobar la sinceridad del objetor[409].

Otro criterio sería ponderar el posible efecto multiplicador que pueda generar la excepción al incumplimiento de la norma, originando una reacción masiva en su contra, salvo que se encuentre mal formulada. En este sentido, R. NAVARRO-VALLS y J. MARTÍNEZ-TORRÓN consideran que es necesario tener en cuenta que no se puede confundir el posible temor al contagio, con la resistencia que puede producir una norma injusta en sí misma. Aunque las reacciones pudieran ser masivas, ello no puede ser obstáculo para no proteger las conciencias de las personas cuando nos encontramos ante legislaciones injustas.

Por último, conviene tener en cuenta que la actitud omisiva propia de la objeción de conciencia ante una exigencia legal genera menos riesgo social que la propia actitud activa[410].

---

408 Cfr. DEL MORAL, A., "La objeción de conciencia: líneas maestras de su regulación legal y jurisprudencial", *op. cit.*, p. 52.

409 *Ibidem.*

410 Cfr. NAVARRO-VALLS, R., MARTÍNEZ-TORRÓN, J., *Conflictos entre conciencia y ley: las objeciones de conciencia*, *op. cit.*, p. 76.

1.5. Otros criterios orientadores

Una adecuada visión de los elementos que debe poseer toda convicción conduce a descartar dos posiciones frecuentes cuando hay que valorarla: distinguir la naturaleza de la convicción y analizar su razonabilidad, bajo el argumento de buscar la seriedad o la coherencia.

Por un lado, no distinguir las convicciones con base en su naturaleza ideológica, religiosa, filosófica o, incluso, política[411], permite evitar caer en el error de discriminarlas. Si se hiciese, se impediría, sin justa causa, amparar algunos supuestos y descartar otros. En este sentido, el artículo 14 del CEDH, prohíbe cualquier tipo de discriminación en el disfrute de los derechos y libertades en él reconocidos, por diferentes razones enumeradas sin carácter exhaustivo[412], entre las que menciona opiniones políticas u otras[413]. Este artículo fortalece el respeto de los derechos garantizados en el CEDH. En el caso que se estudia, establece la prohibición de discriminación por el hecho de tener una determinada convicción[414], cuando la distinción carezca de justificación objetiva y razonable[415].

En igual sentido, J. Martínez-Torrón y R. Navarro-Valls han señalado la posibilidad de incurrir en discriminación al discernir entre diversos tipos de convicciones:

---

411 Cfr. Capodiferro Cubero, D., *La objeción de conciencia: estructuras y pautas de ponderación*, *op. cit.*, p. 89. No obstante, la doctrina está dividida respecto de la validez de las convicciones políticas como fundamento de la objeción de conciencia. Una exposición de las diferentes posiciones doctrinales puede encontrarse en Flores Mendoza, F., *La objeción de conciencia en derecho penal*, *op. cit.*, pp. 58-59.

412 Cfr. Martínez-Torrón, J., “El derecho a la libertad religiosa en la jurisprudencia en torno al Convenio Europeo de Derechos Humanos”, en *Anuario de Derecho Eclesiástico del Estado*, II (1986), pp. 466-467.

413 Al respecto, el CEDH en su artículo 14. *Prohibición de discriminación*, establece: “El goce de los derechos y libertades reconocidos en el presente Convenio ha de ser asegurado sin distinción alguna, especialmente por razones de sexo, raza, color, lengua, religión, opiniones políticas u otras, origen nacional o social, pertenencia a una minoría nacional, fortuna, nacimiento o cualquier otra situación”.

414 Cfr. Martín Sánchez, I., *La recepción por el Tribunal Constitucional Español de la jurisprudencia sobre el Convenio Europeo de Derechos Humanos respecto de las libertades de conciencia, religiosa y de enseñanza*, *op. cit.*, p. 26.

415 *Ibidem*, p. 27.

"Idénticas razones, unidas a otras consideraciones derivadas del principio de igualdad, explican que la protección de la libertad de conciencia del objetor haya de ser la misma independientemente de que sus creencias sean religiosas o no (...) o que comprendan actitudes positivamente religiosas, como las inspiradas en posiciones ateas o agnósticas. El hecho de que las objeciones de conciencia estén respaldadas por un credo institucional religioso no le otorga de suyo un plus de protección respecto al objetor ateo o agnóstico. Es cierto que, en el panorama del derecho comparado -legislativo y jurisprudencial–puede observarse una extendida tendencia hacia un mayor grado de tutela de las objeciones de conciencia de trasfondo religioso, en comparación con aquellas otras fundadas en motivos no religiosos"[416].

En este sentido, es interesante mencionar la STCE 11/2016, del 1 de febrero. En ella se decidió la entrega a la madre de un feto de 22 semanas, a fin de poder ser incinerado, hecho que había sido rechazado en primera instancia, por considerar que se trataba de un supuesto distinto al amparado en una ocasión anterior, debido a que en el caso en estudio, la madre no profesaba ninguna religión y, además, la muerte del feto era fruto de un aborto voluntario. En este sentido, A. Ollero resalta:

"Se satisface pues en el primer caso la entrega del feto a solicitud de la madre, porque esta se confiesa vinculada a la religión musulmana, lo que le lleva a oponerse a la incineración del fruto de su vientre por considerar obligado darle sepultura en la tierra. Se le niega sin embargo trato similar a la recurrente, porque la solicitante no «invoca religión católica alguna, ni lo solicita por motivos religiosos»; lo que le lleva a constatar que no se respetan «de igual modo los valores y creencias (religiosas o no)» que le mueven, generando una desigualdad de trato carente de fundamento objetivo y razonable con resultado discriminatorio"[417].

Una segunda postura que debe descartarse en el momento de analizar la convicción es la de valorar si las razones alegadas son adecuadas o no[418], o juzgar si la convicción o creencia es buena o mala,

---

416 Navarro-Valls, R., Martínez-Torrón, J., *Conflictos entre conciencia y ley: las objeciones de conciencia*, *op. cit.*, pp. 72-73.

417 Voto particular concurrente de A. Ollero en relación con la STCE 11/2016, del 1 de febrero. Fundamento Jurídico número 3, p. 18392.

418 En este contexto, puede recordarse lo que, más de medio siglo antes, había expresado, de modo más amplio, el Tribunal Supremo estadounidense: "Si hay alguna

con base en criterios personales. Esta actitud es peligrosa, ya que se corre el riesgo de considerar como "insólitas" las creencias ajenas[419]. Por otro lado, dicha posición se aleja de la neutralidad ética que debe tener un Estado de Derecho[420]. Frente a ello, los poderes públicos están obligados a buscar una adaptación razonable[421] a los deberes de conciencia de sus ciudadanos, en la medida en que no se atente contra el orden constitucional de un Estado[422]. Es importante destacar que esta razonabilidad de la convicción no dependerá de la opinión ma-

---

estrella fija en nuestra constelación constitucional, es que ninguna autoridad, de mayor o menor rango, puede prescribir lo que es ortodoxo en política, nacionalismo, religión u otras materias opinables, ni puede forzar a los ciudadanos a confesar, de palabra o de hecho, su fe en ellas", en *West Virginia State Board of Education v. Barnette*, 319 U.S. 642 (1943). El caso se refería a la objeción de conciencia de los testigos de Jehová a participar en la ceremonia de saludo a la bandera en las escuelas públicas. Cfr. MARTÍNEZ-TORRÓN, J., "Las objeciones de conciencia en la jurisprudencia del Tribunal Supremo norteamericano", en *Anuario de Derechos Eclesiástico del Estado*, I, (1985), pp. 429-435.

419 Cfr. DE LORA, GASCÓN, M., *Bioética: principios, desafíos, debates*, *op. cit.*, p. 150, nota a pie 27.

420 Cfr. DEL MORAL, A., "La objeción de conciencia: líneas maestras de su regulación legal y jurisprudencial", *op. cit.*, p. 46.

421 La *adaptación*, o *acomodamiento razonable*, es una figura jurídica nueva que tiene su origen en Estados Unidos, a finales de los años 60 del siglo pasado, aunque es en Canadá donde ha alcanzado un amplio desarrollo como instrumento fundamental de la política multicultural proclamada en su Constitución. En este país hace su aparición a través de la jurisprudencia del caso *Simpson vs. Sears* (1985), al reconocer la Corte Suprema que una norma jurídica aparentemente neutra –en este caso, un calendario laboral– puede tener un efecto discriminatorio sobre un individuo, al resultar incompatible con su observancia religiosa. Se configura como una obligación jurídica, derivada del derecho a la igualdad y a la no discriminación, por la cual se busca, a través de la conciliación, aplicar medidas razonables que permitan el equilibrio entre la obligatoriedad de una norma y la solicitud de excepcionalidad de su cumplimiento por parte de un sujeto. Cfr. VIEYTEZ, E., "Críticas del acomodo razonable como instrumento jurídico del multiculturalismo", en *Cuadernos Electrónicos de Filosofía del Derecho*, 18, (2009). Además, en MACLURE, J., TAYLOR, C., *Laicidad y libertad de conciencia*, *op. cit.*, p. 87. Y, de forma más amplia, en ELÓSEGUI ITXASO, M., *El concepto jurisprudencial de acomodamiento razonable: el Tribunal Supremo de Canadá y el Tribunal Europeo de Derechos Humanos ante la gestión de la diversidad cultural y religiosa en el espacio público*, Aranzadi, Cizur Menor (Navarra), 2013.

422 Cfr. MARTÍNEZ-TORRÓN, J., "Las objeciones de conciencia en el derecho internacional y comparado", en *Objeción de conciencia y función pública*, Estudios de Derecho Judicial, Madrid, 2007, pp. 112-113.

yoritaria de la sociedad, ni de la simpatía o desconfianza que pueda ocasionar en los ciudadanos[423]. Como refiere J. MARTÍNEZ-TORRÓN, es importante hacer esta precisión, debido a que, en el debate sobre la objeción de conciencia, en muchos casos se incurre en planteamientos más emocionales que jurídicos, cayendo, incluso, en confrontaciones de tipo ideológico[424]. Al respecto, J. MARTÍNEZ-TORRÓN y R. NAVARRO-VALLS sostienen que:

> "(...), el análisis jurídico de cada objeción, siguiendo el procedimiento que hemos llamado del equilibrio o ponderación de intereses, ha de realizarse con independencia del contenido concreto de las creencias invocadas por el objetor: ya sean éstas «razonables» o no, típicas o atípicas, estrictamente individuales o con el claro refrendo institucional de una confesión religiosa. Así lo reclama la *neutralidad ética del Estado,* que implica una ausencia de juicio sobre qué es lo moralmente correcto, excepto en aquellas cuestiones que afectan a los principios éticos que fundamentan el orden jurídico, y especialmente el orden constitucional. Esa neutralidad ética del Estado contemporáneo ha sido considerada por el Tribunal de Estrasburgo esencial para el mantenimiento del pluralismo, que caracteriza a las democracias occidentales"[425].

En la misma línea de pensamiento, A. OLLERO en la STCE 145/2015, de 25 de junio, sobre la sanción a un farmacéutico por negarse a expender la píldora del día siguiente y preservativos, manifestó:

> "Dejando aparte la dimensión de «laicidad positiva» que aquí no entra en juego, las exigencias del artículo 16 CE giran en torno a la neutralidad de los poderes públicos y su no injerencia en la conciencia –jurídica o moral– del ciudadano. No parece compatible con ello que los Magistrados del Tribunal puedan considerarse llamados a erigirse en directores espirituales de los ciudadanos, aleccionándolos sobre qué exigencias de su conciencia gozan de la protección de un derecho fundamental y cuáles han de verse descartadas por tratarse de retorcidos escrúpulos. No se me ocurre ningún argumento, ni la Sentencia los ofrece, para poder afirmar

---

423 *Ibidem*, p. 113.

424 *Ibidem*.

425 NAVARRO-VALLS, R., MARTÍNEZ-TORRÓN, J., *Conflictos entre conciencia y ley: las objeciones de conciencia*, *op. cit.*, pp. 71-72.

sobre la disposición de preservativos que ningún «conflicto de conciencia con relevancia constitucional puede darse en este supuesto» (...)"[426].

Se puede concluir afirmando que, en el análisis de las convicciones, el Estado debe mantener una adecuada neutralidad ética al calificar de razonable o no, una convicción. Tampoco puede dar primacía a aquellas convicciones que están basadas en el marco de un credo religioso. Una auténtica protección de la libertad de conciencia está llamada a salvaguardar tanto la convicción positivamente religiosa, como aquella inspirada en posiciones ateas o agnósticas[427], siempre que la probanza de la convicción pueda ser alegada por el objetor[428].

2. EL RECONOCIMIENTO JURÍDICO DE LAS CONVICCIONES

El presente epígrafe tiene como objetivo aportar una aproximación general del desarrollo legal y jurisprudencial de las convicciones. En primer lugar se expondrá el desarrollo jurídico de las convicciones en el Sistema Europeo de Derechos Humanos (SEDH). Para ello, se revisará el CEDH, así como la normativa europea. Asimismo, se repasarán algunos pronunciamientos del TEDH. Posteriormente se estudiará el Sistema Interamericano de Derechos Humanos (SIDH), revisando la Convención Americana de Derechos Humanos (CADH), así como los pronunciamientos de la Corte Interamericana de Derechos Humanos (COIDH). Concluiremos con un estudio sucinto de la protección de las convicciones, en relación con la objeción de conciencia, en el derecho español. En cualquier caso, soy consciente de la existencia de abundantes disposiciones legislativas como pronunciamientos jurisprudenciales que, de un modo u otro, pueden recoger rasgos o

---

426 Voto particular concurrente de A. Ollero en relación con la STCE 145/2015, de Fundamento Jurídico número 4, p. 66676.

427 Cfr. Martínez-Torrón, J., "La protección internacional de la libertad religiosa", *op. cit.*, pp. 186-193.

428 Cfr. Martín Sánchez, I., *La recepción por el Tribunal Constitucional Español de la jurisprudencia sobre el Convenio Europeo de Derechos Humanos respecto de las libertades de conciencia, religiosa y de* enseñanza, *op. cit.*, p. 21.

elementos del tema materia de estudio. No obstante, por razones de espacio, solo se hará referencia a los principales.

2.1. *Las Convicciones en el Sistema Europeo de Derechos Humanos*

Como es bien conocido, el SEDH tiene como objetivo la defensa y protección de los derechos humanos de los ciudadanos europeos. Es importante recordar que el Consejo de Europa es diferente a la Unión Europea (UE). El Consejo de Europa está conformado por 47 países y fue creado para promover la democracia, garantizar los derechos humanos y el Estado de Derecho en Europa. Por su parte la UE es una asociación económica y política, conformada por 27 países miembros, los cuales han delegado parte de su soberanía en la propia Unión, para que las decisiones sobre aspectos específicos de interés común sean tomadas de manera democrática.

Por otro lado, el TEDH es la más alta autoridad en el derecho internacional de los derechos humanos en Europa. Su misión específica es aplicar el CEDH y verificar que los derechos y garantías contenidos en él y en sus Protocolos Adicionales sean respetados por los Estados partes[429]. Si bien el TEDH decide sobre las posibles violaciones del CEDH, no puede hacerlo de oficio[430]: es competente solo en casos de violaciones de demandas individuales o de un Estado contra otro Estado[431]. Además, el TEDH tiene legitimidad para ordenar medidas provisionales, cuando existan casos de riesgos irreparables. En el caso de que el TEDH verifique violación de normas del CEDH, dictará Sentencia que será de cumplimiento obligatorio para el Estado infractor[432]. Entre las decisiones que el TEDH puede adoptar en los pronunciamientos de sus Sentencias se encuentran: la obligación del Estado condenado a adoptar medidas generales de no repetición, como reformas legislativas, y/o medidas de reparación individuales, como poner en libertad a la persona, conceder un permiso de residencia,

---

429 Artículo 19 del CEDH.

430 Artículo 20 del CEDH.

431 Artículos 34 y 35.3b del CEDH.

432 Artículo 46 del CEDH.

entre otros[433]. Asimismo, se puede decretar el pago a la víctima de un monto económico como indemnización por los daños y perjuicios sufridos a causa de la violación por parte del Estado[434].

Por otro lado, el TEDH está compuesto por 47 jueces, uno por cada Estado que ratificó el CEDH[435]. Las demandas se deciden en Salas que generalmente están compuestas de 7 jueces. Las partes pueden solicitar que el asunto resuelto por una Sala se envíe a la Gran Sala, compuesta por 17 jueces, la cual puede examinar el asunto en una segunda instancia. No obstante, esto solo se produce en casos excepcionales y las Sentencias de la Gran Sala son definitivas[436]. En el supuesto de que el TEDH condene a un Estado por violar el CEDH, el Comité de Ministros del Consejo de Europa supervisa su cumplimiento y da seguimiento a la implementación de la Sentencia[437].

Por último, además del TEDH, existen el Comité de Ministros y la Asamblea Parlamentaria, que forma parte del Consejo de Europa. El Comité de Ministros es el órgano de toma de decisiones del Consejo de Europa y está compuesto por los Ministros de Relaciones Exteriores de todos los Estados miembros[438]. La Asamblea Parlamentaria es el órgano deliberante del Consejo de Europa. Sus miembros son designados por los parlamentos nacionales de cada Estado miembro del

---

433 Centro de Derechos Reproductivos, "Objeción de conciencia en el Sistema Europeo de Derechos Humanos", en *Objeción de conciencia y derechos reproductivos: Estándares internacionales de derechos humanos*, p. 7, nota a pie 11.

434 Artículo 41 del CEDH.

435 Artículo 20 del CEDH.

436 Artículo 26.1 del CEDH

437 Artículo 46.2 del CEDH. Debido a la gran cantidad de casos reiterativos presentados ante el Tribunal, es decir, casos idénticos que derivan de un mismo problema estructural o sistémico en un Estado parte, se ha establecido el procedimiento de *Sentencia piloto*. Mediante este sistema, el Tribunal puede suspender el examen de los casos pendientes que reiterarían su jurisprudencia hasta que se adopten las medidas correctivas de carácter general especificadas en la sentencia piloto. (Cfr. Centro de Derechos Reproductivos, "Objeción de conciencia en el Sistema Europeo de Derechos Humanos", en *Objeción de conciencia y derechos reproductivos: Estándares internacionales de derechos humanos*, p. 7). [consultado 15 de junio 2016]. Disponible en: http://www.reproductiverights.org/sites/crr.civicactions.net/files/documents/CRR_LAC_ConcientiousObjectionFactSheets_10_17_13.pdf

438 Comité de Ministros del Consejo de Europa. [consultado 15 de junio 2016]. Disponible en: http://www.coe.int/it/web/cm.

Consejo. Emite Recomendaciones, Resoluciones y Opiniones, que sirven de guía al Comité de Ministros del Consejo de Europa, así como a los Parlamentos de los Estados parte[439]. Tanto el Comité de Ministros como la Asamblea Parlamentaria tienen la facultad de incidir en la creación de estándares sobre derechos humanos mediante diferentes mecanismos. El Comité de Ministros puede emitir Recomendaciones a los Estados parte del Convenio[440] y la Asamblea Parlamentaria emite, tanto Recomendaciones como Resoluciones[441]. Si bien estos instrumentos no son vinculantes para los Estados parte, el TEDH, en ciertos casos, usa estas Recomendaciones y Resoluciones como referencia en sus Sentencias, que sí son vinculantes. Lo hace a modo de guías de interpretación para precisar los estándares del CEDH.

Dada la relación que existe entre el Tribunal y estos órganos, los pronunciamientos emitidos por el Comité de Ministros y la Asamblea Parlamentaria tienen el potencial de volverse vinculantes para los Estados, si estos son ratificados por el TEDH[442].

2.1.1. Las convicciones en el Convenio Europeo de Derechos Humanos

El CEDH fue firmado en Roma, el 4 de noviembre de 1950[443], inspirándose en la Declaración Universal de Derechos Humanos (DUDH)[444] y en el Proyecto de Pacto de los Derechos Civiles y Políticos de 1949. En este documento se otorgó una especial protección

---

439 Asamblea Parlamentaria del Consejo de Europa. [consultado 15 de junio 2016]. Disponible en: http://assembly.coe.int/nw/Home-EN.asp

440 Comité de Ministros del Consejo de Europa. [consultado 15 de junio 2016]. Disponible en: http://www.coe.int/it/web/cm

441 Asamblea Parlamentaria del Consejo de Europa. [consultado 15 de junio 2016]. Disponible en. http://assembly.coe.int/nw/Home-EN.asp

442 Artículo 46.2 del CEDH

443 Fue firmado por doce Estados: Bélgica, Dinamarca, Francia, Holanda, Irlanda, Islandia, Italia, Luxemburgo, Noruega, República Federal de Alemania, Reino Unido y Turquía. Entró en vigor el 3 de septiembre de 1953, después de depositarse los diez instrumentos de ratificación necesarios, según lo dispuesto en el artículo 66.2 del propio Convenio. España lo ratificó el 4 de octubre de 1979.

444 En relación con la DUDH, es preciso tener en cuenta que el CEDH reconoce en su Preámbulo la adhesión a los principios y valores de aquélla. Sin embargo, existen importantes diferencias entre ambos instrumentos internacionales.

a las convicciones, regulándolas en su artículo 9. Sin embargo, dicho artículo debe ser interpretado, en relación con el artículo 14[445] del CEDH y con el artículo 2 del Protocolo Adicional Primero[446] (PAP-CEDH) a fin de llegar a su adecuada comprensión. Por ello, se tratará de aportar algunas ideas sobre dichas disposiciones, al objeto de exponer más claramente cuál es la protección jurídica de las convicciones en el CEDH.

Antes de ello, conviene advertir, que, dado el objeto de estudio de este trabajo, el análisis que se va a llevar a cabo se centrará en enunciar los principales aspectos protegidos por el artículo 9 del CEDH, en concordancia con las convicciones.

Establecida la precisión anterior, puede afirmarse que el artículo 9.1 del CEDH garantiza el derecho de toda persona a "la libertad de pensamiento, de conciencia y de religión". A continuación, especifica que "este derecho implica la libertad de cambiar de religión o de convicciones, así como la libertad de manifestar su religión o sus convicciones individual o colectivamente, en público o en privado, por medio del culto, la enseñanza, las prácticas y la observancia de los ritos"[447]. Como se puede advertir, este artículo reconoce protección jurídica expresamente a las convicciones. La extinta Comisión Europea de Derechos Humanos, al referirse al artículo 9, afirmó que este protege, "la esfera de las convicciones personales y de las creencias religiosa, es decir el ámbito que es denominado *forum internum*"[448] o

---

445 Artículo 14 del CEDH: "El goce de los derechos y libertades reconocidos en el presente Convenio ha de ser asegurado sin distinción alguna, especialmente por razones de sexo, raza, color, lengua, religión, opiniones políticas u otras, origen nacional o social, pertenencia a una minoría nacional, fortuna, nacimiento o cualquier otra situación"..

446 El artículo 2 del Protocolo Adicional núm. 1 dispone: "A nadie se le puede negar el derecho a la instrucción. El Estado, en el ejercicio de las funciones que asuma en el campo de la educación y de la enseñanza, respetará el derecho de los padres a asegurar esta educación y esta enseñanza conforme a sus convicciones religiosas y filosóficas".

447 Artículo 9.1. del CEDH

448 La expresión *forum internum* es empleada, entre otras, por la Decisión de la Comisión 10358/83, en el Caso *C. vs. Reino Unido*, en *Decisions and Reports of the European Comission of Human Right*, 37, p. 142; Decisión de la Comisión 10678/83, en el Caso *V. vs.* Holanda en *Decisions and Reports of the European Comission of Human Right*, 46, p. 200. Asimismo, es utilizada por el TEDH en

"propia interioridad" del individuo. Pese a que jurisprudencialmente no han sido definidos los aspectos tutelados por el *forum internum*[449], puede derivarse que el objeto de protección es, sobre todo, la libertad de elegir una religión o convicción, y el respeto frente a cualquier intromisión dirigida a modificar ilegalmente su proceso natural[450]. Resulta lógico deducir que, en la elección de una determinada convicción, será preciso previamente garantizar "la integridad moral e intelectual de la persona entendida en sentido ontológico, es decir, la libertad de formar y, en su caso, de cambiar el propio pensamiento"[451].

En este sentido, I. Martín Sánchez, al analizar el apartado primero del artículo 9 del CEDH, considera que éste garantiza la libertad de cambiar de religión o de convicciones, en la que va lógicamente incluida la de elegirlas o de manifestarlas[452]. Por ello, refiere que, aunque estos conceptos no han sido definidos ni regulados por la normatividad común, sí han sido clarificados, en algunos aspectos, por el TEDH y la Comisión[453] como se verá más adelante. Por su parte, el apartado 2 del artículo 9 del CEDH establece determinados límites a las libertades de pensamiento, de conciencia y de religión. En esta materia, es preciso distinguir entre la libertad de escoger una convicción o religión, o de cambiarla, y la de manifestarla. La primera no

---

la Sentencia promulgada en el Caso *Valsamis vs.* Grecia, de 18 de diciembre del 1996.

449 Cfr. Martín Sánchez, I., *La recepción por el Tribunal Constitucional Español de la jurisprudencia sobre el Convenio Europeo de Derechos Humanos respecto de las libertades de conciencia, religiosa y de enseñanza*, *op. cit.*, p. 18.

450 Cfr. Morviducci, C., "La protezione della libertà religiosa nel sistema del Consiglio D'Europa", *op. cit.*, p. 43.

451 *Ibidem*. En el mismo sentido, I. Martín Sánchez sostiene que ésta es la función desempeñada por la libertad de conciencia que debe ser entendida como derecho a su formación, cfr. Martín Sánchez, I., *El derecho a la formación de la conciencia y su tutela penal*, *op. cit.*, pp. 25 y ss.

452 Cfr. Martín Sánchez, I., *La recepción por el Tribunal Constitucional Español de la jurisprudencia sobre el Convenio Europeo de Derechos Humanos respecto de las libertades de conciencia, religiosa y de enseñanza*, *op. cit.*, p. 19.

453 *Ibidem*. Al respecto, I. Martín Sánchez considera que el término religión, aunque no ha sido definido jurisprudencialmente, para la Comisión remite a las que pueden denominarse "tradiciones religiosas principales". Cfr. Evans, M. D., *Religious Liberty and International Law in Europa*, Cambridge University Press, Cambridge, 1997, p. 290.

puede ser objeto de límite alguno, pudiendo solo limitarse la libertad de manifestación[454].

El término *convicción*, regulado en el artículo 9 del CEDH, también es mencionado en el artículo 2 del PAPCEDH, sobre el derecho a la educación. En él se refiere que el Estado, en el ejercicio de sus funciones en el campo de la educación, deberá respetar las convicciones religiosas y filosóficas que profesan los padres, evitándose cualquier adoctrinamiento por parte del Estado que pueda considerarse una intromisión en este punto[455].

De ello se deduce que el término *convicción*, regulado en ambos textos internacionales, comprende, no solo las creencias agnósticas y ateas, sino también aquellas que proceden de la esfera espiritual, siempre y cuando cumplan las características mencionadas por el TEDH. En este sentido puede afirmarse que la seriedad y coherencia son las notas definitorias que distinguen a las convicciones reguladas en el artículo 9 del CEDH y protegidas por el TEDH. Al respecto, I. Martín Sánchez establece que las creencias religiosas que cumplan las notas de seriedad y coherencia, junto a las que respondan a problemas fundamentales de la existencia[456], remiten según el TEDH[457] al artículo 9 del CEDH, a diferencia de las opiniones e ideas, que conducen al artículo 10[458].

---

454 Cfr. Martín Sánchez, I., *La recepción por el Tribunal Constitucional Español de la jurisprudencia sobre el Convenio Europeo de Derechos Humanos respecto de las libertades de conciencia, religiosa y de enseñanza*, *op. cit.*, p. 23.

455 El Protocolo Adicional al Convenio para la Protección de los Derechos Humanos y de las Libertades Fundamentales, (París, 20 de marzo de 1952), en su artículo 2, bajo el rótulo *Derecho a la instrucción*, establece: "A nadie se le puede negar el derecho a la instrucción. El Estado, en el ejercicio de las funciones que asuma en el campo de la educación y de la enseñanza, respetará el derecho de los padres a asegurar esta educación y esta enseñanza conforme a sus convicciones religiosas y filosóficas".

456 Decisión 8741/79, en el Caso X *vs.* República Federal de Alemania, en *Decisions and Reports of the European Comission of Human Right*, 24, p. 137.

457 Sentencia del TEDH en el caso *Campbell* y *Cosans vs.* Reino Unido, del 25 de febrero de 1982.

458 Cfr. Martín Sánchez, I., *La recepción por el Tribunal Constitucional Español de la jurisprudencia sobre el Convenio Europeo de Derechos Humanos respecto de las libertades de conciencia, religiosa y de enseñanza*, *op. cit.*, p. 21.

Otro artículo a tener en cuenta, en lo referente al reconocimiento jurídico de las convicciones, es el artículo 14 del CEDH[459]. Conviene recordar que este artículo no tiene existencia propia, sino que debe ser invocado en relación con algún derecho o libertad regulados en el CEDH o en el PACEDH. De ahí lo manifestado por F.G. JACOBS y R.C.A. WHITE, quienes consideraron que nunca podrá existir una violación del artículo 14 de forma aislada[460].

El artículo 14 del CEDH prohíbe cualquier tipo de discriminación en el disfrute de los derechos y libertades en él reconocidos por diferentes causas, enumeradas sin carácter exhaustivo, entre las que menciona la religión, las opiniones políticas u otras. Como puede apreciar, el presente artículo refuerza el respeto de los derechos garantizados en el CEDH y comporta, en el caso que se estudia, la prohibición de discriminación por el hecho de tener una convicción o religión, por abandonarla o cambiarla, o por no tener ninguna[461].

De ello se desprende que, el artículo 14 no prohíbe toda discriminación, sino solo aquellas que son discriminatorias por carecer de una justificación objetiva y razonable. Por lo que un tratamiento diferenciado solo será admisible cuando persiga un fin legítimo y exista una relación razonable de proporcionalidad entre los medios empleados y el fin perseguido[462].

2.1.2. Otras normativas del Consejo de Europa

Dentro del marco del Consejo de Europa, el CEDH constituye la norma más importante para la protección de las convicciones. No

---

459 Artículo 14 del CEDH: "El goce de los derechos y libertades reconocidos en el presente Convenio ha de ser asegurado sin distinción alguna, especialmente por razones de sexo, raza, color, lengua, religión, opiniones políticas u otras, origen nacional o social, pertenencia a una minoría nacional, fortuna, nacimiento o cualquier otra situación".

460 Cfr. JACOBS, F.G., WHITE, R.C.A., *The European Convention on Human Right*, Oxford University Press, Oxford, 2006, p. 886.

461 Cfr. MORVIDUCCI, C., "La protezione della libertà religiosa nel sistema del Consiglio D'Europa", *op. cit.*, p. 51.

462 Cfr. MARTÍN SÁNCHEZ, I., *La recepción por el Tribunal Constitucional Español de la jurisprudencia sobre el Convenio Europeo de Derechos Humanos respecto de las libertades de conciencia, religiosa y de enseñanza*, *op. cit.*, p. 27.

obstante, también existen otras. A continuación, se mencionarán las Resoluciones más importantes referentes al tema de estudio. Estas son:

a) La Resolución 337/1967
b) La Recomendación 478/1967
c) La Recomendación 816/1977
d) La Recomendación 8/1987
e) La Resolución 1763/2010
f) La Resolución 1928/2013

a) La Resolución 337/1967

La Resolución 337 de la Asamblea Consultiva del Consejo de Europa, de 26 de enero del 1967, constituye la primera norma de derecho internacional que reconoce el derecho a la objeción de conciencia al servicio militar y otorga a este derecho un contenido mínimo en cuanto a los principios sobre los cuales definirlo[463]. La principal aportación se basa en considerar que los objetores poseen un derecho personal a ser eximidos del servicio militar, considerando que dicho derecho se deriva de las libertades de pensamiento, conciencia y religión, reconocidos en el artículo 9 del CEDH[464]. En este sentido, dicho texto constituye la primera disposición legislativa que establece los elementos que debe poseer una convicción, como son: a) la profundidad; y b) el tipo o fundamento que puede tener (religioso, ético, moral, humanitario, filosófico, o de otro tipo). Al respecto, señala:

> "Las personas obligadas al servicio militar que, por motivos de conciencia, por razón de una convicción profunda de orden religioso, ético, moral, humanitario, filosófico o de otro tipo de la misma naturaleza, rehúsen cumplir el servicio armado, deben tener un derecho personal a ser dispensados de tal servicio"[465].

---

463 Ministerio de Justicia, *La objeción de conciencia y la prestación social sustitutoria en España*, Ministerio de Justicia, Madrid, 2001, p. 18.

464 Cfr. Navarro-Valls, R., Martínez-Torrón, J., *Conflictos entre conciencia y ley: las objeciones de conciencia*, *op. cit.*, p. 89.

465 Ministerio de Justicia, *La objeción de conciencia y la prestación social sustitutoria en España*, Ministerio de Justicia, Madrid, 2001, p. 18.

Además, de lo manifestado, la presente Resolución reviste importancia porque establece las normas reguladoras y las garantías que debe respetar el procedimiento de reconocimiento, así como las condiciones en que se debe realizar el servicio sustitutorio alternativo al servicio militar, equiparando los aspectos de duración, derechos económicos y sociales y la utilidad de las tareas a desarrollar por los objetores de conciencia[466]. Pese a sus limitaciones en algunos extremos, la Resolución 337/1967 ha continuado siendo la base de la línea que ha seguido el Consejo de Europa en este tema[467].

b) La Recomendación 478/1967468

El mismo 26 de enero de 1967, la Asamblea Consultiva del Consejo de Europa adoptaba también una Recomendación para el Comité de Ministros, con el fin de que tomara diversas medidas dirigidas a conseguir que todos los Estados miembros del Consejo de Europa reconocieran el derecho de objeción de conciencia al servicio militar y conformaran sus legislaciones respectivas a los principios establecidos en la Resolución 337/1967, acordada por la Asamblea en la misma fecha. Dicha recomendación tuvo una clara influencia en varios países europeos. En España, en concreto, en la Ley 48/1984, reguladora de la objeción de conciencia y de la prestación social sustitutoria[469].

c) La Recomendación 816/1977470

A pesar de sus limitaciones, la Resolución 337/1967 continuó siendo durante los siguientes diez años la base de los trabajos del Consejo

---

466 *Ibidem.*

467 Resulta interesante precisar que la Resolución 337/1967, fue fruto de la Recomendaciones 478/1967 y la Recomendación 816/1977.

468 Recomendación 478/1967 sobre el derecho de objeción de conciencia al servicio militar, de 26 de enero del 1967. [consultado 25 de julio 2016]. Disponible en: http://co-guide.info/es/interpretation/recomendaci%C3%B3n-478-1967-sobre-el-derecho-de-objeci%C3%B3n-de-conciencia-al-servicio-militar

469 Cfr. Navarro-Valls, R., Martínez-Torrón, J., *Conflictos entre conciencia y ley: las objeciones de conciencia*, *op. cit.*, p. 89.

470 Recomendación 816/1977 sobre el derecho de objeción de conciencia al servicio militar, de 6 de octubre de 1977.

de Europa en el tema de la objeción de conciencia. En 1977, la Asamblea Parlamentaria elaboró una nueva Recomendación específica sobre el tema de la objeción de conciencia. En ella se aconsejaba al Comité de Ministros que impulsara la introducción del derecho a la objeción de conciencia al servicio militar en el CEDH, y también se sugería que los distintos gobiernos nacionales acomodarán sus legislaciones a los principios emanados de la Asamblea, principios que se encontraban detallados en el apéndice, que recogía literalmente el contenido de la Resolución 337/1967[471].

d) La Recomendación 8/1987

Diez años después, el Comité de Ministros del Consejo de Europa, emitió la Recomendación 8/1987, del 9 de abril de 1987, en la que se instó a los países miembros a adecuar, en la medida en que aún no lo hubieran hecho, su derecho y prácticas nacionales a los principios que tenían vigencia en Europa sobre esa materia.

En relación con el tema de estudio, haciendo una comparación entre el texto de la Resolución 337/1967 y la que se está comentando, se observa que este texto presenta un solo principio básico: "Toda persona sujeta a la obligación del servicio militar que, por imperiosos motivos de conciencia, rehúse participar en prácticas armadas tiene derecho a ser dispensado de tal servicio en las condiciones que indican. Pueden ser obligadas a cumplir el servicio sustitutorio"[472].

Además, en él se continúa reconociendo un derecho a la exención del servicio militar por razón de la objeción de conciencia individual, pero desaparece la enumeración de los motivos (religiosos, éticos, morales, etc.) que podían sustentar una objeción de conciencia considerada legítima. Se introduce el calificativo "apremiante" para definir las razones de conciencia que justifican una objeción, calificación que ha de entenderse en el sentido de imposibilidad de resistir, con toda

---

471 Cfr. Navarro-Valls, R., Martínez-Torrón, J., *Conflictos entre conciencia y ley: las objeciones de conciencia*, *op. cit.*, p. 90.

472 Principio básico 1 de la Recomendación 8/87, de 9 de abril de 1987, en Ministerio de Justicia, *La objeción de conciencia y la prestación social sustitutoria en España*, *op. cit.*, p. 19.

la ambigüedad que esta expresión conlleva. En este sentido, R. NAVARRO-VALLS y J. MARTÍNEZ-TORRÓN sostienen que:

> "(...) el punto clave no radica en una supuesta imposibilidad de resistir, sino en la determinación de que las convicciones que se alegan para obtener el *status* de objetor son auténticas convicciones de *conciencia:* es decir, convicciones que poseen para la persona el rango de suprema instancia normativa, de manera que ir contra ella supone ir contra el ámbito más íntimo de su personalidad"[473].

Como se aprecia en el comentario, lo que se requiere es la existencia de auténticas convicciones de conciencia, es decir, que se trate de principios que constituyan normas de vida de para el objetor.

e) La Resolución 1763/2010

La Resolución 1763/2010, denominada "Del derecho a la objeción de conciencia en la asistencia médica legal", fue emitida el 7 de octubre del 2010. En dicha Resolución se otorgaba el derecho de objeción de conciencia a las personas jurídicas (instituciones u hospitales), en los supuestos en que, por razones de conciencia, se negaban a participar en actividades abortivas o de eutanasia, o en aquellas en dónde se ponía en riesgo la vida o la salud del embrión[474]. Además, en el mismo documento se anima a que los Estados miembros garanticen una adecuada regulación legal sobre objeción de conciencia[475].

---

473 NAVARRO-VALLS, R., MARTÍNEZ-TORRÓN, J., *Conflictos entre conciencia y ley: las objeciones de conciencia*, *op. cit.*, p. 92. Para una mayor profundización en el tema, vid. NAVARRO-VALLS, R., MARTÍNEZ-TORRÓN, J., *Conflictos entre conciencia y ley: las objeciones de conciencia*, *op. cit.*; MARTÍN SÁNCHEZ, I., *La recepción por el Tribunal Constitucional Español de la jurisprudencia sobre el Convenio Europeo de Derechos Humanos respecto de las libertades de conciencia, religiosa y de enseñanza*, *op. cit.*, pp. 31-35; MINISTERIO DE JUSTICIA, *La objeción de conciencia y la prestación social sustitutoria en España*, Ministerio de Justicia, *op. cit.*, pp. 17 y ss; GÓMEZ ABEJA, L., *Las objeciones de conciencia*, *op. cit.*, pp. 109-110.

474 Resolución 1763/2010, Fundamento Jurídico número 1.

475 Resolución 1763/2010, Fundamentos jurídicos 2 y 3.

f) La Resolución 1928/2013

La Resolución 1928/2013[476] sobre "Protección de los derechos humanos en relación con la religión y las creencias y la protección de las comunidades religiosas de la violencia" fue emitida el 24 de abril del 2013. En ella, el Parlamento Europeo recuerda a los Estados miembros que en una sociedad democrática las libertades de religión y conciencia solo pueden ser limitadas con carácter excepcional. Anima a que los Estados regulen el derecho a la objeción de conciencia, definiéndolo con precisión, al menos en lo que se refiere a materias moralmente sensibles, como la realización del servicio militar obligatorio, los dilemas propios del ámbito sanitario (aborto, eutanasia, etc.) o educativo. De ahí, que el numeral 9.10 de la Resolución establezca:

> "ensure the right to well-defined conscientious objection in relation to morally sensitive matters, such as military service or other services related to health-care and education, in line also with various recommendations already adopted by the Assembly, provided that the rights of others to be free from discrimination are respected and that the access to lawful services is guaranteed"[477].

Como puede apreciarse, la presente Resolución insta a que los Estados miembros, a través de sus normas, protejan la conciencia del personal sanitario y educativo, mediante la objeción de conciencia. No obstante, como sostiene M. Albert, este reconocimiento se hace con limitaciones que afectan al contenido esencial de la objeción de conciencia. Así, resulta que la propia Resolución establece la existencia del derecho a la objeción de conciencia siempre que dicha objeción se encuentre "bien definida". Ello parece remitir a la necesidad de una previa delimitación o "tasación" de los supuestos en los que se reconocería la objeción de conciencia, algo que iría en contra de la propia esencia de esta institución.

Por otro lado, el mismo documento condiciona la existencia del derecho de objeción de conciencia de los profesionales sanitarios a la garantía de las prestaciones sanitarias, entendidas estas como el acceso al aborto y a la eutanasia (en los países en los que esta práctica

---

476 Resolución 1928/2013 denominada *Safeguarding human rights in relation to religion and belief and protecting religious communities from violence.*

477 Resolución 1928/2013, artículo 9.10.

es legal). Se entiende por ello que, si estas condiciones no se dan, se estaría discriminando a aquellas personas que desean "acceder a la prestación sanitaria", en el sentido de que se verían obligadas, por ejemplo, a trasladarse a otra ciudad donde la existencia de profesionales no objetores pudiera garantizar la prestación[478].

En definitiva, el derecho a la objeción de conciencia estará condicionado por el hecho de que realmente se preste el servicio. De ahí que R. Moreno afirme que el objetor preferirá que nadie comparta sus ideas, pues solo así verá garantizado su derecho[479]. Como se puede advertir, ello plantea un serio problema, ya que, si se produjeran objeciones masivas, no se podría ejercer la objeción de conciencia. De ello se deduce la inadecuación de una normativa que subordina el ejercicio del derecho al número de objetores existentes.

2.1.3. Las convicciones en el Tribunal Europeo de Derechos Humanos

Antes de iniciar el estudio de las convicciones en el TEDH, conviene apuntar algunas nociones sobre el origen y desarrollo de este Tribunal, al objeto de situar en su contexto los pronunciamientos que analizaremos a continuación.

El CEDH contaba, en su origen, con un sistema de garantías, cuya finalidad era asegurar el respeto de los derechos y libertades que en él se contienen. Dicho sistema estaba conformado por dos órganos jurisdiccionales -la Comisión y el TEDH- y por un órgano político, denominado Comité de Ministros, dotado de funciones decisorias y de vigilancia respecto de la ejecución de las STEDH. Con la entrada en vigor del PACEDH número 11, del 11 de mayo de 1994, el sistema suprimió la Comisión y atribuyó al TEDH, con carácter exclusivo, la competencia para la admisión y la decisión sobre las demandas presentadas, así como para el establecimiento de acuerdos amistosos y la emisión de opiniones consultivas. Por su parte, el Comité de Ministros vio limitadas sus funciones a la supervisión de la ejecución de

---

478 Cfr. Albert Márquez, M., *Libertad de conciencia: el derecho a la búsqueda personal de la verdad*, *op. cit.*, p. 89.

479 Cfr. Moreno Rangel, C. U., *La objeción de conciencia y su aplicación al supuesto de aborto*, Editorial Dykinson, Madrid, 2010.

las Sentencias dictadas por el TEDH. En relación a la competencia del Tribunal, ésta comprende todos los asuntos relativos a la interpretación y la aplicación del CEDH y de sus Protocolos[480]. Por último, conviene precisar que los pronunciamientos del TEDH tienen tres características: a) su obligatoriedad para las partes afectadas; b) el carácter definitivo de sus resoluciones y c) su ejecutoriedad[481].

En lo que al tema de estudio respecta, el artículo fundamental es el 9. Su tenor literal es el siguiente:

> "Artículo 9. Libertad de pensamiento, de conciencia y de religión
>
> 1. Toda persona tiene derecho a la libertad de pensamiento, de conciencia y de religión; este derecho implica la libertad de cambiar de religión o de convicciones, así como la libertad de manifestar su religión o sus convicciones individual o colectivamente, en público o en privado, por medio del culto, la enseñanza, las prácticas y la observancia de los ritos.
>
> 2. La libertad de manifestar su religión o sus convicciones no puede ser objeto de más restricciones que las que, previstas por la ley, constituyan medidas necesarias, en una sociedad democrática, para la seguridad pública, la protección del orden, de la salud o de la moral pública, o la protección de los derechos o las libertades de los demás"[482].

El TEDH, en sus diversas resoluciones, ha aportado algunos criterios sobre el significado del término "convicciones", sin que dicho vocablo haya quedado totalmente clarificado o definido[483]. Por ello, a continuación, y siguiendo un orden cronológico, analizaremos los pronunciamientos jurisprudenciales que consideramos más relevantes para el objeto de nuestro estudio. Los límites de este trabajo nos impiden recoger todas las Resoluciones del TEDH, por lo que optaremos por los más ilustrativos para el objeto de estudio.

---

480 Cfr. Martín Sánchez, I., *La recepción por el Tribunal Constitucional Español de la jurisprudencia sobre el Convenio Europeo de Derechos Humanos respecto de las libertades de conciencia, religiosa y de enseñanza*, *op. cit.*, pp. 35-41.

481 Cfr. Ruiz Miguel, C., *La ejecución de las sentencias del Tribunal Europeo de Derechos Humanos: un estudio sobre la relación entre el derecho nacional y el internacional*, Tecnos, Madrid, 1997, p. 29.

482 Artículo 9 de la CEDH.

483 Cfr. Celador Angón, O., *Libertad de conciencia y Europa: un estudio sobre las tradiciones constitucionales comunes y el Convenio Europeo de Derechos Humanos*, Dykinson, Madrid, 2011, pp. 114-117.

a) Caso Campbell y Caso Cosans vs. Reino Unido

En los casos *Campbell* y *Cosans* se presentaron dos demandas ante el TEDH de dos madres de familia, que se oponían a que sus hijos fueran sancionados con castigos físicos, de uso común, como medidas disciplinarias en las escuelas públicas de Escocia. En el caso *Campbell* nunca se llegaron a producir dichos castigos físicos, pero el Colegio se había negado a garantizar la inexistencia de los mismos. La situación en el caso *Cosans* era distinta: al niño se le había convocado en el despacho del subdirector para recibir un castigo físico. El alumno, siguiendo las indicaciones de sus padres, se había negado a acudir, lo que tuvo como consecuencia la suspensión definitiva del Colegio.

El TEDH, mediante Sentencia de 25 de febrero de 1982, descartó que las sanciones constituyeran vulneración del artículo 3 CEDH, el cual hace referencia al "trato inhumano y degradante"[484]. Sin embargo, consideró que sí hubo violación del artículo 2 del PACEDH[485]. En primer lugar, consideró que había concurrido falta de respeto a las convicciones filosóficas de los padres. Por otro lado, sostuvo que el término convicciones, al que hacen referencia tanto el artículo 9 del CEDH como el artículo 2 del PACEDH, no puede ser interpretado como sinónimo de "opiniones" o "ideas", ya que estas últimas forman parte del ámbito de protección del derecho a la libertad de pensamiento, regulado en el artículo 10 del CEDH[486].

Por el contrario, el término convicción "se aplica a los convencimientos que alcanzan un elevado grado de obligatoriedad, seriedad, de coherencia y de importancia, y que merecen respeto en una sociedad democrática, no siendo incompatibles con la dignidad de la

---

484 Artículo 3 del CEDH. *Prohibición de la tortura.* "Nadie podrá ser sometido a tortura ni a penas o tratos inhumanos o degradantes".

485 Artículo 2 del CEDH. *Derecho a la instrucción.* "A nadie se le puede negar el derecho a la instrucción. El Estado, en el ejercicio de las funciones que asuma en el campo de la educación y de la enseñanza, respetará el derecho de los padres a asegurar esta educación y esta enseñanza conforme a sus convicciones religiosas y filosóficas".

486 STEDH del caso *Campbell* y *Cosans vs.* Reino Unido del 25 de febrero de 1982, Fundamento Jurídico número 36. [consultado 22 de mayo 2016]. Disponible en: http://ocw.uc3m.es/derecho-eclesiastico-del-estado/derecho-y-religion-en europa/sentencias-1/escuela-y-libertad-de-conciencia/Campbell_y_Cosans.pdf

persona (...)[487]. Tales afirmaciones las realizó el TEDH en relación con las convicciones filosóficas. No obstante, en la misma Sentencia se establece que tal interpretación es extensible también a lo dispuesto en el artículo 9 del CEDH, en lo referente a otro tipo de convicciones, como las religiosas[488]. Como puede apreciarse, esta Sentencia supone un notorio avance en lo que se refiere a la protección jurídica de las convicciones[489].

b) Caso Kokkinakis vs. Grecia

En el presente caso, los esposos *Kokkinakis*, Testigos de Jehová, fueron demandados por una pareja ortodoxa de la ciudad de Sitia (Grecia). Ellos alegaron que los esposos *Kokkinakis* habían acudido a su domicilio para hacer proselitismo, considerando que esta actuación implicaba una intromisión en las convicciones religiosas de los cristianos ortodoxos. La Sentencia absolvió a la Sra *Kokkinakis* y condenó al Sr. *Kokkinakis*. Como resultado se absolvió a la Sra *Kokkinakis* y se confirmó la culpabilidad del Sr. *Kokkinakis*.

En razón de lo anterior, el Sr. *Kokkinakis* acudió al TEDH, alegando que su condena por proselitismo era contraria a los artículos 7, 9 y 10 del CEDH, así como al artículo 14 en relación con el artículo 9. El TEDH se pronunció mediante Sentencia de 25 de mayo de 1993[490]. Estableció una diferencia entre el testimonio cristiano y el proselitismo abusivo. En relación al primero, consideró que se trataba de una

---

487 STEDH, caso *Campbell* y *Cosans*, Fundamento Jurídico número 36, *ibidem*. Asimismo, puede consultarse la STEDH del caso *Efstratiou vs.* Grecia, del 18 de diciembre de 1996.

488 Vid. un estudio más detallado en NAVARRO-VALLS, R., MARTÍNEZ-TORRÓN, J., *Conflictos entre conciencia y ley: las objeciones de conciencia*, *op. cit.*, pp. 274-277.

489 Puede recordarse aquí lo señalado al inicio del capítulo, esto es, que las convicciones para ser protegidas deben cumplir siempre tres requisitos: a) proceder de un sistema de pensamiento estructurado, coherente y sincero; b) implicar un valor esencial para un Estado de Derecho; c) existencia de una mínima lesión para el bien común.

490 STEDH del Caso *Kokkinakis vs.* Grecia, de 25 de mayo de 1993, en el Instituto de Derecho Público, (http://idpbarcelona.net/docs/actividades/seminarioddff/caso_kokkinakis.pdf: 22 de mayo de 2016), Fundamento Jurídico número 31, pp. 9-10.

verdadera evangelización, mientras que el segundo representaba la corrupción o deformación del primero, lo cual constituye una forma de conseguir adeptos con medios no adecuados, como ventajas, presiones o violencia[491].

Afirmó que "la lectura del artículo 4 de la Ley nº 1363/1938 revela que los criterios adoptados en materia de proselitismo por el legislador griego pueden considerarse aceptables, en la medida en que sólo pretenden reprimir el proselitismo abusivo, cuya definición en abstracto no se impone en este caso"[492].

Por otro lado, el TEDH sostuvo que ninguno de los hechos alegados permitía comprobar el uso de medios abusivos para convencer a los demandantes. Por lo tanto, no quedaba demostrado que la condena al demandante estuviera justificada por una necesidad imperiosa. Además, manifiestó que "la medida incriminatoria no parece proporcionada al fin legítimo perseguido, ni, por tanto, necesaria "en una sociedad democrática"[493] para la "protección de los derechos y libertades de los demás"[494]. Y en líneas anteriores, el propio TEDH había afirmado que la libertad de pensamiento, de conciencia y religión representaba uno de los fundamentos de una sociedad democrática y era uno de los elementos más esenciales de la identidad de los creyentes y de su concepción de la vida[495]. Y continuaba: "Pero también es un bien precioso para los ateos, los agnósticos, los escépticos o los indiferentes. Es una manifestación del pluralismo, claramente conquistado en el curso de siglos, consubstancial a nuestra sociedad"[496].

Por ello, entendía que poseer convicciones no es solo algo propio de los creyentes, sino de todo ser humano. De tal forma que "en los términos del artículo 9, la libertad de manifestar la religión no se ejerce únicamente de manera colectiva, "en público" y en el círculo de los que comparten la misma fe; sino también "individualmente" y "en privado"; implica, en principio, el derecho de intentar convencer al prójimo, por ejemplo por medio de una "enseñanza", sin que "la

---

491 *Ibidem*. Fundamento Jurídico número 48.
492 *Ibidem*.
493 *Ibidem*. Fundamento Jurídico número 10
494 *Ibidem*. Fundamento Jurídico número 49.
495 *Ibidem*. Fundamento Jurídico número 31.
496 *Ibidem*.

libertad de cambiar de religión o de convicción" consagrada por el artículo 9, tenga que quedar en letra muerta"[497], como se percibe de dicho texto el Sr. *Kokkinakis* hizo uso de su libertad de manifestar su religión. En definitiva, y en razón de todo lo manifestado, el TEDH concluyó afirmando que existía violación del artículo 9 del CEDH[498].

c) Caso Efstratiou vs. Grecia y Caso Valsamis vs. Grecia

El texto de las Sentencias de los casos *Efstratiou vs.* Grecia y *Valsamis vs.* Grecia, ambas del 18 de diciembre de 1996, es casi idéntico. En ambos supuestos se trataba de dos estudiantes griegas de educación secundaria, Testigos de Jehová. Las dos solicitaron, por motivos de conciencia, ser exceptuadas de participar en los desfiles escolares organizados en el día de fiesta nacional, en conmemoración del 28 de octubre de 1940 -fecha en que la Italia fascista declaró la guerra a Grecia-. Las dos estudiantes alegaban que su conciencia religiosa, de netas convicciones pacifistas, les impedía participar en celebraciones cívicas que les recordaban una guerra, y en las que estaban presentes autoridades militares y eclesiásticas. Dicha petición fue denegada y su ausencia fue sancionada con la expulsión por un día del Colegio. Las familias *Efstratiou* y *Valsamis* demandaron al Colegio ante el TEDH, alegando vulneración del artículo 9 del CEDH, del artículo 2 del PA-CEDH y otras disposiciones legales.

El TEDH, apelando a la doctrina de la Comisión Europea, señaló que "el artículo 9 [CEDH] no confiere el derecho a la excepción de normas disciplinarias que se aplican de manera general y neutral"[499]. Afirmó que, en el caso de estudio, no existe injerencia alguna en la libertad del demandante para manifestar sus convicciones, interpretando de forma restrictiva el artículo 9 del CEDH. Ello es debido a que, al igual que la obligación del saludo a la bandera, la participación en el desfile patriótico constituye una manifestación de ideas por

---

497 *Ibidem.*

498 *Ibidem.* Fundamento Jurídico número 50.

499 Sentencia del TEDH en el Caso *Valsamis vs.* Grecia el 18 de diciembre de 1996, Fundamentos Jurídicos 31 y 37. Sentencia del TEDH en el caso *Efstratiou vs.* Grecia el 18 de diciembre de 1996. Fundamentos Jurídicos 32 y 38.

encima de las convicciones personales de los ciudadanos[500]. Además, en las dos Sentencias el TEDH sostuvo que los desfiles en los que los Testigos de Jehová no querían participar eran meros actos cívicos, sin ninguna particular connotación política e ideológica, concluyendo que dicho acto no podía ofender las convicciones de estas personas[501].

De la lectura de estos pronunciamientos puede deducirse que el TEDH se erigió en juez de las conciencias de los ciudadanos, distinguiendo entre convicciones sensatas y razonables y las que no lo son. Obviamente, como se ha explicado en líneas anteriores, se debe verificar la sinceridad de la convicción, a fin de evitar la invocación fraudulenta, que tiene como finalidad el incumplimiento de un deber legal. Por ello, se requiere un cierto control, comprobando que la convicción que se alega sea sincera, no trivial y coherente[502], logrando así que el Estado mantenga una adecuada neutralidad ética. No obstante, cuestión distinta es que el TEDH se erija en árbitro y juez de las convicciones personales. En este sentido, R. NAVARRO-VALLS y J. MARTÍNEZ-TORRÓN comentando la citada STEDH, afirman que:

> "La razón por que debe respetarse la libertad de cada conciencia individual no es el hecho de que sea objetivamente correcta: los tribunales tendrían entonces que juzgar la verdad de las creencias [o convicciones] alegadas, como una suerte de nueva Inquisición. La libertad de conciencia ha de ser respetada porque se le considera un ámbito fundamental de la autonomía individual en las sociedades democráticas, y por consiguiente el ordenamiento jurídico ha determinado que nadie puede interferir en la conciencia de la persona mientras no se pongan en peligro otros intereses jurídicos superiores"[503].

En esta línea, se entiende que la libertad de conciencia protege el derecho a elegir las verdades en las que uno está dispuesto a creer. Se comprende entonces que el artículo 9.2 CEDH establezca que el

---

500 Cfr. NAVARRO-VALLS, R., MARTÍNEZ-TORRÓN, J., *Conflictos entre conciencia y ley: las objeciones de conciencia*, *op. cit.*, p. 255.

501 Sentencia del TEDH en el caso *Valsamis vs.* Grecia, del 18 de diciembre de 1996. Fundamento Jurídico número 36; Sentencia del TEDH en el caso *Efstratiou vs.* Grecia, del 18 de diciembre de 1996. Fundamento Jurídico número 37.

502 Este punto ha sido desarrollado en el apartado 1.4 del capítulo II.

503 NAVARRO-VALLS, R., MARTÍNEZ-TORRÓN, J., *Conflictos entre conciencia y ley: las objeciones de conciencia*, *op. cit.*, p. 257.

Estado pueda restringir el ejercicio de esa libertad, pero únicamente cuando resulte absolutamente necesario en una sociedad democrática.

d) Caso Bayatyan vs. Armenia

Otra contribución destacable en relación con el tema de estudio es la STEDH pronunciada en el caso *Bayatyan vs.* Armenia, de 7 de julio de 2011. Los hechos fueron los siguientes: un objetor, testigo de Jehová, fue condenado por negarse a realizar el servicio militar en su país. Dada esta situación, interpuso la correspondiente demanda ante el TEDH, con fundamento en el artículo 9 del CEDH, sobre la base de la existencia de "una convicción o creencia de suficiente imperatividad, gravedad, coherencia e importancia"[504]. En dicha demanda solicitaba que se actualizara la línea jurisprudencial que se había seguido hasta la fecha en relación al artículo 9 del CEDH, bajo el argumento de que la Convención es un *instrumento viviente.*

En una primera instancia, aunque la Corte admitió que la Convención es un instrumento que tiene que ser interpretado a la luz de las condiciones de vida actual, negó que hubiera lugar a revisar la jurisprudencia existente.

En relación con esta STEDH, interesa tener en cuenta dos datos: por un lado, se sostiene que el artículo 9 del CEDH protege la libertad de conciencia cuando se produce un conflicto grave e ineludible con obligaciones derivadas de una ley neutral, sobre la base de una "una convicción o creencia de suficiente imperatividad, gravedad, coherencia e importancia"[505]. En segundo lugar, se entiende que una restricción de la libertad de conciencia en esos casos no puede considerarse necesaria en una sociedad democrática cuando existen otras maneras de conciliar los respectivos intereses contrapuestos del legislador y del objetor[506].

Lo afirmado permite pensar que, pese a que estos argumentos fueron alegados en el presente caso, que se refería a un supuesto de ob-

---

504 Sentencia TEDH (Gran Sala), Caso *Bayatyan vs.* Armenia, de 7 de julio de 2011, (versión inglesa) (RI §410670),

505 *Ibidem.*

506 *Ibidem.*

jeción de conciencia al servicio militar, no cabe duda de que también pueden ser aplicables a los demás tipos de conflictos entre una ley neutral[507] y la conciencia individual, siempre que se trate de deberes que tengan su raíz en una convicción lo suficientemente imperativa, grave, coherente e importante[508].

Como sostienen J. Martínez-Torrón y R. Navarro-Valls, resultaría poco lógico que este razonamiento solo fuera aplicable a las objeciones relativas al servicio militar, y no a todas aquellas que cumplan con los estándares del artículo 9 CEDH[509]. Actuar de modo diferente se configuraría como un atentando contra la neutralidad ética que debe guardar todo Estado. Ello es debido a que, como se viene señalando, la autoridad civil no es competente para formular juicios de valor sobre las creencias de las personas y sobre sus modos de expresarlas, y menos aún el TEDH[510].

e) Caso Eweida y otros vs. Reino Unido

Para la cuestión que se estudia también es destacable la STEDH pronunciada en el caso *Eweida y otros vs.* Reino Unido, de 27 de mayo del 2013. En ella se resolvieron cuatro demandas distintas, cuyo contenido podría ser agrupado en dos temas fundamentales: a) la compatibilidad de los signos religiosos con el vestuario laboral (demandas de la Sra. *Eweida* y de la Sra. *Chaplin*); y b) el reconocimiento de la objeción de conciencia frente a actuaciones que implican una equiparación de las uniones del mismo sexo al matrimonio heterosexual (demandas de la Sra. *Ladele* y del Sr. *McFarlane*). Las señoras

---

507 Término adoptado por J. Martínez-Torrón y R. Navarro-Valls para referirse a aquellas normas cuyo cumplimiento obligado, por su propia naturaleza pueden poner en riesgo la conciencia de los ciudadanos, por lo que los profesores en mención consideran que "(...) la tutela de la objeción de conciencia es, sobre todo, un problema de sensibilidad jurídica", Navarro-Valls, R., Martínez-Torrón, J., *Conflictos entre conciencia y ley: las objeciones de conciencia*, *op. cit.*, p. 69. Más sobre esta cuestión, vid. pp. 54 y 105.

508 Cfr. Navarro-Valls, R., Martínez-Torrón, J., *Conflictos entre conciencia y ley: las objeciones de conciencia*, *op. cit.*, p. 105.

509 *Ibidem.*

510 Cfr. Rossell, J., "La ley orgánica de libertad religiosa española y su posible reforma: ¿hacia el modelo de ley de libertad religiosa portugués?", en *Revista General de Derecho Canónico y Derecho Eclesiástica del Estado*, 19 (2009).

Eweida, Chaplin y el señor *McFarlane* basaron su demanda en la vulneración del artículo 9 del CEDH, aisladamente y en relación con el artículo 14 del mismo texto normativo. Por su parte, la señora *Ladele* alegó infracción del artículo 14 CEDH, también en relación con el artículo 9 del mismo Convenio.

Las señoras *Eweida y Chaplin* denunciaban que las empresas donde trabajaban les estaban imponiendo limitaciones por llevar una cruz visible alrededor del cuello, tanto en la aerolínea, donde laboraba la primera, como en el hospital de ancianos, donde estaba contratada la segunda. Frente a ello, solicitaban en su demanda el reconocimiento de su derecho a la libertad religiosa, en lo referente al uso de símbolos religiosos

Por su parte, la señora *Ladele* y el señor *McFarlane* alegaron sanciones impuestas por sus superiores como resultado de su objeción a llevar a cabo tareas que implicaban reconocer legalmente las uniones homosexuales. En concreto, la señora *Ladele* comenzó a trabajar en la Administración pública en 1992. En 2002 se convirtió en registradora de nacimientos, defunciones y matrimonios. Entre las labores para las que fue contratada no se incluía el oficiar en ceremonias de uniones civiles de parejas del mismo sexo. Sin embargo, a partir del 2004 entró en vigencia el *Civil Partnership Act*, que regulaba este tipo de uniones. Ante esta nueva normativa, en muchos casos se respetó la libertad religiosa y de conciencia de los trabajadores, reconociéndose la posibilidad de quedar exentos de oficiar dichas ceremonias cuando surgiera un conflicto con las convicciones religiosas, morales, ideológicas, etc., de la persona.

No obstante, en el lugar en el que trabajaba la señora *L. Ladele,* Islington (municipio de Londres), no se reconoció esta alternativa, sino que se obligó a todos los funcionarios a oficiar uniones del mismo sexo. La razón que se alegó fue que se había aprobado un documento, denominado *Dignity for all,* en el que se imponía una política antidiscriminatoria en todos los aspectos de la vida social. No obstante, como se podrá advertir, el municipio londinense de Islington, en lugar de practicar la tolerancia y la "dignidad para todos" que predicaba, lo que siguió fue una línea impositiva y discriminatoria en relación con los ciudadanos discrepantes con dicho documento.

L. Ladele solicitó su objeción de conciencia a la celebración de estas uniones civiles, por considerarlas contrarias a sus creencias religiosas. Frente a ello, dos compañeros de trabajo homosexuales denunciaron su conducta, por considerarla homofóbica e intolerable. Como consecuencia, la señora *Ladele* fue despedida. Tras su despido, interpuso la correspondiente demanda ante el Tribunal de Trabajo, que resolvió en su favor. Sin embargo, la sentencia se recurrió ante el Tribunal de Apelación, que resolvió favorablemente al Ayuntamiento, basándose en la consideración de la legitimidad de la política plasmada en el documento *Dignity for all.* Además, sostuvo que cuando lo que está en discusión son temas de orientación sexual, para discrepar de ellos se deben aportar razones de peso, y en este caso concreto dichas razones no existían[511]. Al respecto, M. ALBERT argumenta que:

> "(...) presenciamos una clarísima discriminación por razón de conciencia, que es lo mismo que la destrucción progresiva del derecho a la libertad de conciencia que, por su propia naturaleza y, en cuanto derecho, está al servicio de las conciencias disidentes, no de las que juzgan y deciden conforme a los valores dominantes. En nombre de la no discriminación todo parece estar permitido, incluso la discriminación misma"[512].

Por su parte, el señor *McFarlane* objetó con relación al desempeño de un trabajo de consejería sexual para parejas del mismo sexo, alegando dudas sobre su aptitud para aplicar el mismo tratamiento llevado a cabo habitualmente con parejas heterosexuales. Con este fundamento, en su demanda solicitaba que se le reconociera el derecho a la objeción de conciencia.

La STEDH, de 27 de mayo del 2013, solo admitió vulneración del derecho a la libertad de conciencia y religión sufrida por la señora *Eweida.* Con respecto a la demanda de la señora *Chaplin,* el TEDH justificó su resolución negativa alegando que la prohibición de llevar la cruz o signos religiosos respondía a motivos sanitarios y de seguridad necesarios para los empleados de un hospital.

---

511 Caso *Eweida y otros vs.* Reino Unido, del 27 de mayo del 2013 (resolviendo la apelación del 15 de enero del 2013), Párrafo 105. [consultado 30 de mayo 2016]. Disponible en: http://eu.vlex.com/vid/case-and-others-the-united-kingdom-415012074

512 ALBERT MÁRQUEZ, M., *Libertad de conciencia: el derecho a la búsqueda personal de la verdad*, *op. cit.*, pp. 159-162.

En relación con los dos restantes casos, el de la señora *Ladele* y el del señor *McFarlane*, el TEDH también desestimó las demandas, afirmando que en el caso de reconocer la negativa a actuar solicitada, se estarían vulnerando derechos de terceros.

En concreto, en el caso *G. McFarlane* no se reconoció el derecho a la objeción de conciencia, alegándose que en la empresa *Relate Avon Ltd*, donde trabajaba el demandante, existía un "Código de Ética y buenas prácticas". En él se requería de cada trabajador "el respeto del derecho de autodeterminación de sus clientes, especialmente en los aspectos referidos a su religión, raza, sexo, edad, creencia, discapacidad u orientación sexual"[513]. El señor *G. McFarlane* había alegado que él conocía la política de la empresa. Pero que, no obstante, su despido no se debió a haberse opuesto a realizar algunos de los actos que él consideraba contrarios a sus convicciones, sino que, como ya se ha indicado, tuvo su origen en un comentario acerca de sus dudas sobre su capacidad para aplicar a parejas del mismo sexo el mismo tratamiento llevado a cabo habitualmente a parejas heterosexuales. Este extremo no se tuvo en cuenta ni en la Sentencia, ni en el voto particular que efectuó el Magistrado De Gaetano[514].

Analizando la referida STEDH, llama la atención el hecho de que el TEDH no distinga entre el derecho a la libertad religiosa y el derecho a la objeción de conciencia. No obstante, en su voto particular, los Magistrados De Gaetano y Vučinič, sí que lo hicieron. Afirmaron que:

> "(...) ambos derechos difieren y lo hacen, entre otros motivos, en razón de la diversa naturaleza de las prescripciones que provienen de la religión y las que provienen del juicio de la razón práctica"[515].

Los deberes derivados de las convicciones religiosas, como pueden ser, por ejemplo, los de no comer carne de cerdo, asistir a la misa los domingos, o no trabajar los sábados, entre otros, se encuentran claramente ubicados en el artículo 9 apartado 2 del CEDH. Sin embargo, aquellas convicciones basadas en el juicio de la razón práctica,

---

513 *Ibidem*.

514 *Ibidem*, pp. 158-59.

515 Citado en Albert Márquez, M., *Libertad de conciencia: el derecho a la búsqueda personal de la verdad*, *op. cit.*, p. 158.

es decir, de la conciencia, no se ajustan a los límites establecidos por una religión. Y sobre ello recae la obligación del Estado de garantizar el respeto a las convicciones, independientemente de cual sea su naturaleza[516].

f) Caso Pichon y Sajous vs. Francia

Conviene mencionar el caso *Pichon* y *Sajous vs.* Francia. Los demandantes eran dos farmacéuticos franceses de una pequeña población próxima a Burdeos, que se negaron a vender productos contraceptivos a tres mujeres que se los solicitaron previa presentación de receta médica. Denunciados por las mujeres, fueron condenados por la jurisdicción francesa a 5.000 francos de multa y 1.000 francos de indemnización a las denunciantes.

El Tribunal francés basó su resolución en que la farmacia de los demandados era la única farmacia del pueblo. Posteriormente, la Corte de Casación confirmó la condena, sosteniendo que "las convicciones personales no constituían motivo legítimo para que un farmacéutico se negara a vender un medicamento"[517]. Los farmacéuticos condenados recurrieron dicha resolución ante el TEDH, invocando el artículo 9 del CEDH. Finalmente, el TEDH, mediante Resolución del 2 octubre del 2001[518], denegó la objeción de conciencia farmacéutica. Declaró inadmisible, por "manifiestamente infundado", el recurso de los farmacéuticos, argumentando que "la libertad que reconoce el artículo 9 del CEDH no garantiza la posibilidad de comportarse en cualquier situación, dentro del ámbito público, como dictan las convicciones personales"[519]. Conviene precisar que en este caso el TEDH dictó una Resolución de inadmisibilidad, cuyo valor como precedente es jerárquicamente inferior al de una Sentencia sobre el fondo del asunto.

516 *Ibidem.*

517 Navarro-Valls, R., Martínez-Torrón, J., *Conflictos entre conciencia y ley: las objeciones de conciencia*, *op. cit.*, p. 195.

518 STEDH en el caso *Belinger vs.* Eslovenia (más conocido como Caso *Pichon* y *Sajous vs.* Francia), 2 de octubre de 2001, en VLEX. [consultado 17 de enero 2016] Disponible en: http://eu.vlex.com/vid/belinger-v-slovenia-81071063

519 Navarro-Valls, R., Martínez-Torrón, J., *Conflictos entre conciencia y ley: las objeciones de conciencia*, *op. cit.*, p. 195.

Con respecto a la argumentación utilizada, se pueden destacar los siguientes aspectos:

1. En esta Resolución, como en tantas otras ocasiones, el TEDH, más que entrar a analizar cuidadosamente el caso que se le somete, se amparó en la doctrina del "margen de apreciación discrecional del Estado"[520]. Por ello, dio primacía a la regulación jurídica existente en el país.
2. Un punto débil de la argumentación de esta Resolución es la adopción de un concepto restringido de libertad religiosa y de conciencia. Por un lado, el TEDH afirmó que el ámbito de protección del artículo 9 del CEDH son las convicciones personales y las creencias religiosas, remitiendo a lo que denominó como "conciencia individual". Esta incluiría los actos de culto o de devoción, además de la enseñanza, la práctica y la observancia de los mismos[521]. Pero, a su vez, en la misma fundamentación de la Resolución sostiene que la protección del artículo 9 del CEDH no siempre garantiza el derecho a comportarse en público de la forma que determina esa conciencia. La palabra "práctica" que se utiliza en el artículo 9, inciso 1 no remite a cada acto o formas de comportamiento motivados o inspirados por una religión o una creencia[522].

   Como puede apreciarse, esta interpretación del artículo 9 CEDH implica una intervención del propio Tribunal en el ámbito de la conciencia, el cual discrimina qué convicciones deben ser o no aparadas por el derecho. En este sentido, R. Navarro-Valls y Martínez-Torrón sostienen que tal interpretación del CEDH tiene como consecuencia, entre otras, "la pérdida de operatividad jurídica de una parte esencial del derecho garantizado por el artículo 9 del CEDH: el derecho a comportarse de acuerdo con las propias convicciones"[523].

---

520 Cfr. González-Varas Ibáñez, A., *Derecho y conciencia en las profesiones sanitarias*, Dykinson, Madrid, 2009, pp. 201-202, nota a pie de página 79.

521 STEDH en el caso *Belinger vs.* Eslovenia, *op.cit.*

522 *Ibidem.*

523 Navarro-Valls, R., Martínez-Torrón, J., *Conflictos entre conciencia y ley: las objeciones de conciencia*, *op. cit.*, p. 196.

3. Por último, se considera que otro desacierto en el que incurrió la Resolución del TEDH, es el de calificar la conducta de los farmacéuticos como "imposición" a otros de sus convicciones religiosas. Frente a ello, la realidad fue distinta: fue a los demandantes, y no las mujeres denunciantes, a quienes se les impuso un comportamiento que agredía claramente su conciencia. En este sentido, se estima cuestionable afirmar que la negativa a acatar una petición de otra persona, por serios motivos de conciencia, pueda ser calificada como un intento de imposición de las propias creencias a los demás. Como afirman R. NAVARRO-VALLS y MARTÍNEZ-TORRÓN, la interpretación que llevó a cabo el TEDH no fue adecuada, debido a que si fuera así, cualquier comportamiento fruto de una convicción –que siempre afectará, de un modo u otro, a las personas circundantes–, derivaría en una imposición. En realidad, la firmeza de las propias convicciones, que impide actuar en contra de la conciencia, no puede ser interpretada como una imposición a los demás del propio modo de pensar[524]: "una cosa es en efecto, respetar el derecho de los demás a creer y comportarse de manera distinta, y otra muy diferente aceptar convertirse en colaborador de conductas que se consideran inmorales"[525].

g) Caso Grimmark c. Suecia y Steen vs. Suecia

Para concluir este apartado, no puede dejarse de mencionar el reciente caso *Grimmark c. Suecia y Steen* vs. Suecia (2020). Las demandas eran dos enfermeras suecas dos Ellinor Grimmark y Linda Steen quiones decidieron cambiar su orientación profesional por el de matrona. Sus respectivos centros médicos apruebaron las propuestas e incluso se mostraron dispuestos a financiarla. Sin embargo, los problemas se originaron cuando ambas deciden buscar empleo como matronas. En sus solicitudes de trabajo manifiestaron su objeción de conciencia a intervenir en prácticas abortivas, originando que los hospitales de Suecia se negara a

---

524 *Ibidem.*
525 *Ibidem.*

contratarlas. Conviene precisar que en Suecia el aborto es legal hasta las 18 semanas de gestación.

En defensa de su libertad de conciencia, ambas objetoras recurren a las autoridades suecas sin éxito; por tanto *Grimmark* y *Steen* se dirigen al TEDH alegando infracción de la libertad de pensamiento, conciencia y religión regulado en el artículo 9 del CEDH y demás disposiciones legales. El TEDH señaló que los empleadores, conforme a la ley sueca, tienen gran flexibilidad para decidir cómo debe organizarse el trabajo y ejercitar su derecho a exigir a los trabajadores las obligaciones inherentes al puesto de trabajo. Al celebrar un contrato de trabajo –añade el Tribunal–, los trabajadores aceptan expresamente esas obligaciones; en los casos presentados, las recurrentes (*Ellinor Grimmark y Linda Steen*) han aceptado voluntariamente ser matronas y solicitar un empleo en puestos vacantes, sabiendo que ello supondría intervenir en abortos[526]. Por primera vez el Tribunal, se pronuncia respecto al aborto como extensión de los derechos de las mujeres en los siguientes términos: "(…) el objetivo legítimo de proteger la salud de las mujeres que quieran abortar"[527]. Por tanto, el Tribunal declaró la inadmisibilidad de las demandas por falta de fundamento, al entender que no se vulneraba ningún derecho protegido en el CEDH. Con esto, declaró que la prohibición de la objeción de conciencia en Suecia no suponía la violación de ningún derecho fundamental[528].

Como se aprecia del caso en estudio, el TEDH hizo primar la potestad del Estado de organizar su sistema sanitario y de proveer los servicios de salud por encima del ejercicio del derecho a la libertad de conciencia de las matronas. Según el TEDH, las demandantes habían elegido voluntariamente ser matronas y optar a puestos de trabajo sabiendo que ello implicaba participar en abortos. Por lo tanto, una persona no puede trabajar como matrona en Suecia si no está dispuesta a participar en abortos. Esta doctrina se puede extender, como es

---

526 STEDH en el caso *Grimmark c. Suecia y Steen* vs. Suecia, 12 de marzo de 2020. [consultado 25 de noviembre del 2021]. Disponible en: http://ojs.uc.cl/index.php/bjur/article/view/10184/9422

527 Martín Sánchez, M., "El margen de apreciación en el derecho humano a la vida: Restricción de derechos y respuesta del Tribunal de Estrasburgo" en *Estudios constitucionales*, CECOCH, vol. 18 · núm. 2 · 2020, p. 26.

528 *Ibidem*.

obvio, a los médicos, con esto se aprecia que la en Suecia la libertad de conciencia del personal de salud se encuentra restringida frente al aborto.

El caso *Grimmark* c. Suecia y *Steen* vs. Suecia, constituye un pronunciamiento con una interpretación distinta a la que se había dado en el caso *Bayatyan* vs. Armenia en la que se consideró que el Convenio de Roma era un "instrumento vivo a interpretar", dándose la posibilidad de que la objeción de conciencia pueda ser aplicada en el caso del servicio militar. Como refiere RAFAEL PALOMINO, "la alegada creatividad interpretativa solo juega a favor de las ideologías dominantes, para las cuales la objeción de conciencia militar es admisible por ser políticamente correcta, pero no la objeción de conciencia al aborto, porque va en contra de las corrientes que quieren convertir el aborto en un derecho fundamental a escala internacional"[529]. Esta forma de actuar de modo diferente a la intereptación dada en el caso *Bayatyan* vs. Armenia constituye una discriminación en la forma de ser analizada una convicción.

2.1.4. Normativa de la Unión Europea

La Carta de los Derechos Fundamentales de la Unión Europea (CDFUE), proclamada en la Cumbre de Niza de diciembre de 2000, constituye el primer catálogo organizado de derechos fundamentales que ha sido adoptado formalmente por la Unión Europea[530]. El párrafo primero del artículo 10 de la CDFUE reproduce textualmente el artículo 9 del CEDH. Reconociendo, en primer lugar, la dimensión interna de la libertad religiosa, la externa, en segundo lugar, y, por último, la colectiva. Las dos novedades que presenta son la omisión

---

529 PALOMINO R., "La "conciencia de Europa", contra la objeción de conciencia" en *Aceprensa*. [consultado 25 de noviembre del 2021]. Disponible en: http://www.aceprensa.com/sociedad/objecion-de-conciencia/la-conciencia-de-europa-contra-la-objecion-de-conciencia/

530 Acerca del valor jurídico vinculante de la Carta de Derechos Fundamentales de la Unión Europea se puede profundizar en FERNÁNDEZ, A., *La Carta de Derechos Fundamentales de la Unión Europea*, Tirant lo Blanch, Valencia, 2001, pp. 79–100; y ALONSO, R y SARMIENTO, D., *La Carta de los Derechos Fundamentales de la Unión Europea. Explicaciones, concordancias y jurisprudencia*, Editorial Civitas, Pamplona, 2006, pp. 37–54, entre otros.

de los límites al ejercicio del derecho y el reconocimiento del derecho a la objeción de conciencia[531].

El principal apoyo legal para el reconocimiento de la objeción de conciencia como derecho fundamental[532] en el contexto de la Unión Europea lo representa el artículo 10 de la Carta de Derechos Fundamentales (CDFUE)[533]. El apartado primero de dicho artículo esté referido a la libertad de pensamiento, conciencia y religión, haciendo hincapié en que implica, tanto la libertad de cambiar de convicciones o de religión, como de manifestarlas libremente. A su vez, el apartado segundo constituye un reconocimiento claro de la objeción de conciencia, al afirmarse que se reconoce el derecho a la objeción de conciencia de acuerdo con las leyes nacionales que regulen su ejercicio. Gracias a este último inciso, la CDFUE se erige en el único documento internacional que reconoce expresamente la objeción de conciencia, haciéndolo, además, con carácter general. Por otro lado, la importancia del presente artículo reside en que, desde que se modificó el artículo 6 del Tratado de la Unión Europea, con la aprobación del Tratado de Lisboa, la CDFUE tiene el mismo valor jurídico que los Tratados Constitutivos.

Algunos autores, comentando la presente disposición legal, sostienen que, partiendo de dicho carácter general "(...) no tiene sentido que se refiera exclusivamente a la objeción de conciencia al servicio militar"[534]. Asimismo, se considera que, si se hubiera tenido la intención de hacer depender la efectividad de la objeción de conciencia de

---

531 Cfr. Astigarraga Zulaica, J., *Una aproximación a la tutela de la libertad religiosa en la Unión Europea*, p.10. (http://globernance.org/wp-content/uploads/2013/08/JuanaMariAstigarraga.pdf. (visitado 11 de marzo del 2017).

532 *Ibidem*, p. 50.

533 Artículo 10 de la CDFUE. *Libertad de pensamiento, de conciencia y de religión.* "1. Toda persona tiene derecho a la libertad de pensamiento, de conciencia y de religión. Este derecho implica la libertad de cambiar de religión o de convicciones, así como la libertad de manifestar su religión o sus convicciones individual o colectivamente, en público o en privado, a través del culto, la enseñanza, las prácticas y la observancia de los ritos. 2. Se reconoce el derecho a la objeción de conciencia de acuerdo con las leyes nacionales que regulen su ejercicio".

534 Navarro-Valls, R., Martínez-Torrón, J., *Conflictos entre conciencia y ley: las objeciones de conciencia*, *op. cit.*, pp. 50-51; Gómez Abeja, L., *Las objeciones de conciencia*, *op. cit.*, p. 11.

las leyes nacionales, no se hubiera optado por incluirla como derecho fundamental en la CDFUE[535].

Asimismo, se sostiene que, en general, en la interpretación de los derechos humanos el criterio general es llevar a cabo una comprensión amplia del contenido de los derechos y, a la vez, una concepción estricta de las limitaciones que pueden imponerse a los mismos. En este contexto, siguiendo a R. Navarro-Valls y J. Martínez-Torrón, la expresión "de acuerdo con las leyes nacionales", debe ser entendida, no como una negación de la objeción de conciencia, sino en el sentido de que los "legisladores nacionales son los naturalmente competentes para establecer límites apropiados al derecho de objeción de conciencia"[536]. Aquí puede resultar ilustrativo recordar la doctrina del TCE en lo referente a la objeción de conciencia al servicio militar, cuando sostiene que la ausencia de una legislación de desarrollo de ese derecho no puede entenderse como una negación del mismo. En realidad, la regulación legal de un derecho constitucionalmente reconocido sólo tiene por objeto asegurar "su plena aplicabilidad y eficacia"[537].

2.2. Las convicciones en el Sistema Interamericano de Derechos Humanos

Como es conocido, el Sistema Interamericano de Derechos Humanos (SIDH) tiene como finalidad la defensa y protección de los derechos humanos de los ciudadanos americanos. Está conformado por la Comisión Interamericana de Derechos Humanos (CIDH) y la Corte Interamericana de Derechos Humanos (COIDH)[538]. Ambos órganos se encargan de custodiar el cumplimiento de las obligaciones asumidas por los Estados miembros de la Organización de Estados Americanos (OEA). Entre los documentos internacionales que han sido adoptados por los Estados miembros se encuentra la Convención Americana de Derechos Humanos (CADH), la Convención para Prevenir y Sancionar

---

535 Cfr. Navarro-Valls, R., Martínez-Torrón, J., *Conflictos entre conciencia y ley: las objeciones de conciencia*, *op. cit.*, p. 50.

536 *Ibidem.*

537 STCE 15/1982, de 23 de abril de 1982, *op. cit.*, Fundamento jurídico número 6.

538 Ambas instancias serán analizadas en el siguiente epígrafe.

la Tortura o la Convención Interamericana sobre Desaparición Forzada de Personas, entre otros documentos internacionales[539].

2.2.1. La protección de las convicciones en la Convención Americana de Derechos Humanos

Como ya se ha indicado, la CADH es la norma máxima que regula los derechos humanos de los ciudadanos de los Estados Americanos. Fue suscrita en San José de Costa Rica el 22 de noviembre de 1969, entrando en vigor el 18 de julio de 1978. Al igual que el CEDH, también se inspira en la DUDH. Su artículo 6 regula, de forma específica, la objeción de conciencia al servicio militar obligatorio, al afirmar que en el caso del servicio militar procede alegar la excepción por razones de conciencia[540].

Al igual que en otros documentos internacionales, la CADH contiene un artículo, el 12, en el que se hace una referencia a la libertad de conciencia y de religión, y a la protección jurídica de las convicciones[541]. Ciertamente, aunque el precepto emplea el término "creen-

539 Denuncias y consultas, en la Corte Inteamericana de derechos Humanos. [consultado 4 de junio 2016]. Disponible en: http://www.corteidh.or.cr/index.php/es/acerca-de/como-acceder-al-sistema-interamericano/denuncias-consultas

540 Artículo 6 de la CADH: "(…) 2. Nadie debe ser constreñido a ejecutar un trabajo forzoso u obligatorio (…) b. el servicio militar y, en los países donde se admite exención por razones de conciencia, el servicio nacional que la ley establezca en lugar de aquél; (…)".

541 Artículo 12 de la CADH. *Libertad de Conciencia y de Religión*. "1. Toda persona tiene derecho a la libertad de conciencia y de religión. Este derecho implica la libertad de conservar su religión o sus creencias, o de cambiar de religión o de creencias, así como la libertad de profesar y divulgar su religión o sus creencias, individual o colectivamente, tanto en público como en privado. 2. Nadie puede ser objeto de medidas restrictivas que puedan menoscabar la libertad de conservar su religión o sus creencias o de cambiar de religión o de creencias. 3. La libertad de manifestar la propia religión y las propias creencias está sujeta únicamente a las limitaciones prescritas por la ley y que sean necesarias para proteger la seguridad, el orden, la salud o la moral públicos o los derechos o libertades de los demás. 4. Los padres, y en su caso los tutores, tienen derecho a que sus hijos o pupilos reciban la educación religiosa y moral que esté de acuerdo con sus propias convicciones".

cias", no existe óbice alguno para que pueda ser sustituido por la palabra "convicciones"[542].

Se establece que toda persona tiene derecho a la libertad de conciencia y de religión, el cual implica la libertad de conservar su religión o sus creencias, o de cambiarlas, así como de profesar y divulgarlas, individual o colectivamente, tanto en público como en privado. Además, nadie puede ser objeto de medidas que restrinjan dichas libertades. Esta libertad de manifestar la propia religión y las propias creencias está sujeta, únicamente, a las limitaciones prescritas por la ley y, en todo caso, deben ser necesarias para proteger la seguridad, el orden, la salud o la moral públicos o los derechos y libertades de los demás. El artículo concluye haciendo referencia a que los padres, y en su caso los tutores, tienen derecho a que sus hijos o pupilos reciban la educación religiosa y moral que esté de acuerdo con sus propias convicciones.

Resulta evidente que si la finalidad de este artículo es evitar cualquier ataque contra la libertad de los ciudadanos americanos, aquí cabría incluir también la protección de las convicciones, esfera íntima de la persona, independientemente cual sea su fundamentación.

Asimismo, el artículo 11 de la CADH protege la honra y dignidad de las personas. Textualmente establece que:

> "2. Nadie puede ser objeto de injerencias arbitrarias o abusivas en su vida privada, en la de su familia, en su domicilio o en su correspondencia, ni de ataques ilegales a su honra o reputación.
>
> 3. Toda persona tiene derecho a la protección de la ley contra esas injerencias o esos ataques"[543].

En definitiva, la SIDH reconoce la protección de las convicciones. A continuación, se analizarán, de forma sucinta, los pronunciamientos de la CIDH sobre esta materia.

---

542 Con esto no se pretende afirmar que ambos términos, creencias y convicciones, sean sinónimos, sino que en ambos se hace referencia a la esfera más interna de la persona.

543 Artículo 11 de la CADH.

2.2.2. El reconocimiento de las convicciones por la Corte Interamericana de Derechos Humanos

Como se ha referido en líneas anteriores, el SIDH está conformado por dos instancias judiciales: la CIDH[544] y la COIDH[545]. A continuación, se explicará brevemente cada una de estas instancias, con el fin de poder entender más adecuadamente los pronunciamientos que se analizarán a continuación:

La CIDH tiene la potestad de elaborar Informes generales sobre la garantía y protección de los derechos humanos en los países sobre los que tiene jurisdicción, o acerca de una cuestión particular. Sus funciones tienen una dimensión cuasi–judicial, ya que procesa y analiza peticiones individuales por violaciones a derechos humanos, emite Recomendaciones de necesario cumplimiento por los Estados. En el caso de que en un caso concreto no se llegue a una solución amistosa entre el Estado y el peticionario del asunto, la CIDH puede remitirlo ante la Corte Interamericana, mediante la presentación de una de-

---

544 La CIDH fue creada por la Resolución III de la Quinta Reunión de Consulta de Ministros de Relaciones Exteriores, celebrada en Santiago de Chile en 1959. Su fin fue subsanar la carencia de órganos específicamente encargados de velar por la observancia de los derechos humanos en el sistema. Según el artículo 112 de la Carta de la Organización de los Estados Americanos, la función principal de la Comisión es la de "promover la observancia y la defensa de los derechos humanos y servir como órgano consultivo de la organización en esta materia". Está integrada por siete miembros que son propuestos por los Estados, y elegidos, a título personal, por la Asamblea General de la OEA. Los miembros de la Comisión no representan a sus países sino a los treinta y cinco Estados miembros de la OEA.

545 La COIDH, fue creada por la CADH, adoptada en la Conferencia Especializada Interamericana sobre Derechos Humanos, reunida en San José de Costa Rica, el 22 de noviembre de 1969. La Convención entró en vigor en julio de 1978 y la Corte inició sus funciones en 1979. El Tribunal se compone de 7 jueces nacionales de Estados miembros de la OEA, elegidos a título personal y a propuesta de los Estados Parte en la Convención Americana, por la Asamblea General de la OEA. Los jueces de la Corte no representan los intereses de los Estados que los proponen como candidatos.
A fecha actual, veintiún Estados Partes han reconocido la competencia contenciosa de la Corte: Costa Rica, Perú, Venezuela, Honduras, Ecuador, Argentina, Uruguay, Colombia, Guatemala, Surinam, Panamá, Chile, Nicaragua, Paraguay, Bolivia, El Salvador, Haití, Brasil, México, República Dominicana y Barbados.

manda. También tiene competencia para intervenir en casos urgentes que requieran la adopción de medidas cautelares.

Por su parte, la COIDH interpreta y aplica la CADH y los demás instrumentos de Derechos Humanos adoptados por los países miembros. En razón de ello, decide sobre los casos presentados por la CIDH o los Estados partes, interviene en casos urgentes mediante la toma de Medidas Provisionales y adopta Opiniones Consultivas. Además, dicta Sentencias en las que determina si un Estado ha incurrido en responsabilidad internacional por haber violado derechos humanos consagrados en los instrumentos del SIDH[546].

Entrando ya en el tema, es conveniente precisar que hasta la fecha no existe ninguna sentencia de la COIDH en relación con el reconocimiento de la objeción de conciencia o de la protección de las convicciones. Por ello, todos los pronunciamientos que a continuación se analizarán proceden de la CIDH y con relación a la objeción de conciencia al servicio militar.

a) Caso Cristián Daniel Sahli Vera y otros vs. Chile

En primer lugar, puede mencionarse el Caso *Cristián Daniel Sahli Vera y otros vs.* Chile, de 10 de marzo del 2005[547]. Los hechos fueron los siguientes: se alegó la violación, por parte del Estado de Chile, de los artículos 1(1), 2, 11 y 12 de la CADH, por no haber adecuado la legislación interna a las normas de la CADH en perjuicio de tres ciudadanos chilenos. Estos, habiendo cumplido 18 años de edad, se vieron obligados a cumplir el servicio militar obligatorio. Frente a ello, solicitaron la objeción de conciencia, solicitud ante la que Chile hizo caso omiso. En consecuencia, fueron incluidos en el llamamiento ordinario y obligatorio a prestar dicho servicio.

---

546 [consultado 4 de junio 2016]. Disponible en: http://www.corteidh.or.cr/index.php/es/acerca-de/como-acceder-al-sistema interamericano/denuncias-consultas

547 Caso 12.219. El 6 de octubre de 1999, la CIDH recibió la petición, interpuesta a favor de los jóvenes Cristián Daniel Sahli Vera, Claudio Salvador Fabrizzio Basso Miranda y Javier Andrés Garate Neidhardt, por el Centro por la Justicia y el Derecho Internacional (CEJIL), la Corporación de Derechos del Pueblo (CODEPU) y el Grupo Chileno de Objeción de Conciencia "Ni Casco ni Uniforme" (NCNU), (en adelante "los peticionarios"). Disponible en: http://www.cidh.oas.org/annualrep/2005sp/CHILE.12219sp.htm

El pronunciamiento que realizó la CIDH resulta interesante de tener en cuenta. Consideró que el derecho a la objeción de conciencia al servicio militar solamente puede ser reconocido por la CIDH cuando se halla plasmado de forma expresa en el derecho interno del país del cual surge la petición. Al respecto, la CIDH afirmó en su informe:

> "Un breve repaso de la jurisprudencia sobre esta cuestión en el sistema europeo y en el Comité de Derechos Humanos de la ONU revela que los órganos internacionales de derechos humanos se muestran renuentes a reconocer la condición de objetor de conciencia, en el contexto del derecho a la libertad de conciencia, en los países en que aquella condición no ha sido reconocida por su legislación nacional. Sin embargo, esos mismos órganos sí reconocen el derecho, en el marco de la libertad de conciencia, en los países en que su legislación reconoce la condición de objetor de conciencia, pero surgen controversias en cuanto a si es suficiente que el objetor de conciencia así se autodefina, o si el Comité dejará que el Estado aplique una prueba administrada internamente que exija una demostración de adhesión a un sistema de creencias pacifista o religioso para respaldar la conclusión de que se ha configurado dicha condición. La Comisión opina que el hecho de que el Estado chileno no reconozca la condición de 'objetor de conciencia' en su legislación interna y no reconozca a [los peticionarios] como 'objetores de conciencia' del servicio militar obligatorio no constituye una interferencia con su derecho a la libertad de conciencia. La Comisión entiende que la Convención Americana no prohíbe el servicio militar obligatorio y que su artículo 6(3) (b) prevé específicamente el servicio militar en los países en que no se reconoce a los objetores de conciencia"[548].

Por tanto, en el caso de estudio, la objeción de conciencia al servicio militar no podía ser amparada, debido a que Chile no contenía en su ordenamiento jurídico ninguna norma en relación con esta cuestión en la época en que se suscitó la solicitud[549]. Por ello, parece que la CIDH basó su Informe en los pronunciamientos del TEDH previos a la Sentencia pronunciada en el Caso *Bayatyan vs.* Armenia, ya men-

---

548 CIDH, Caso 12.219, *Sahli Vera vs.* Chile. Informe Nº 43/05, 10 de marzo de 2005, párrafo 87-88.

549 Cfr. LONDOÑO, M., ACOSTA, J., "La protección internacional de la objeción de conciencia: análisis comparado entre sistemas de derechos humanos y perspectivas en el Sistema Interamericano", en *Anuario Colombiano de Derecho Internacional (ACDI)*, 2016, 9, Doi: dx.doi. org/10.12804/acdi9.1.2016.07 (visitado 8 de mayo 2017), p. 238.

cionada[550]. En ella se estableció que la inclusión formal de la objeción de conciencia en la legislación interna no es requisito esencial para el reconocimiento de la objeción por parte del TEDH en los casos en los que existiera un grave conflicto entre el cumplimiento del servicio militar y las convicciones y creencias personales.

b) Caso Alfredo Díaz Bustos vs. Bolivia

Otro caso interesante es el de *Alfredo Díaz Bustos vs.* Bolivia[551]. Los hechos fueron los siguientes: el 8 de enero de 2004, la CIDH recibió una petición presentada por el Defensor del Pueblo de la República de Bolivia, en la cual se alegaba la violación, por parte del Estado de Bolivia, de los artículos 1(1), 2, 12, 24 y 25 de la CADH en perjuicio de Alfredo Díaz Bustos.

El peticionario afirmaba que el Estado boliviano había negado al señor Díaz Bustos el derecho a la objeción de conciencia, atentando directamente contra su libertad de conciencia y religión. Además, sostenía que Bolivia también era responsable de haber violado el derecho de su representado a una igual protección ante la ley. La denuncia se apoyaba en el hecho de que la Ley del Servicio Nacional de Defensa boliviano consagraba un trato desigual entre católicos y fieles de otras confesiones religiosas, al reconocer a los primeros la posibilidad de eximirse del servicio militar, no siendo así para los demás fieles. Alfredo Díaz Bustos era un Testigo de Jehová y, por lo tanto, había sido objeto de un trato discriminatorio.

El Estado y los peticionarios suscribieron un acuerdo de solución amistosa. En virtud de éste Bolivia se comprometía a: a) entregar a la víctima la libreta militar gratuita; b) emitir una Resolución ministerial que asegurara que la víctima, por su condición de objetor de conciencia, no sería destinado al frente de batalla; y c) promover

---

550 Caso *Bayatyan vs.* Armenia, 7 de julio del 2011. Fundamento Jurídico número 110. Ha sido tratado en el epígrafe 2.1.3.4 de este capítulo.

551 CIDH. Caso *Alfredo Díaz Bustos vs.* Bolivia, Informe Nº 97/05, Petición 14/04, solución amistosa, 27 de octubre de 2005. [consultado 26 de julio 2015]. Disponible en: Disponible en: http://www.cidh.oas.org/annualrep/2005sp/Bolivia14.04sp.htm

una legislación que amparara la objeción de conciencia al servicio militar[552].

c) Caso Xavier Alejandro León Vega vs. Ecuador

Un tercer caso de interés para nuestro tema es el Xavier Alejandro León Vega *vs.* Ecuador[553]. En este supuesto, la CIDH analizó la demanda de un miembro activo del movimiento de objetores de conciencia de Ecuador, quien alegó que no se le había otorgado la cédula de objetor de conciencia, o una equivalente, que tuviera los mismos efectos jurídicos que la cédula militar concedida a las personas que habían realizado el servicio militar obligatorio. Y ello se había producido a pesar de que se trataba de un derecho reconocido por la legislación ecuatoriana[554].

En su demanda, alegó que esta situación afectaba negativamente a determinadas facetas de su vida, incluyendo su posibilidad de trabajar, de crear una empresa, su libertad para entrar y salir del país, y para continuar accediendo a la educación. En concreto, denunció violación del derecho a la libertad de conciencia y religión, a la libertad de circulación y de movimiento, del derecho a la educación, así como la falta de adecuación de la legislación interna a los compromisos internacionales y a la obligación de respetar y garantizar el libre y pleno ejercicio de los derechos de las personas. Esto debido a que a pesar de que el derecho a la objeción de conciencia se encontraba reconocido en la Constitución Política del Ecuador de 1997 en su artículo 188, la Ley de Servicio Militar Obligatorio en las Fuerzas Armadas Nacionales de 1994, en su artículo 108, subordinaba el ejercicio de este

---

552 *Ibidem*. Además, se puede revisar en LONDOÑO, M., ACOSTA, J., "La protección internacional de la objeción de conciencia: análisis comparado entre sistemas de derechos humanos y perspectivas en el Sistema Interamericano", *op.cit.*, p. 239.

553 Informe Nº 22/06, Petición 278-02, admisibilidad, 2 de marzo de 2006. [consultado 26 de julio 2015]. Disponible en: Disponible en: http://www.cidh.oas.org/annualrep/2006sp/Ecuador278.02sp.htm

554 La Constitución Política del Ecuador de 1997 en su artículo 188 establece: El servicio militar será obligatorio. El ciudadano será asignado a un servicio civil a la comunidad, si invocare una objeción de conciencia fundada en razones morales, religiosas o filosóficas, en la forma que determine la ley.

derecho a la justificación y calificación previa de esta condición por parte del director de Movilización de las Fuerzas Armadas[555].

La CIDH, en su Informe Nº 22/06 Petición 278-02 del 2 de marzo de 2006, consideró que el derecho a la objeción de conciencia frente al servicio militar obligatorio se puede derivar de los derechos a la honra y la dignidad (artículo 11) y el derecho a la libertad de conciencia y de religión (artículo 12), en conjunto interpretados con el 6.3.b de la Convención Americana, cuando la objeción de conciencia esté reconocida expresamente en la legislación del Estado en consideración[556]. En este caso, la CIDH entendió que, efectivamente, a la luz del derecho nacional y la normatividad de la CADH descrita anteriormente, el Estado de Ecuador había violado los derechos alegados por la víctima, de conformidad con los artículos 1.1, 2, 11, 12.1 y 22.2 de la CADH y el artículo 13.1 del Protocolo adicional a la Convención Americana sobre Derechos Humanos en materia de derechos económicos, sociales y culturales "Protocolo de San Salvador"[557].

---

555 La Ley de Servicio Militar Obligatorio en las Fuerzas Armadas Nacionales de 1994, en su Artículo 108 establece: "Será aceptada la Objeción de Conciencia, previa justificación, la misma que será calificada por el director de Movilización de las Fuerzas Armadas. Quienes resultaren favorecidos con este acto, deberán cumplir su servicio en las unidades de desarrollo de
las Fuerzas Armadas, de conformidad con las disposiciones del Reglamento a esta Ley".
Posteriormente, el presente artículo fue declarado inconstitucional por Resolución del Tribunal Constitucional No. 35-2006-TC, publicada en Registro Oficial Suplemento 114 de 27 de junio del 2007.

556 Informe Nº 22/06, Petición 278-02, N° 31, *op. cit.*

557 En el ámbito interamericano, el Protocolo de San Salvador (17 de noviembre de 1988), es el primer instrumento jurídico del sistema interamericano que se refiere de manera directa al derecho a la educación y a la orientación que ésta debe presentar. [consultado 28 de marzo 2015]. Disponible en: http://catedraunescodh.unam.mx/cudh2/catedra/pronaledh/images/stories/1988_ProtocoloSanSalvador_convam.pdf
Además, se puede revisar Londoño, M., Acosta, J., "La protección internacional de la objeción de conciencia: análisis comparado entre sistemas de derechos humanos y perspectivas en el Sistema Interamericano", *op.cit.*, pp. 239-240.

d) Caso Luis Gabriel Caldas León vs. Colombia

El último caso de objeción de conciencia al servicio militar al que se aludirá es el de Luis Gabriel Caldas León *vs.* Colombia, resuelto en el Informe Nº 137/10, del 23 de octubre de 2010[558].

Los hechos fueron los siguientes: mediante escritos y manifestaciones verbales, el demandante, Luis Gabriel Caldas León, había comunicado a la autoridad correspondiente su negativa a cumplir con el servicio militar obligatorio. La razón era que se consideraba una persona pacifista y, en consecuencia, rechazaba el uso de las armas por convicciones morales[559]. El 11 de marzo de 1994 se presentó ante el Tribunal Superior de Bogotá una acción de tutela en la que solicitó que se le permitiera prestar un servicio social civil, que fuera alternativo al servicio militar. Sus demandas fueron rechazadas, incluyendo también la petición de llevar a cabo el servicio social civil alternativo al servicio militar, que lo fue el 15 de marzo de 1994[560]. Posteriormente, se le instruyó un proceso penal militar por el delito de deserción en Colombia, proceso que culminó, el 27 de marzo de 1995, en una condena de 7 meses de arresto.

Ante estos hechos, el 4 de diciembre de 1995 la CIDH recibió una demanda presentada por el Colectivo por la Objeción de Conciencia al Servicio Militar Obligatorio y otros, en la cual se alegó la responsabilidad de la República de Colombia por la imposición arbitraria de una sanción de carácter penal contra Luis Gabriel Caldas León. El itinerario fue el siguiente: el 4 de diciembre de 1995 la CIDH recibió la petición, la cual fue registrada bajo el número 11.596. Tras efectuar un análisis preliminar, el 21 de marzo de 1996 la CIDH procedió a

---

558 Caso *Luis Gabriel Caldas León vs.* Colombia, Informe No. 137/10, Decisión de Archivo, Caso 11.596, Colombia, 23 de octubre de 2010. [consultado 5 de junio 2016]. Disponible en: http://www.cidh.oas.org/annualrep/2010sp/125.COAR11596ES.doc

559 Cfr. Londoño, M., Acosta, J., "La protección internacional de la objeción de conciencia: análisis comparado entre sistemas de derechos humanos y perspectivas en el Sistema Interamericano", en *Anuario Colombiano de Derecho Internacional (ACDI)*, 2016, 9. [consultado 8 de mayo 2017]. Doi: dx.doi.org/10.12804/acdi9.1.2016.07, p. 240.

560 Caso *Luis Gabriel Caldas León vs.* Colombia, Informe No. 137/10, *op. cit.*, Numeral 3.

transmitirla al Estado, para sus observaciones. El 13 de agosto de 1996 el Estado presentó su respuesta, la cual fue trasladada a los peticionarios para sus observaciones. A su vez, el 5 de mayo de 1997 los peticionarios presentaron su respuesta, la cual fue transmitida al Estado para sus observaciones.

El 27 de agosto de 1997 el Estado remitió su contestación, la cual fue transmitida a los peticionarios para sus observaciones. El 7 de noviembre de 1997 el Estado presentó información adicional, la cual también fue remitida a los peticionarios. El 13 de febrero de 1998, los peticionarios solicitaron iniciar un procedimiento de solución amistosa. El Estado presentó su respuesta el 30 de julio de 1998. En ella solicitaba a la CIDH continuar con el trámite de la petición. Dicha información fue remitida a los peticionarios el 8 de setiembre de 1998.

La CIDH archivó el expediente en febrero de 1998, debido a que carecía de información solicitada a los peticionarios[561]. Asimismo, se apoyó en que los peticionarios omitieron responder a la solicitud de información actualizada de abril de 2009, en la que se les informó que, en el plazo de un mes, se podría proceder al archivo de la petición. En tales circunstancias, la CIDH consideró que no era posible determinar si subsistían los motivos que sustentaron la petición inicial, por lo que, de conformidad con el artículo 48(1)(b) de la Convención, así como con el artículo 42 del Reglamento de la CIDH, se decidió archivar definitivamente la petición[562].

Como se puede advertir, y al igual que ocurrió en el Informe Nº 43/05, vertido en el caso *Cristián Daniel Sahli Vera y otros vs* Chile, en el presente caso se procedió de forma contraria a como se falló en el caso *Bayatyan vs.* Armenia del 2011.

e) Caso Artavio-Murillo y otros vs. Costa Rica

El 15 de marzo de 2000, la Sala Constitucional de la Corte Suprema de Costa Rica, dicto una Sentencia por la que se declaraba inconstitucional el Decreto Ejecutivo número 24029-S, el cual regulaba

---

561 Caso *Luis Gabriel Caldas León vs.* Colombia, Informe No. 137/10, *op. cit.*, Numeral 7 y 8.

562 *Ibidem*, Numeral 12.

la técnica de fecundación *in vitro* (FVI) en ese país. Dicha Sentencia rechazaba que dichas técnicas de reproducción *in vitro* se practicaran en Costa Rica, argumentando que estas constituían un grave atentado contra la vida del embrión, protegida por la Constitución de este país. Frente a ello, los demandantes, *Artavio-Murillo y otros* alegaron que con la prohibición de la FIV algunas personas habían tenido que interrumpir los tratamientos que habían iniciado en su país, y otras se habían visto obligadas a viajar a otros países, a fin de tener acceso a una FIV.

El 28 de noviembre de 2012, la COIDH pronunció Sentencia[563]. Después de analizar los hechos, consideró que la prohibición absoluta de la técnica de fertilización *in vitro* constituía una injerencia arbitraria del Estado en los derechos de las víctimas, en tanto que impedía el acceso a un tratamiento que les hubiera permitido superar su situación de desventaja respecto a la posibilidad de tener hijos biológicos. Por lo tanto, la CIDH estableció que el Estado de Costa Rica era responsable de vulnerar los artículos 5.1, 7, 11.2 y 17.2, en relación con el artículo 1.1 de la CADH[564].

Con esta Sentencia, la Corte decidió, con carácter general y obligatorio, que el Estado de Costa Rica, no solo debía autorizar legalmente la práctica de la FIV, sino que además la Caja Costarricense de Seguro Social debía incluir dicha práctica dentro de sus programas y tratamiento de infertilidad[565]. Por ello, la Corte fue más allá de lo solicitado por los peticionarios en relación al derecho a la vida[566], al disponer

---

563 SCOIDH, Caso *Artavia Murillo y otros vs.* Costa Rica, del 28 de noviembre de 2012 (Excepciones preliminares, fondo, reparaciones y costas). [consultado 5 de junio 2016]. Disponible en: http://www.corteidh.or.cr/docs/casos/articulos/seriec_257_esp.pdf

564 SCOIDH, Caso *Artavia Murillo y otros vs.* Costa Rica, *op.cit.*, párrafo número 381, p. 114.

565 SCOIDH, Caso *Artavia Murillo y otros vs.* Costa Rica, *op.cit.*, párrafo número 338, p. 104. Para profundizar en el tema vid. CIANCIARDO, J., "La especificación del derecho a la vida del no nacido en el sistema interamericano de derechos humanos. Una aproximación desde el caso "Artavia Murillo", en *Díkaion* 25/2 (2016), pp. 160-189. Asímismo, RAMOS- KURI, M. (coord), *Artavia Murillo vs. Costa Rica Análisis crítico a la Sentencia de la Corte Interamericana de Derechos Humanos en el fallo sobre fertilización in vitro*, CISAV, Querétaro, 2016.

566 Cfr. LONDOÑO, M., ACOSTA, J., "La protección internacional de la objeción de conciencia: análisis comparado entre sistemas de derechos humanos y perspecti-

la gratuidad de la FIV en Costa Rica[567]. Así las cosas, hubiera sido una buena ocasión para sentar un precedente sobre el reconocimiento de la objeción de conciencia en el ámbito sanitario por parte de la CIDH. Sin embargo, no fue así: el margen de decisión que se adoptó en relación a la financiación pública de la FIV, no tuvo, como consecuencia lógica, el reconocimiento de la objeción de conciencia para aquellos profesionales de la Sanidad cuyas convicciones vitales no les permitieran colaborar en dichas prácticas[568].

Como sostienen, A. Ollero y R. Bertolino, entre otros, una democracia madura es aquella que toma en consideración el parecer de las minorías[569]. Por ello, se entiende que en este caso hubiera resultado oportuno que la Sentencia hubiera incluido un pronunciamiento sobre el reconocimiento de la objeción de conciencia en materia sanitaria, ya que la misma Corte admitió que, en relación a las técnicas de fecundación artificial, no existe un consenso social; por el contrario, es evidente que encontramos un disenso científico, ético, religioso y moral relativo a la pregunta fundamental sobre el comienzo de la vida humana[570]. En consecuencia, al tratarse de una Sentencia con tanta trascendencia, y sobre un tema tan discutido, hubiera sido oportuno otorgar una protección jurídica a las convicciones de aquellas personas que manifestaran su desacuerdo a participar en dicha práctica.

Se ha señalado en líneas anteriores que, hasta la fecha, no existen pronunciamientos del SIDH en relación al reconocimiento de la objeción de conciencia de los profesionales de salud. No obstante, en el año del 2011, la CIDH emitió el "Informe sobre Acceso a la infor-

---

vas en el Sistema Interamericano", *op.cit.*, p. 241.

567 Sentencia de la Corte Interamericana de Derechos Humanos, Caso *Artavia Murillo y otros vs.* Costa Rica, *op.cit.*, párrafo número 338, párrafo número 2 -10, pp. 114 - 115.

568 Cfr. Londoño, M., Acosta, J., "La protección internacional de la objeción de conciencia: análisis comparado entre sistemas de derechos humanos y perspectivas en el Sistema Interamericano", *op.cit.*, p. 241.

569 Cfr. Voto particular concurrente que formula A. Ollero Tassara en relación con la STCE 145/2015, *op. cit.*, Fundamento jurídico 1, p. 66676. En el mismo sentido, Bertolino, R., "La libertad de conciencia: el hombre ante los ordenamientos estatales y confesionales", *op.cit.*, p. 44.

570 Cfr. Londoño, M., Acosta, J., "La protección internacional de la objeción de conciencia: análisis comparado entre sistemas de derechos humanos y perspectivas en el Sistema Interamericano", *op. cit.*, p. 242.

mación en materia reproductiva desde una perspectiva de derechos humanos"[571]. En él se reconoció el derecho a la objeción de conciencia a los profesionales médicos. Dicho reconocimiento no tiene carácter general, sino que incluye ciertas limitaciones. Por ello, aunque el Informe admite el derecho a la objeción de conciencia, éste se encuentra sometido a restricciones. Al respecto, el texto del Informe afirma:

> 98. "(...) un profesional de la salud puede negarse a atender a un paciente, pero lo debe transferir sin objeción a otro profesional de la salud que puede proveer lo solicitado por el paciente [...].
>
> 99. En este sentido, la CIDH considera que los Estados deben garantizar que las mujeres no se vean impedidas de acceder a información y a servicios de salud reproductiva, y que frente a situaciones de objetores de conciencia en el ámbito de la salud, deben establecer procedimientos de referencia, así como de las sanciones respectivas frente al incumplimiento de su obligación"[572].

En definitiva, partiendo de la jurisprudencia analizada y del Informe de "Acceso a la información en materia reproductiva desde una perspectiva de derechos humanos", emitido por la CIDH, se puede afirmar que el tratamiento de la objeción de conciencia a nivel del SIDH ha sido, hasta la fecha confusa, escasa y reduccionista. Confuso, debido a que se considera que la libertad de conciencia es parte de la libertad religiosa, de tal forma que la convicción alegada deberá tener un contenido religioso para poder ser amparado, o para ser considerada válida, a efectos del reconocimiento de la objeción de conciencia. Por otro lado, es escaso, debido a la limitada jurisprudencia que, hasta la fecha, ha emitido la CIDH y la COIDH. Como hemos podido comprobar, son muy pocos los casos relativos a la objeción de conciencia sobre los que se ha pronunciado. Y por último, es reduccionista, porque sólo reconoce la objeción de conciencia con fundamento religioso.

---

571 CIDH, "Informe sobre Acceso a la información en materia de reproductiva desde una perspectiva de derechos humanos", párrafo número 95, OEA/Ser. L/V/II. Doc. 61 (22 de noviembre de 2011). [consultado 5 de junio 2016]. Disponible en: Disponible en: http://www.cidh.oas.org/pdf%20files/mujeresaccesoinformacionmateriareproductiva.pdf

572 CIDH, "Informe sobre Acceso a la información en materia de reproductiva desde una perspectiva de derechos humanos", párrafo número 95, OEA/Ser. L/V/II. Doc. 61 (22 de noviembre del 2011), *op. cit.*

2.3. La protección de las convicciones en el ordenamiento jurídico español

En lo que se refiere al ordenamiento jurídico español, se hará una breve referencia a la regulación constitucional sobre el tema. Posteriormente, se aludirá a otras disposiociones legales, para finalizar explicando las líneas básicas que ha seguido la jurisprudencia del TCE en relación a esta materia.

2.3.1. Regulacion constitucional

En cuanto al texto constitucional, la CE no hace referencia expresa a la protección de las convicciones. No obstante, sí que contiene algunos artículos de los que se desprende que dichas convicciones son garantizadas jurídicamente. En concreto, puede entenderse que el amparo legal de las mismas se deriva del reconocimiento constitucional de la libertad ideológica y religiosa, reconocidas en el artículo 16.1 de la CE[573]. Dichas libertades garantizan, a su vez, la libertad de conciencia, de la que se deriva la protección constitucional de la objeción de conciencia[574].

Además, puede entenderse que las convicciones también se encuentran protegidas en el artículo 30.2 CE[575], que hace referencia explícita a la modalidad de objeción de conciencia al servicio militar, aunque actualmente, como es bien conocido, el servicio militar obligatorio no está vigente en España[576].

---

573 Cfr. Albert Márquez, M., *Libertad de conciencia: el derecho a la búsqueda personal de la verdad*, *op. cit.*, p. 93.

574 Cfr. Escobar Roca, G., *La objeción de conciencia en la Constitución Española*, *op. cit.*, p. 193.

575 "Artículo 30.2: La ley fijará las obligaciones militares de los españoles y regulará, con las debidas garantías, la objeción de conciencia, así como las demás causas de exención del servicio militar obligatorio, pudiendo imponer, en su caso, una prestación social sustitutoria", en Constitución Española de 1978, Agencia Estatal BOE. [consultado 13 de junio 2016]. Disponible en: Disponible en: http://www.boe.es/legislacion/documentos/ConstitucionCASTELLANO.pdf

576 Cfr. Gómez Abeja, L., *Las objeciones de conciencia*, *op. cit.*, p. 120.

Y, por último, el artículo 20.1.d de la CE[577], contiene a la cláusula de conciencia de los periodistas. Aunque guarda relación con la objeción de conciencia, es un recurso cuya efectividad se circunscribe al ámbito profesional de estos profesionales.

2.3.2. Jurisprudencia del Tribunal Constitucional Español

Con respecto a la jurisprudencia del TCE, se puede afirmar que no ha seguido una línea unánime respecto de la naturaleza jurídica de la objeción de conciencia y, por ende, en lo que se refiere a la protección de las convicciones. Como señala M. Albert, "ni la naturaleza de la objeción de conciencia ni su régimen jurídico son asuntos pacíficos en la jurisprudencia española"[578]. Esto se debe a que parte de la jurisprudencia del TCE no ha sido unánime en su tratamiento de este derecho[579]. Se podrían destacar, al menos, dos líneas jurisprudenciales a partir de los pronunciamientos del TCE en lo referente al derecho de objeción de conciencia. Una primera dirección, según la cual la objeción de conciencia es un derecho fundamental; y una segunda, en la que se rechaza tal posibilidad. Seguidamente nos referiremos a ellas.

a) Primera postura: la objeción de conciencia como derecho fundamental

Se podría incluir dentro de esta primera dirección aquellos pronunciamientos dirigidos a considerar la objeción de conciencia como un derecho reconocido implícitamente en el artículo 16 de la CE y con carácter general. Así tenemos la STCE 15/1982 y la STCE 53/1985. A continuación, haremos una breve referencia a las mismas.

La STCE 15/1982, del 23 de abril, constituye el primer pronunciamiento en el que se abordó la objeción de conciencia. Se hizo a raíz de

---

577 "Artículo 20. 1: 1. Se reconocen y protegen los derechos:
A expresar y difundir libremente los pensamientos, ideas y opiniones mediante la palabra, el escrito o cualquier otro medio de reproducción" en *Constitución Española de 1978,* Agencia Estatal BOE. [consultado 13 de junio 2016].Disponible en: http://www.boe.es/legislacion/documentos/ConstitucionCASTELLANO.pdf

578 Albert Márquez, M., *Libertad de conciencia: el derecho a la búsqueda personal de la verdad*, *op. cit.*, p. 94.

579 *Ibidem.*

un recurso de amparo contra una denegación de prórroga del servicio militar, basada en una demanda de reconocimiento de objeción de conciencia por motivos personales y éticos. El Tribunal, en Sentencia del Pleno, declaró la existencia de una conexión directa entre la objeción de conciencia y la libertad de conciencia. Además, estableció que la objeción de conciencia es una especificación de la libertad de conciencia, que implica no solo la facultad de formar libremente la conciencia, sino también de actuar conforme a ella.

La Sentencia también resaltó la conexión de la objeción de conciencia con el artículo 16 de la CE, que regula la libertad religiosa e ideológica, por lo que consideró que la objeción de conciencia es un derecho reconocido implícitamente en el ordenamiento jurídico español, que no requiere de una *interpositio legislatoris* para ser garantizado, sino que dicha *interpositio* sólo tendría la función de regular la objeción, de tal manera que fuera posible su plena aplicabilidad y eficacia[580].

En definitiva, en la STCE 15/1982, del 23 de abril, se entiende que la objeción de conciencia posee una conexión directa con la libertad de conciencia, y que ésta es una concreción de la libertad ideológica y de religión, regulada en el artículo 16 de la CE. De ello se deduce que las convicciones, independientemente de cuales sean sus fundamentos, se encuentran protegidas por el artículo 16 de la CE, no siendo requerida la *interposio legislatoris*.

Otro pronunciamiento que sigue esta misma dirección es la STCE 53/1985, dictada a raíz de un recurso previo de inconstitucionalidad interpuesto contra el "Proyecto de Ley Orgánica de Reforma del art. 417 bis del Código Penal", el cual reconocía que los médicos y el personal asistente sanitarios no podían ser obligados a practicar interrupciones de embarazo, por lo que se les reconocia el derecho a la objeción de conciencia. En esta Sentencia, al igual que en la anterior, no solo se reafirmó el vínculo entre objeción y libertad ideológica y religiosa, sino que además se estableció "que la objeción de conciencia al aborto era un derecho fundamental y podía como tal, alegarse, directamente sin necesidad de *interpositio legislatoris*"[581].

---

580 STCE 15/1982, *op. cit.*, Fundamento jurídico número 6, s/p.

581 Albert Márquez, M., *Libertad de conciencia: el derecho a la búsqueda personal de la verdad*, *op. cit.*, p. 96.

Si bien la cuestión examinada se refería a la objeción de conciencia al aborto, el TCE extendió el alcance de su doctrina de forma general[582]. Estableció que "la objeción de conciencia forma parte del contenido del derecho fundamental a la libertad ideológica y religiosa reconocido en el art. 16.1 de la Constitución y, (por tanto), la Constitución es directamente aplicable, especialmente en materia de derechos fundamentales"[583]. Por tanto, para el TCE la objeción de conciencia al aborto tiene naturaleza de derecho fundamental. Por ello, cabe la posibilidad de su alegación directa, sin necesidad de desarrollo legislativo[584].

En conclusión, el TCE en un primer momento sostuvo el criterio de considerar la objeción de conciencia como un derecho reconocido en el ordenamiento jurídico español, no solo de forma explícita en el art. 30. 2 de la CE, sino también implícitamente, con carácter general, en cuanto que se trata de una especificación de las libertades garantizadas en el art. 16.1 del mismo texto legal.

b) Segunda postura: la objeción de conciencia no es un derecho fundamental

Dos años después, el TCE, cambió radicalmente su criterio hermenéutico, considerando que la objeción de conciencia no podía ser considerada un derecho fundamental. Dicho criterio se plasmo especialmente en dos Sentencias, que a continuación comentaremos:

La primera de ellas fue la STCE 160/1987[585] del 27 de octubre, que resolvió el recurso de inconstitucionalidad interpuesto por el Defensor del Pueblo contra la totalidad de la Ley 48/1984, de 26 de

582 Cfr. Navarro-Valls, R., Martínez-Torrón, J., *Conflictos entre conciencia y ley: las objeciones de conciencia*, *op. cit.*, p. 64.

583 STCE 53/1985, *op. cit.,* Fundamento jurídico número 14, p. 21.

584 *Ibidem.*

585 STCE 160/1987 del 27 de octubre de 1987, dictada en el recurso previo de inconstitucionalidad avocado número 263-1985 en BOE, Núm. 271 de 12 de noviembre de 1987. [consultado 17 de junio 2016]. Disponible en: http://hj.tribunalconstitucional.es/docs/BOE/BOE-T-1987-25336.pdf. El origen fue un recurso de inconstitucionalidad presentado por el Defensor del Pueblo contra la Ley ordinaria 48/1984, de 26 de diciembre, reguladora de la objeción de conciencia y la prestación social sustitutoria.

diciembre de 1984, reguladora de la objeción de conciencia y de la prestación social sustitutoria, y contra el artículo 2 de la Ley orgánica 8/1984, de 26 de diciembre de 1984, reguladora del régimen de recursos y régimen penal en materia de objeción de conciencia y prestación social sustitutoria.

La presente Sentencia corrigió la tesis defendida en los anteriores pronunciamientos, afirmando que la objeción de conciencia no tiene categoría de derecho fundamental. Se trata de un derecho constitucional autónomo, que conlleva una doble facultad: ser declarado exento de un deber general a cumplir el servicio militar, y suplirlo con la realización de una prestación social sustitutoria[586].

Además, se señala que se goza del recurso de amparo porque así lo establece la CE con carácter excepcional, y no porque forme parte del derecho a la libertad religiosa o ideológica, ni de ningún otro derecho fundamental[587]. Por ello, su vinculación real es con el art. 30.2 CE, que lo reconoce expresamente. En este sentido, al ser un derecho constitucional y no un derecho fundamental, podría ser regulado mediante una ley ordinaria, como lo era la ley recurrida[588]. Por tanto, si no hubiera sido reconocido por el art. 30.2 de la CE, "no podría ejercerse el derecho, ni siquiera al amparo del de libertad ideológica o de conciencia (art. 16 CE) que, por sí misma, no sería suficiente para liberar a los ciudadanos de deberes constitucionales o "subconstitucionales" por motivos de conciencia, con el riesgo anejo de relativizar los mandatos jurídicos[589].

Por su parte, la STCE 161/1987[590], del 27 de octubre de 1987, resolvió las cuestiones de inconstitucionalidad planteadas por la Sección Primera de la Sala de lo Contencioso-Administrativo de la Audiencia

---

586 STCE 160/1987, *op. cit.*, Fundamento jurídico número 3, p. 28.

587 *Ibidem.*

588 *Ibidem.*

589 *Ibidem.*

590 STCE 161/1987, del 27 de octubre de 1987, dictada en el recurso previo de inconstitucionalidad 34-1986, 35-1986, 600-1986, 702-1986 en BOE, Núm. 271 de 12 de noviembre de 1987. [consultado 17 de junio 2016]. Disponible en: http://hj.tribunalconstitucional.es/docs/BOE/BOE-T-1987-25337.pdf. Referida a varias cuestiones de inconstitucionalidad promovidas por la Sala de lo Contencioso -Administrativo de la Audiencia Nacional por supuesta inconstitucionalidad de la Ley 48/1984, de 26 de diciembre 1984.

Nacional, por supuesta inconstitucionalidad de la Ley 48/1984, reguladora de la objeción de conciencia y de la prestación social sustitutoria. Por un lado, se planteó que esta Ley era contraria al artículo 81.1 de la CE, por no tener carácter de Orgánica, posibilidad que rechaza la Sentencia, alegando que:

> "(...) no obsta a esta conclusión que el derecho a la objeción de conciencia suponga una concreción de la libertad ideológica (STC 15/1982) y que esta última se encuentre entre los derechos fundamentales para cuyo desarrollo es necesaria Ley Orgánica, pues sin negar esa conexión lo cierto es que el derecho a la objeción de conciencia está configurado por el constituyente como un derecho constitucional autónomo, de naturaleza excepcional, pues supone una excepción al cumplimiento de un deber general"[591]

La Sentencia también hizo alusión a la posible inconstitucionalidad del artículo 1.3 de la Ley 48/1984, al considerar que, al no permitir ejercer el derecho a la objeción de conciencia durante el período de actividad o servicio en filas, podría vulnerar la libertad ideológica consagrada en el artículo 16 de la CE. Sin embargo, el TCE vuelve a afirmar que:

> "(...) se trata, ciertamente, como se acaba de decir, de un derecho que supone la concreción de la libertad ideológica reconocida en el art. 16 de la Norma suprema. Pero de ello no puede deducirse que nos encontremos ante una pura y simple aplicación de dicha libertad. La objeción de conciencia con carácter general, es decir, el derecho a ser eximido del cumplimiento de los deberes constitucionales o legales por resultar ese cumplimiento contrario a las propias convicciones no está reconocido ni cabe imaginar que lo estuviera en nuestro Derecho o en Derecho alguno, pues significaría la negación misma de la idea del Estado. Lo que puede ocurrir es que sea admitida excepcionalmente respecto a un deber concreto"[592].

A partir de la STCE 161/1987, el TCE enderezó su rumbo doctrinal en esta materia. Estableció que el ordenamiento jurídico español no reconoce un derecho fundamental a la objeción de conciencia con carácter general. Como explica el TCE en su Fundamento jurídico número 2, "(...) lo cierto es que el derecho a la objeción de conciencia está configurado por el constituyente como un derecho constitucional

---

591 STCE 161/1987, *op. cit.*, Fundamento jurídico número 2, p. 36.

592 STCE 161/1987, *op. cit.*, Fundamento jurídico número 3, p. 36.

autónomo, de naturaleza excepcional, pues supone una excepción al cumplimiento de un deber general (el de prestar el servicio militar obligatorio)"[593].

Como se ha manifestado en líneas anteriores, la objeción de conciencia no pretende la nulidad de la norma con carácter general, sino obtener una excepción en su eficacia respecto del objetor. En este sentido, se entiende que la naturaleza de la objeción deba ser la de una excepción[594]. Por ello, cuando se analizan las STCE 160/1987 y la STCE 161/1987, se deduce que lo que el TCE parece tener en mente es la necesidad de establecer límites ante una posible masificación de la objeción de conciencia, no tanto en general cuanto, sobre todo, en el entorno del servicio militar[595]. En este sentido, R. Navarro-Valls y J. Martínez-Torrón, comentando las aparentes contradicciones en las que incurre el TCE, sostienen:

> "A pesar de todo, el propio Tribunal Constitucional español es consciente de que la tutela de la libertad de las conciencias, y el consiguiente respeto a la persona humana cuando obra de acuerdo con sus convicciones más íntimas, se mueve en esa zona fronteriza, de no fácil delimitación, que caracteriza el ejercicio de los derechos fundamentales en su posible conflicto con otros bienes jurídicos dignos de protección"[596].

Como podemos apreciar, esta segunda postura, en la que se considera que la objeción de conciencia no debe ser considerada un derecho fundamental, no ha sido totalmente diáfana. En realidad, en este punto la jurisprudencia del TC, más que aclarar la situación jurídica, estableciendo los límites y los alcances de la objecion de conciencia, ha generado confusión en lo relativo a su aplicación a las situaciones concretas que se generan.

---

593 STCE 161/1987, *op. cit.*, Fundamento jurídico número 2, p. 36.

594 Cfr. Albert Márquez, M., *Libertad de conciencia: el derecho a la búsqueda personal de la verdad*, *op. cit.*, p. 97.

595 Cfr. Navarro-Valls, R., Martínez-Torrón, J., *Conflictos entre conciencia y ley: las objeciones de conciencia*, *op. cit.*, pp. 64-66.

596 *Ibidem*, p. 67.

c) Otras Sentencias del Tribunal Constitucional Español

A continuacion haremos referencia a algunas STC español relevantes en relación a este tema. Serían las siguientes:

> La STCE 151/2014, de 23 de septiembre, que resolvió el recurso de inconstitucionalidad contra la Ley Foral 16/2010[597], de 8 de noviembre, que creaba a nivel autonómico un Registro de objetores de conciencia al aborto. La presente Sentencia, no se pronunció sobre el fondo de la cuestión (cúal era la naturaleza jurídica de la objeción), sino que se limitó a establecer que la creación del Registro de objetores no violaba el derecho a no declarar sobre las propias creencias, debido a que el ejercicio de la objeción de conciencia ya supone, de por sí, la renuncia del objetor a mantener tales convicciones en su intimidad[598]. Además, estableció las distintas formas que pueden existir para demostrar las propias convicciones, a fin de poder hacer efectiva la objeción de conciencia. El Tribunal exigió que la declaración del objetor se hiciera por antelación y por escrito, lo que requerirá la creación de un fichero de datos personales, a los efectos del artículo 3b) de la Ley Orgánica (LO) 15/1999[599].

En razón de los argumentos esgrimidos, puede manifestarse que en la STCE 151/2014, de 23 de septiembre, el TCE no reconoció que existiera diferencia, a efectos de proteger la intimidad de las convicciones, entre una comunicación personal escrita, dirigida a la Dirección del servicio correspondiente, y la inscripción en un Registro autonómico[600]. En este sentido, el fundamento 5 de la STCE establece que la creación de un Registro de objetores no implica un límite al ejercicio del derecho de objeción de conciencia, como tampoco "un

---

597 Ley Foral 16/2010, de 8 de noviembre, por la que se crea el registro de profesionales en relación con la interrupción voluntaria del embarazo (publicada en el Boletín Oficial de Navarra de 15 de noviembre de 2010 y en el BOE de 28 de diciembre de 2010), [consultado 20 de junio 2016]. Disponible en: http://www.lexnavarra.navarra.es/detalle.asp?r=9301

598 STCE 151/2014 del 25 de septiembre de 2014, dictada en el recurso de inconstitucionalidad avocado Núm 825-2011 en BOE, Número 261, 28 de octubre de 2014. Fundamento jurídico número 5, p. 115. [consultado 19 de junio 2016]. Disponible en: https://hj.tribunalconstitucional.es/HJ/docs/BOE/BOE-A-2014-11020.pdf

599 *Ibídem.*

600 Cfr. Albert Márquez, M., *Libertad de conciencia: el derecho a la búsqueda personal de la verdad*, *op. cit.*, p. 99.

sacrificio desproporcionado e injustificado de los derechos a la libertad ideológica e intimidad"[601].

Como se ha manifestado en líneas anteriores, hubiera sido conveniente que el propio TCE se pronunciará sobre la naturaleza de la objeción de conciencia para que, en base a ello, se pudieran establecer sus límites. En este sentido, A. OLLERO, en su voto particular a la referida STCE 151/2014, de 23 de septiembre, afirma que la objeción de conciencia es un derecho fundamental y que, precisamente por esta razón, la creación de un Registro de objetores constituye una medida inconstitucional, ya que resulta desalentadora en relación al ejercicio efectivo del derecho[602], en el sentido de que los profesionales objetores puedan verse sometidos al riesgo de ser discriminados en razón de las convicciones alegadas. Ello se debe a que la existencia de un Registro conlleva habitualmente la publicidad de los datos en él contenidos. Por ello, lejos de ser un aliciente para la protección de las convicciones, lo que se origina es una desprotección de las mismas[603].

Otro pronunciamiento importante fue la STCE 141/2015[604], de 25 de junio del 2015, relativa al Recurso de Amparo presentado por un farmacéutico que había sido sancionado por la Junta de Andalucía

---

601 STCE 151/2014, *op. cit.*, Fundamento jurídico número 5, p. 115.

602 En este sentido, en el Fundamento 4 del voto particular de A. Ollero, se refiere: "Debemos para ello recordar la doctrina de este Tribunal, que considera inconstitucional cualquier medida que genere un «efecto desalentador» o «disuasorio» del ejercicio de derechos constitucionales. Así lo ha afirmado en relación al ejercicio de la libertad de expresión; entre otras, en las Sentencias 110/2000, de 5 de mayo, 2/2001, de 15 de enero, y 174/2006, de 5 de junio. Igualmente, en lo relativo al derecho de reunión —en las Sentencias 196/2002, de 28 de octubre, y 110/2006, de 3 de abril—; a la libertad sindical —en las Sentencias 70/200, de 13 de marzo, 265/2000, de 13 de noviembre, 88/2003, de 19 de mayo, 185/2003, de 27 de octubre, 241/2005, de 10 de octubre, 151/2006, de 22 de mayo, o 108/2008, de 22 de septiembre—; al derecho a la huelga —en la Sentencia 104/2011, de 20 de junio—; o a la intimidad personal —en la Sentencia 196/2006, de 3 de julio—. Son al respecto igualmente abundantes los fallos del Tribunal Europeo de Derechos Humanos; entre ellos el de 29 de febrero de 2000 en el caso Fuentes Bobo contra España" (Voto particular del Magistrado A. OLLERO, en relación con STCE 151/2014, *op. cit.*, Fundamento jurídico número 4, p. 122).

603 *Ibídem*, pp. 122-123.

604 STCE 145/2015, de 25 de junio del 2015, dictada en el Recurso de Amparo 412/2012 en BOE, Núm. 182 de 31 de julio del 2015. [consultado 17 de junio

como consecuencia de su objeción de conciencia a dispensar preservativos y el levonorgestrel (la denominada "píldora del día después"). Al respecto el demandante sostenía, basándose en lo establecido en la STCE 53/1985, que:

> "(...) las resoluciones impugnadas han vulnerado su derecho a la objeción de conciencia, como manifestación de la libertad ideológica reconocida en el art. 16.1 CE, al haber sido sancionado por actuar en el ejercicio de su profesión de farmacéutico siguiendo sus convicciones éticas sobre el derecho a la vida. Tales convicciones, afirma, son contrarias a la dispensación del medicamento con el principio activo levonorgestrel 0,750 mg, debido a sus posibles efectos abortivos si se administra a una mujer embarazada. El planteamiento del demandante, sintetizado en los términos expuestos, permite colegir que la exención del deber, que para sí reclama, (...) colisiona frontalmente con sus convicciones sobre la protección del derecho a la vida"[605].

Hasta ese momento, el TCE no había tenido la oportunidad pronunciarse sobre la cuestión relativa a la ponderación entre el reconocimiento a la objeción de conciencia, entendida como manifestación del derecho fundamental a la libertad ideológica regulada en el artículo 16 de la CE, y la obligación de tener en una Oficina de Farmacia el número minimo de medicamentos que la normatividad sectorial obliga a los farmacéuticos[606]. En este sentido, el TCE analizó dos cuestiones: por un lado verificó si el derecho a la objeción de conciencia que la jurisprudencia constitucional reconoce a los médicos es también aplicable a los farmacéuticos; y, por otro, determinó si el derecho de objeción de conciencia es aplicable a otros supuestos. De forma particular, si puede alegarse objeción de conciencia frente a las demandas de prestaciones sanitarias para la interrupción voluntaria del embarazo, así como al acceso a los productos anticonceptivos y contraceptivos autorizados en España[607].

2016]. Disponible en: https://hj.tribunalconstitucional.es/HJ/docs/BOE/BOE-A-2015-8639.pdf

605 STCE 145/2015, *op. cit.*, Fundamento jurídico número 4, p. 66663.

606 Cfr. *Ibidem.*

607 Tribunal Constitucional Español, Gabinete del Presidente, en Nota Informativa Nº 52/2015. [consultado 18 de junio 2016]. Disponible en: http://www.tribunalconstitucional.es/es/salaPrensa/Documents/NP_2015_052/NOTA%20INFORMATIVA%20NUMERO%2052-2015.pdf

Respecto de la primera cuestión, el Pleno del TCE consideró que existe un paralelismo entre el conflicto de conciencia del demandante (farmacéutico) y el que afecta a los facultativos (médicos)[608], por lo que resulta de aplicación el derecho a la objeción de conciencia también al farmacéutico. En cuanto al segundo punto, el Tribunal concluyó afirmando que el incumplimiento por el demandante de su deber de contar en su Oficina de Farmacia con el "mínimo de existencias establecido normativamente"[609] no puso en peligro el derecho de la mujer a acceder a los medicamentos anticonceptivos autorizados por el ordenamiento jurídico vigente[610]. De hecho, la misma Sentencia explica que "la farmacia regentada por el demandante se ubica en el centro urbano de la ciudad de Sevilla, dato éste del que se deduce la disponibilidad de otras Oficinas de Farmacia relativamente cercanas"[611]. Además, la STC tiene en cuenta que el demandante estaba inscrito como objetor de conciencia en el Colegio Oficial de Farmacéuticos de Sevilla. De allí que "actuó bajo la legítima confianza de ejercitar un derecho, cuyo reconocimiento estatutario no fue objetado por la Administración"[612].

Por todo ello, el TCE afirmó que la sanción impuesta al demandante, por carecer en su Farmacia de la "píldora del día después", vulnera su derecho a la libertad ideológica, garantizado por el artículo 16.1 CE[613]. Sin embargo, el mismo Tribunal rechazó conceder el Amparo en el supuesto de los preservativos, bajo el argumento de que "ningún conflicto de conciencia con relevancia constitucional puede darse en este supuesto"[614]. Asimismo, señaló que "es patente que el incumplimiento de la obligación relativa a las existencias de preservativos queda extramuros de la protección que brinda el precepto constitucional indicado"[615]. Frente a ello, el Magistrado A. Ollero manifestó una postura distinta. Mediante Voto particular, afirmo:

---

608 STCE 145/2015, *op. cit.*, Fundamento jurídico número 4, p. 66663.
609 *Ibidem.*
610 STCE 145/2015, *op. cit.*, Fundamento jurídico número 5, p. 66664.
611 *Ibidem.*
612 STCE 145/2015, *op. cit.*, Fundamento jurídico número 5, p. 66665.
613 STCE 145/2015, *op. cit.*, Fundamento jurídico número 4, p. 66663.
614 STCE 145/2015, *op. cit.*, Fundamento jurídico número 6, p. 66665.
615 *Ibidem.*

> "Todo parece indicar que se está incurriendo en la ya criticada identificación de conciencia con moralidad, o incluso con "creencias". Dejando aparte la dimensión de «laicidad positiva» que aquí no entra en juego, las exigencias del artículo 16 CE giran en torno a la neutralidad de los poderes públicos y su no injerencia en la conciencia –jurídica o moral– del ciudadano. No parece compatible con ello que los Magistrados del Tribunal puedan considerarse llamados a erigirse en directores espirituales de los ciudadanos, aleccionándolos sobre qué exigencias de su conciencia gozan de la protección de un derecho fundamental y cuáles han de verse descartadas por tratarse de retorcidos escrúpulos"[616].

Otra decisión que destacar es la STCE 11/2016, del 1 de febrero de 2016[617], referida a la solicitud de entrega de un feto abortado de 22 semanas a sus progenitores, a fin de poder ser incinerado. Dicha petición fue negada en primera instancia, por considerar que se trataba de un supuesto distinto al amparado en una ocasión anterior, debido a que, en el caso de estudio, la madre no profesaba ninguna religión, y además la muerte del feto era fruto de un aborto voluntario.

Ateniendose a los argumentos desarrollados por el Tribunal, resaltan dos cuestiones a tener en cuenta: "Si el fruto de un aborto espontáneo justifica mejor trato que el de un aborto programado y si la libertad ideológica de la recurrente en amparo no merece trato similar al de la libertad religiosa en el caso precedente"[618]. Finalmente, el Tribunal cae en una discriminación fruto de una desigualdad de trato (art. 14 CE), con incidencia en el derecho a la intimidad familiar (art. 18.1 CE).

Como refiere el Magistrado A. Ollero, la Sentencia vulnera del último de estos derechos, ahorrándose todo argumento a la hora de descartar el principal motivo de impugnación de las Resoluciones[619]. Y como destaca el mismo autor, si con la STCE 15/1982 del 23 de abril, se rechazó la objeción de conciencia por considerar que las motivaciones no eran religiosas, sino éticas, en el caso actual se vuelve a caer en la misma desigualdad de trato en relación con los motivos

---

616 *Ibidem*.

617 STCE 11/2016, *op. cit.*, pp. 18379–18397.

618 Ollero Tassara, A., "Bioética en el Tribunal Constitucional", en *Bioética y nuevos derechos*, Santos, J; Albert, M.; Hermida, C. (eds.), Comares, 2016, p. 285.

619 STCE 11/2016, *op. cit.*, pp. 18379–18397.

religiosos respecto de los ideológicos, pese a que ambos se encuentran equiparados en el artículo 16 de la CE[620].

Como se puede advertir, no deja de resultar llamativa la aparente dificultad para conceder amparo a los derechos y libertades relacionados con la conciencia personal, que se ha tenido ya ocasión de poner de relieve, especialmente siguiendo el tenor de anteriores Votos particulares. Ello lleva a pensar que el TCE ha desaprovechado la oportunidad de resaltar el obligado respeto a las convicciones personales que -se compartan y consideren coherentes o no-, respetan el ordenamiento legal y no afectan al orden público, único límite aceptado por el art. 16.1 CE.

Como se puede apreciar, el desarrollo jurisprudencial del TCE, en lo referente a la objeción de conciencia, resulta accidentado. En lo que a nosotros respecta, se considera la objeción de conciencia como un derecho fundamental, no con un alcance ilimitado, sino con unos límites que vendrán determinados por la necesaria ponderación con otros bienes o derechos constitucionalmente protegidos[621].

Ello supone que, en los supuestos en los que se plantee una demanda de no cumplir un deber jurídico por motivos de conciencia, la situación deberá resolverse mediante un adecuado juicio de ponderación, como un caso de colisión entre la norma que reconoce el derecho y aquélla que prescribe el deber. Se trata, en definitiva, de supuestos en los que debe establecerse límites al ejercicio de un derecho fundamental y en el respeto a las convicciones[622].

---

620 Voto particular concurrente de A. Ollero, en relación con la STCE 11/2016, *op. cit.*, Fundamento jurídico número 3, p. 18388.

621 Ollero Tassara, A., "Bioética en el Tribunal Constitucional" en *Bioética y nuevos derechos*, Santos, J; Albert, M.; Hermida, C. (eds.), Comares, 2016, p. 290.

622 En este sentido, cfr. Gascón Abellán, M., *Obediencia al Derecho y objeción de conciencia*, *op. cit.*, pp. 300 y ss.; Prieto Sanchís, L.,"El derecho fundamental de libertad religiosa", en *Manual de Derecho Eclesiástico,* Ibán, I.C; Prieto Sanchís, L; Motilla, A., Trotta, Madrid, 2004, p. 81.

2.3.3. Otras disposiciones legales

En España, como en la mayoría de los países, la protección de las convicciones, a través de la objeción de conciencia, se relacionó, al menos en un principio, casi exclusivamente con la obligatoriedad el servicio militar[623]. Es a comienzos de los años cincuenta cuando se empieza a plantear este problema[624]. La objeción de conciencia se contempla, por primera vez, en el Real Decreto 3011/1976[625], de 23 de diciembre, sobre Objeción de conciencia de carácter religioso al servicio militar. Dicha norma permitía que disfrutaran de prórrogas "los mozos que, por razones u objeciones de conciencia, de carácter religioso, se muestren opuestos al empleo de las armas y opten por sustituir el servicio militar en filas por una prestación personal en puestos de interés cívico". La sucesión de condenas, y la postura firme de los objetores, produjeron, sin ninguna duda, la oportuna y necesaria sensibilización social. Por otro lado, es importante destacar que, en ese momento, el reconocimiento de la objeción quedaba circuscrita a razones de *carácter religioso*. Con posterioridad, la Ley 46/1977, de 15 de octubre, incluye también la justificación por motivos éticos.

Tras la aprobación de la CE, la STC 15/1982, en su Fundamento jurídico número 7, sostuvo que era "(...) evidente que la regulación contenida en el mencionado Decreto, norma de rango inferior a la Ley y que contempla únicamente la objeción de carácter religioso, resulta insuficiente en su aplicación a la nueva situación derivada de la Constitución"[626]. En definitiva, la sola fundamentación de las convicciones en razones religiosas resultaba insuficiente, requiriéndose

---

623 Vid. López Guzmán, J., *Objeción de conciencia farmacéutica*, Ediciones Internacionales Universitarias, Barcelona, 1997; López Guzmán, J., *¿Qué es la objeción de conciencia?*, EUNSA, Pamplona, 2011.

624 En cuanto a la evolución legal de la situación de la objeción de conciencia en España, vid. Martín-Retortillo, L. "El derecho a la objeción de conciencia en la jurisprudencia del Tribunal Constitucional", op. cit.; Peláez Albendea, F.J., *La objeción al servicio militar en el Derecho positivo español*, Ministerio de Justicia, Madrid, 1988, págs. 31-44; Oliver Araujo, J., *La objeción de conciencia al servicio militar,* op. cit., págs. 91-376.

625 Real Decreto 3011/1976, de 23 de diciembre, sobre la objeción de conciencia de carácter religioso al servicio militar. [consultado 17 de junio 2016]. Disponible en: http://e-spacio.uned.es/fez/view/bibliuned:BFD-1977-00-10011

626 STCE 15/1982, *op. cit.,* Fundamento jurídico número 7.

una ampliación que tuviera en cuenta otros motivos además de los religiosos (ya fueran morales, éticos, filosóficos, etc.).

Haciendo efectivo lo dispuesto por la STC 15/1982, el 26 de diciembre 1984 entró en vigor la Ley 48/1984, reguladora de la objeción de conciencia y de la prestación social sustitutoria en España. Pese a estar derogada[627], resulta interesante mencionarla, por lo que supuso en relación a la protección jurídica de las convicciones: fue la primera vez que en España una ley establecía que tipo de convicciones estaban protegidas. La norma establecía:

> "(...) Los españoles sujetos a obligaciones militares que, *por motivos de conciencia en razón de una convicción de orden religioso, ético, moral, humanitario, filosófico u otros de la misma naturaleza,* sean reconocidos como objetores de conciencia, quedarán exentos del servicio militar, debiendo realizar en su lugar una prestación social sustitutoria"[628].

Como se aprecia, la norma no realiza ninguna discriminación en lo referente a los fundamentos de la objeción de conciencia, permitiendo que la convicción pueda ser de carácter religioso, ético, moral, humanitario, filosófico u otros; siempre que no se atente contra el orden público, ni los derechos ajenos, únicos límites para no amparar una convicción.

Posteriormente, la Disposición Adicional decimotercera de la Ley 17/1999, del 18 de mayo, de Régimen del Personal de las Fuerzas Armadas, determinó que a partir del 31 de diciembre del año 2002 quedaba suspendida la prestación del servicio militar (posteriormente se adelantó un año más, en virtud del R.D. 247/2001).

Ya se ha señalado que la objeción de conciencia a practicar un aborto ha sido también expresamente reconocida en España. La STCE 53/1985, de 11 de abril admitió formalmente este derecho. Pero el médico no es el único sanitario que colabora en un aborto, ni éste constituye el único deber profesional que puede suscitar problemas de conciencia en un agente de la salud. Esta es la causa de que progresivamente se hayan presentado

---

627 Es importante señalar que la Ley 48/1984 de 26 de diciembre (BOE 28/12/1984) ha sido derogada por el RD 342/2001, de 4 de abril (BOE 17/ 04/ 2001), como consecuencia de la suspensión de la prestación de servicio militar por RD 247/2001, de 9 de marzo (BOE 10/03/2001).

628 Artículo 1 inciso 2 de la Ley 48/1984, de 26 de diciembre (BOE 28/12/1984).

en España otras demandas de objeciones de conciencia[629]. En algunos casos ya existía un reconocimiento legal. Así, por ejemplo, las enfermeras y matronas obtuvieron el derecho a la exención de participar en abortos[630]. Por su parte, como ya se ha señalado, los farmacéuticos han visto también protegidas sus convicciones en relación a la dispensación de la "píldora del día siguiente"[631]. Anteriormente a la referida STC, la Sentencia del Tribunal Supremo de 23 de abril de 2005 (Sección séptima de la Sala de lo Contencioso-Administrativo), aunque desestimó una demanda por entender que existía falta de legitimación activa en el demandante, afirmó en el Fundamento de Derecho quinto, que: "en el caso de la objeción de conciencia, su contenido constitucional forma parte de la libertad ideológica reconocida en el artículo 16.1 de la CE (STC nº 53/85), en estrecha relación con la dignidad de la persona humana, el libre desarrollo de la personalidad (art. 15 de la CE), lo que no excluye la reserva de una acción en garantía de este derecho para aquellos profesionales sanitarios con competencias en materia de prescripción y dispensación de medicamentos".

Otra norma a destacar es la Ley Orgánica 2/2010, de salud sexual y reproductiva y de la interrupción voluntaria del embarazo, por la que se modifica la regulación legal del aborto en España. En ella se incluye una referencia expresa a la objeción de conciencia. Así, se refiere a: "El rechazo o la negativa a realizar la intervención de interrupción del embarazo por razones de conciencia (...)"[632]. En este sentido, se puede afirmar que la presente norma contiene una referencia expresa a la objeción de conciencia de los profesionales sanitarios involucrados en un aborto.

En este sentido, se podría afirmar que cuando una obligación entra en conflicto con las convicciones éticas, deontológicas o morales de un médico o de otro profesional de la salud, sea cual sea su partici-

---

629 Sieira, S., *La objeción de conciencia sanitaria*, Dykinson, Madrid, 2000.

630 Aparisi, A.; López-Cerón, M.R.; López Guzmán, J., "Matronas y objeción de conciencia", *Revista ROL de enfermería*, 1999, 22 (6), págs. 438-40.

631 López Guzmán, J.; Aparisi, A., *La píldora del día siguiente. Aspectos farmacológicos, éticos y jurídicos*, La Caja, Madrid, 2002, págs. 133-87.

632 Ley Orgánica 2/2010, de 3 de marzo, de salud sexual y reproductiva y de la interrupción voluntaria del embarazo, en BOE núm. 55, de 4 de marzo de 2010, pp. 21001-21014. [consultado 31 de julio 2016]. Disponible en: http://www.boe.es/boe/dias/2010/03/04/pdfs/BOE-A-2010-3514.pdf

pación concreta en el proceso sanitario, el Estado no puede imponer actuar en contra de dichas convicciones con medidas coactivas. En realidad, la obligación de organizar un servicio recae sobre los entes hospitalarios, no sobre los objetores. Por otro lado, al ser la objeción de conciencia un derecho fundamental, cuando se plantea una contradicción entre las demandas de la madre y las del objetor, prevalece el de este último. No obstante, esta dirección no queda suficientemente reconocida en la presente Ley, por lo que sería deseable una mayor claridad y apoyo al objetor al respecto[633].

En el contexto de la Farmacia también cabe resaltar el Código de Ética farmacéutica y deontología de la profesión farmacéutica, de 2001[634]. En él se contienen referencias directas e indirectas a la protección de las convicciones. Así, el artículo 10 hace referencia a que "el farmacéutico se abstendrá de participar en todo tipo de actuaciones, estén o no relacionadas con su profesión, en que sus conocimientos y habilidades sean puestas al servicio de actos que atenten contra la vida, la dignidad humana o contra los derechos del hombre"[635]. Deberá, asimismo, actuar con convicción de conciencia y evitar las prácticas, comportamientos o condiciones de trabajo que puedan afectar a su trabajo profesional[636]. Unido a ello, "el farmacéutico respetará las actuaciones de sus colegas y de otros profesionales sanitarios, aceptando la abstención de actuar cuando alguno de los profesionales de su equipo muestre una objeción razonada de ciencia o de conciencia"[637]. Además, se añade que "la responsabilidad y libertad personal del farmacéutico le faculta para ejercer su derecho a la objeción de conciencia, respetando la libertad y el derecho a la vida y la salud del paciente"[638]. En ese caso, "el farmacéutico podrá comunicar

---

633 Cfr. Navarro-Valls, R., Martínez-Torrón, J., *Conflictos entre conciencia y ley: las objeciones de conciencia*, *op. cit.*, pp. 157-158.

634 Código de Ética farmaceútica y deontología de la profesión farmaceútica, aprobado el 14 de diciembre del 2011 por la Asamblea General de Colegios Oficiales de Farmacéuticos de España, en *Cuadernos de Bioética*, 63 (2007), pp. 249-253.

635 Código de Ética farmaceútica y deontología de la profesión farmaceútica. [consultado 25 de julio 2016]. Disponible en: http://www.unav.es/cdb/esotcodigofar1.html

636 *Ibidem*, artículo 22.

637 *Ibidem*, artículo 23.

638 *Ibidem*, artículo 28.

al Colegio de Farmacéuticos su condición de objetor de conciencia a los efectos que considere procedentes. El Colegio le prestará el asesoramiento y la ayuda necesaria"[639].

Esta modalidad de protección de las convicciones ha tenido especial incidencia en los supuestos de dispensación de ciertas píldoras con efecto antimplantatorio, como la llamada "píldora del día siguiente" (levogenestrel). Aunque algunos la consideran meramente anticonceptiva, la realidad es que puede producir efectos que son, en rigor, abortivos, aunque se trate de momentos muy tempranos tras la fecundación. Por otro lado, conviene tener en cuenta que en España se ha autorizado la dispensación de ese producto sin necesidad de receta médica. Por ello, y especialmente en el caso de menores de edad, se ha considerado que es contrario a la ética profesional farmacéutica el acceder a proporcionarlo, especialmente si se carece de la debida información sobre loe efectos de este producto[640].

Por último, cabe resaltar la reciente Ley Orgánica 3/2021[641] de regulación de la eutanasia, por la que se introduce en el ordenamiento jurídico español la eutanasia como un nuevo derecho individual, haciéndose referencia en el artículo 16, al derecho de objeción de conciencia de los profesionales de salud directamente implicados en la prestación de ayuda para morir[642]. Dicha norma requerirá de varias

---

[639] *Ibidem*, artículo 30.

[640] Aguelles, P., "El farmeceútico y la "píldora del día siguiente" (I), en *Cuadernos de Bioética*, 63 (2007), pp. 209-211.

[641] Ley Orgánica 3/2021, de 24 de marzo, de regulación de la eutanasia en BOE núm. 72, de 25 de marzo de 2021, pp. 34037 – 34049. [consultado 19 de noviembre 2021]. Disponible en: http://www.boe.es/eli/es/lo/2021/03/24/3/dof/spa/pdf

[642] Artículo 16: "Objeción de conciencia de los profesionales sanitarios. 1. Los profesionales sanitarios directamente implicados en la prestación de ayuda para morir podrán ejercer su derecho a la objeción de conciencia. El rechazo o la negativa a realizar la citada prestación por razones de conciencia es una decisión individual del profesional sanitario directamente implicado en su realización, la cual deberá manifestarse anticipadamente y por escrito. 2. Las administraciones sanitarias crearán un registro de profesionales sanitarios objetores de conciencia a realizar la ayuda para morir, en el que se inscribirán las declaraciones de objeción de conciencia para la realización de la misma y que tendrá por objeto facilitar la necesaria información a la administración sanitaria para que esta pueda garantizar una adecuada gestión de la prestación de ayuda para morir. El

presiones, pero este no constituye el fin de este trabajo. Conviene precisar que la redacción del presente artículo atenta contra la Ley de Protección de Datos y contra el principio esencial que determina que la objeción no es indefinida ni absoluta, es decir, que cada caso y cada paciente responden a unas circunstancias únicas y particulares que tendrán que ser valoradas de manera individual.

En definitiva, como podemos apreciar los conflictos entre ley y conciencia cobran cada vez mayor importancia en la sociedad. Se produce así, en palabras de R. NAVARRO-VALLS y J. MARTÍNEZ-TORRÓN, una progresiva metamorfosis de la objeción de conciencia y del mismo contenido de la convicción que es protegido. Vemos, de este modo, que la objeción de conciencia, "de ser un mecanismo de defensa de la conciencia religiosa frente a la intolerancia del poder, ha pasado a tutelar también contenidos éticos de conciencia, no necesariamente vinculados a creencias religiosas"[643], como hemos intentado mostrar a lo largo de este capítulo.

---

registro se someterá al principio de estricta confidencialidad y a la normativa de protección de datos de carácter personal" *Ibidem.*

643 NAVARRO-VALLS, R., MARTÍNEZ-TORRÓN, J., *Conflictos entre conciencia y ley: las objeciones de conciencia*, *op. cit.*, p. 30.

Capítulo III

DIGNIDAD, VIDA HUMANA, OBJECCIÓN DE CONCIENCIA Y CONVICCIONES

1. APROXIMACIÓN AL PRINCIPIO DE LA DIGNIDAD HUMANA

Como ha señalado J. HERVADA, "(...) los derechos a las libertades de pensamiento, de conciencia y religión son cosas debidas al hombre en su dimensión de ser racional. Protegen la dignidad humana en cuanto se refiere al mundo del espíritu, o sea, al ámbito de racionalidad proyectado en el obrar del hombre"[644]. En este sentido, la objeción de conciencia podría ser entendida como un derecho íntimamente vinculado, o derivado, de la dignidad humana.

Por otro lado, parece claro que, a su vez, existe una estrecha relación entre el reconocimiento del principio de la dignidad humana y el respeto del derecho a la vida (principio y consecuencia), ya que la lesión de este derecho implica la extinción del ser que es digno. En realidad, la agresión a cualquier otro derecho no supone, como en el caso de la vida, la eliminación del mismo ser depositario de la dignidad.

De acuerdo con lo señalado, el objetivo de este capitulo es triple. Se pretende:

a) Desarrollar algunas ideas sobre el principio de la dignidad humana, entendida como el fundamento último de la objeción de conciencia.

b) Justificar hasta que punto el reconocimiento de la dignidad humana también implica, en relación al derecho a la vida, un deber de respeto a todo ser humano. Como apunta G. ROBLES, "parece que debe estar fuera de toda discusión que los

---

644 HERVADA, J., "Libertad de conciencia y error sobre la moralidad de una terapéutica", *op. cit.*, p. 184.

principios constitucionales de la dignidad humana y del libre desarrollo de la personalidad no sólo expresan ámbitos de libertad para el individuo, sino también, y relevantemente, la obligación, por parte de todos, de respetarlos en las personas ajenas implica reconocer que los demás son fines en si mismos"[645].

No obstante, como se podrá advertir, en la actualidad coexisten diversas concepciones de la dignidad, algunas de ellas incompatibles con el respeto a la vida humana naciente. En este contexto, se intentará también mostrar que, sólo si se entiende la dignidad en sentido ontologico, es posible establecer un nexo lógico entre el principio de la dignidad humana, la protección de las convicciones mediante la garantía que ofrece la objeción de conciencia, y la consideración de que, entre dichas convicciones protegidas, ocupa un lugar fundamental la del respeto a la vida humana naciente;

c) por último, y siguiendo lógica expuesta, se intentará fundamentar, ahora desde una perspectiva interdisciplinar, el valor intrínseco de la vida humana y, en definitiva, lo anteriormente apuntado: que el respeto a la vida humana naciente puede ser considerado como una convicción fundamental, en la que concurren todos los requisitos necesarios para ser amparada por la objeción de conciencia.

1.1. *La dignidad humana como principio ético-jurídico*

Como sostiene A. Aparisi, abordar el principio de la dignidad humana es "sumamente complejo, no sólo por la riqueza de su contenido, sino también por la abundante doctrina existente sobre el mismo[646]. En el mismo sentido, J. Hervada, reconoce que la dignidad

---

[645] Robles, G., "El libre desarrollo de la personalidad (Artículo 10 CE)", en García San Miguel, L., (coord.), *El libre desarrollo de la personalidad*, Servicio de Publicaciones Universidad de Alcalá, Alcalá de Henares, 1995, p. 48.

[646] Aparisi Miralles, A., "El principio de la dignidad humana como fundamento de un bioderecho global", en *Cuadernos de Bioética*, XXIV/2 (2013), pp. 205 y 201-221. Entre otros muchos trabajos, sobre este tema se puede consultar: Aparisi Miralles, A., *Ética y deontología para juristas*, *op. cit.*; D'Agostino,

F., "La dignidad humana, tema bioético", en *Vivir y morir con dignidad*, González, A.M.; Postigo, E.; Aulestiarte, S. (eds.), EUNSA, Pamplona, 2002; González Pérez, J., *La dignidad de la persona*, *op. cit.*; Spaemann, R., "Sobre el concepto de dignidad humana", en *Persona y Derecho*, 19 (1988), pp. 13-33; Ballesteros, J., "Exigencias de la dignidad humana en la biojurídica" en *Biotecnología, dignidad y derecho: bases para un diálogo*, Ballesteros, J., Aparisi Miralles, A. (eds.), EUNSA, Pamplona 2004; González, A. M., "La dignidad de la persona, presupuesto de la investigación científica" en *Biotecnología, dignidad y derecho: bases para un diálogo*, Ballesteros, J., Aparisi Miralles, A. (eds.), EUNSA, Pamplona 2004; González, A. M., *Naturaleza y dignidad: un estudio desde Robert Spaemann*, EUNSA, Pamplona, 1996; Spaemann, R., *Lo natural y lo racional: ensayos de antropología*, Rialp, Madrid, 1989; García Cuadrado, A. M., "Problemas constitucionales de la dignidad de la persona", en *Persona y Derecho*, 67/2 (2012); Díaz de Terán Velasco, M. C., "Bioética laica y bioética religiosa. Claves para una argumentación contemporánea" en *Cuadernos de Bioética*, vol. XXIII/1ª (2012), pp. 179-193; Díaz de Terán Velasco, M. C. "Multiculturalismo e bioética. Riflessioni di Filosofia del diritto", en *ArchivioGiuridico*, vol. CCXXVIII, fasc. 2 (2008), pp. 215-238; Díaz de Terán Velasco, M. C., "De 1968 a 2008: consecuencias en bioderecho de la revolución sexual", en *Persona y Derecho*, 58 (2008), pp. 473-487; Serna Bermúdez, P., "Dignidad de la persona: un estudio jurisprudencial" en *Persona y Derecho*, 41 (1999), pp. 139-196; Serna Bermúdez, P., "El derecho a la vida en el horizonte cultural europeo de fin de siglo" en *El derecho a la vida*, Massini Correas, C. I., Serna, P., EUNSA, Pamplona, 1998, pp. 23-80; Serna Bermúdez, P., "La dignidad de la persona como principio del Derecho Público" en *Derechos y Libertades*, 4 (1995), pp. 287-306; Serna Bermúdez, P., "La dignidad humana en la Constitución Europea" en *Comentarios a la Constitución Europea*, Tirant lo Blanch, Valencia, 2004, pp. 192 – 239; Chueca, R., *Dignidad humana y derecho fundamental*, Chueca R., (Dir.), Centro de Estudios Políticos y Constitucionales, Madrid, 2015.; Waldron, J., *Dignity, Rank, and Rights*, Oxford UniversityPress, New York, 2012; Waldron, J., "How Law Protects Dignity," en *Cambridge LawJournal*, 71/1 (2012), pp. 200-222. Para un estudio histórico del concepto de dignidad, se puede consultar Rosen, R., *Dignity: its history and meaning*, Harvard University Press, Cambridge, Mass, 2012; Schlag, M., *La dignità dell'uomo come principio sociale: il contributo della fede cristiana allo stato secolare*; traduzionedaltedesco di Nanini, R., EDUSC, Roma, 2013; Bristow, P., *The moral dignity of man, Four Courts Press*, Dublín, 1993; Arendt, H., *La condición humana*, Barcelona, Paidós, 1992; Bartolomei, F., *La dignitàumana come concetto e valore costituzionale*, Giapichelli, Torino, 1987;; Millán Puelles, A., *Persona humana y justicia social*, Rialp, Madrid, 1978; Melendo, T., Millán, L., *Dignidad: ¿una palabra vacía?*, EUNSA, Pamplona, 1996; Maihofer, W., "Die Würde des MenschenalsZweck des Staates", *Anales de la Cátedra de Francisco Suarez*, 12/2 (1972), pp. 37-62; Von Münch, I., "La dignidad del hombre en el Derecho Constitucional" en *Revista Española de Derecho Constitucional*, número 5, 1982, pp. 9-33; Pavía, M.L.;

"es un tema difícil"[647]. Incluso se ha llegado a afirmar que no existe "prácticamente ningún otro concepto jurídico que sea tan difícil de aprehender, desde un punto de vista iusfilosófico, como el de la dignidad humana"[648]. A ello se añade, como sostiene F. D'AGOSTINO, que se trata de un concepto que "debe ser redefinido continuamente"[649], debido a que se encuentra expuesto a un continuo riesgo de ser vaciado de significado y de contenido[650]. Pese a las referidas dificultades, en

---

REVET, T., (eds.), *La dignité de la personne humanine, Economica,* París, 1999, pp. 179-203; ANDORNO, R., *La distinction juridique entre les personnes et les choses à l' épreuve des procréations artificielles*, LGDJ, París, 1996; ANDORNO, R., *La bioétique et la dignité de la personne*, PUF, París, 1997; BON, H., *La muerte y sus problemas,* Fax, Madrid, 1950; Sociedad Internacional pro-valores humanos E. FROMM, E Y ZUBIRÁN,S., (ed.), *El ser humano y su dignidad ante la muerte*, Instituto Nacional de la Nutrición Salvador Zubirán, México, 1989; GENTLES, I. (ed.), *A Time to ChooseLife. Women, Abortion and Human Rights, Stoddart*, Toronto, 1990; CHOZA, J., "El descubrimiento de la dignidad humana", en ARECHEDERRA, J.J., AYUSO, P.P., CHOZA, J., VICENTE, J. (eds.), *Bioética, psiquiatría y Derechos Humanos*, I.M. & C., Madrid, 1995; ANNAS, G.J., "Death Without Dignity for Commercial Surrogacy. The Case of Baby-M", en *Hasting Center Report,* Apr–May 18 (1988); FREER, J.P., "Chronic vegetative States. Intrinsic Value of Biological Process", *Journal of Medicine and Philosophy*, 1984, p. 9; GAYLIN, W., "In Defense of the Dignity of Being Human" en *Hasting Center Report*, Aug., 14 (1984); HENDIN, H., "Selling Death and Dignity" en *Hasting Center Report,* 25/3 (1995), entre otros.

647 HERVADA, J., *Pueblo cristiano y circunscripciones eclesiásticas: conversaciones transcritas y adaptadas por Javier Hervada*, Navarra Gráfica Ediciones, Pamplona 2003, p. 45. Al respecto, el mismo J. Hervada confiesa que estuvo desorientado hasta que estudió el tema en TOMÁS DE AQUINO, donde encontró la luz para su comprensión, cfr. HOYOS, ILVA M., "De la dignidad humana como excelencia del ser personal: el aporte de Javier Hervada" en *Persona y Derecho*, 52 (2005), p. 96.

648 STIX-HACKL, C., "Conclusiones de la Abogado General en el asunto C-36/02": STJCE, del 18 marzo del 2014, apartado 74. En el mismo sentido, E. BENDA afirma que "quien quiera definir qué es la dignidad no puede por menos de referirse a aquello que distingue la naturaleza específica del hombre". BENDA, E., "Dignidad humana y derechos de la personalidad", en *Manual de Derecho Constitucional*, Marcial Pons, Madrid, 20012, p. 124.

649 D'AGOSTINO, F., "Dignidad humana, tema bioético", *op. cit.*, p. 23 El mismo autor, considera que de su adecuado significado y defensa dependerá el destino propio del hombre. Por lo que se pide una continua y fatigosa revisión, a fin de evitar un concepto erróneo (cfr. *Ibidem*, pp. 23-24).

650 Cfr. *Ibidem*, p. 23.

las páginas que siguen se intentará aportar algunos parámetros útiles para el desarrollo de la presente investigación.

Como se ha indicado al inicio de este apartado, el término dignidad posee muchos significados[651], pero la tesis se centrará en la dignidad entendida, fundamentalmente, como principio ético-jurídico[652]. El significado etimológico de la palabra dignidad proviene del latín *dignĭtas, -ātis*, que significa "cualidad de digno, excelencia, realce, etc."[653]. Para los medievales, las *dignitates* poseían el mismo significado que los axiomas para los griegos, es decir, se trataba de "proposiciones cognoscibles por sí mismas y comunes a todos, los principios de cualquier demostración y, en consecuencia, ellas mismas indemostrables"[654]. En este sentido, TOMÁS DE AQUINO añadía que "hay axiomas o proposiciones que son evidentes por sí mismas para todos; y tales son aquellas cuyos términos son de todos conocidos"[655]. Sin embargo, en la actualidad esta afirmación de que la dignidad remite a "proposiciones cognoscibles por sí mismas y comunes a todos" no es compartida, en la medida en que existen diversas visiones de la dignidad, de las que se han extraído conclusiones prácticas completamente diferentes[656].

Podemos afirmar que el sentido propio y genuido de la dignidad ya aparece reflejado en TOMÁS DE AQUINO. Este autor afirmo que "el término dignidad es algo absoluto y pertenece a la esencia"[657]. Por su parte, R. SPAEMANN sostiene que "lo que la palabra dignidad quiere

---

651 Se puede verificar en CHUECA, R., "La marginalidad jurídica de la dignidad humana" en *Dignidad humana y derecho fundamental*, *op. cit.*, pp. 25-52. Además, GARCÍA CUADRADO, A. M., "Problemas constitucionales de la dignidad de la persona", en *Persona y Derecho*, 67/2 (2012), pp. 456 y ss, entre otros.

652 *Ibidem.*, p. 476.

653 REAL ACADEMIA ESPAÑOLA., *Diccionario de la lengua española* (Disponible en: http://www.rae.es)

654 GONZÁLEZ, A. M., "La dignidad de la persona, presupuesto de la investigación científica", *op. cit.*, 2004, p. 18.

655 TOMÁS DE AQUINO, *Summa Theologiae*, Edición de Biblioteca de Autores Cristianos, Madrid, 1993, 1-II, Cuestión 94, artículo 2, p.732.

656 Cfr. GONZÁLEZ, A. M., "La dignidad de la persona, presupuesto de la investigación científica", *op. cit.*, p. 18.

657 TOMÁS DE AQUINO, *Summa Theologiae*, Edición de Biblioteca de Autores Cristianos, Madrid, 1993, I-I, Cuestión 42, artículo 4, p. 411. En este sentido el propio TOMÁS DE AQUINO refería que "(...) es evidente por si misma cualquier

decir es difícil de comprender conceptualmente, porque indica una cualidad indefinible y simple"[658]. No obstante, podría afirmarse que "(...) se refiere a la propiedad de un ser que no es solo"fin es sí mismo para sí", sino "fin en sí mismo por antonomasia"[659] y que por tanto "(...) significa algo sagrado"[660]. En la misma línea de pensamiento, J. HERVADA manifiesta:

> "La dignidad tiene una serie de sinónimos de los que pueden mencionarse algunos: excelencia, eminencia, grandeza y superioridad. Por todos ellos puede verse que la dignidad de la persona supone que el ser humano posee una excelencia o eminencia ontológicas–que el hombre tiene un ser excelente y eminente–y una superioridad en el ser"[661].

Al respecto, A. APARISI afirma que la "dignidad es un término que se aplica al hombre para señalar una peculiar calidad de ser, para sostener que es persona y no solo individuo"[662]. Por lo que ser persona no es una propiedad añadida al modo de ser humano, sino la realidad misma del ser humano, su existencia concreta[663]. En este contexto, como refiere A. M. GARCÍA CUADRADO, la dignidad de la persona remite a una cualidad exclusiva, indefinida y simple del ser humano, que designa su superioridad frente al resto de los seres, con independencia del modo de comportarse[664] o del "contenido de su conducta[665]. De ahí que, por el hecho de ser hombre, posee esa dignidad, que lo hace ser persona humana[666].

Teniendo en cuenta lo señalado, se comparte la postura de J. HERVADA, cuando sostiene que la dignidad humana,

---

proposición cuyo predicado pertenece a la esencia del sujeto" (TOMÁS DE AQUINO, *Summa Theologica*, op. cit., I-II, Cuestión 94, artículo 2, p. 731).

658 SPAEMANN, R., "Sobre el concepto de dignidad humana", *op. cit.*, p. 16.

659 *Ibidem.*, p. 20.

660 *Ibidem.*, p. 21.

661 HERVADA, J., *Lecciones propedéuticasde filosofía delderecho*, *op. cit.*, p. 448.

662 APARISI MIRALLES, A., "El principio de la dignidad humana como fundamento de un bioderecho global", *op. cit.*, p. 207.

663 SPAEMANN, R., *Personas. acerca de la distinción entre "algo" y "alguien"*, EUNSA, Pamplona, 2010.

664 Cfr. GARCÍA-CUADRADO, A. M., "Problemas constitucionales de la dignidad de la persona", *op. cit.*, p. 460.

665 MILLÁN–PUELLES, A., *Sobre el hombre y la sociedad*, Rialp, Madrid, 1976, p. 98.

666 Cfr. *Ibidem.*

> "(...) consiste en la eminencia o excelencia del ser humano, mediante una intensa participación en el más alto grado de ser, que lo constituye como un ser dotado de debitud y exigibilidad en relación a sí mismo y en relación con los demás hombres. En otras palabras, se trata de un ente cuyo orden del ser comprende el orden del deber- ser"[667].

Se entiende entonces que la dignidad radical del hombre descansa en su naturaleza racional o espiritual, "que es lo que le proporciona la intensidad y la perfección del ser más altas que el resto de los seres del mundo animal. Así pues, la dignidad de la persona humana significa que es un ser con una dimensión espiritual"[668].

Por su parte, R. DOMINGO, considera que:

> "La dignidad es la cualidad mayor e intrínseca del ser humano. Es más que un derecho, es un bien básico, un valor, o un principio. Este es un único, absoluto, irreemplazable, y permanente estado ontológico de la persona y hace de la persona humana una realidad última, de interés último de todas nuestras instituciones. Gracias a la dignidad, la persona humana puede conservar su unidad viviendo en armonía con otras formas. De este modo, la dignidad es el punto de encuentro entre lo legal, lo moral, lo ético, y lo religioso- todas las dimensiones de la persona humana-. O también la dignidad humana está en la intersección de dos ejes principales: el eje horizontal une a personas entre ellos (la comunidad política); y el eje vertical une a la persona (y comunidades) con la transcendencia (...)"[669].

1.1.1. La dignidad ontológica y la dignidad moral

Se ha señalado que la dignidad, entendida como principio ético jurídico, remite al valor inconmensurable de todo ser humano, con independencia de los contenidos de su conducta. Esta visión responde al concepto ontológico de dignidad, cuya operatividad se centra en el derecho. Es decir, que para el derecho todo ser humano posee un igual valor y merece idéntico respeto. No obstante, este concepto difiere de lo que se podría denominar dignidad moral. A continuación, se abordará muy brevemente esta distinción entre dignidad ontológica y dignidad moral.

---

667 HERVADA, J., *Lecciones propedéuticas de filosofía del derecho*, *op. cit.*, p. 452.

668 *Ibidem.*

669 DOMINGO, R., "Restoring freedom of conscience", *op. cit.*, pp. 176-193.

La filosofía trascendental edifica el concepto de dignidad partiendo de la experiencia del deber moral, mientras que la metafísica requiere el acceso racional, partiendo de otras dimensiones de la experiencia, para lograr el conocimiento[670]. En este sentido, A. M. GONZÁLEZ realiza una comparación entre el pensamiento de I. KANT y TOMÁS DE AQUINO. Y señala que, en la reflexión de TOMÁS DE AQUINO, éste destaca la peculiar dignidad de las sustancias intelectuales, reconociendo en ellas su incorruptibilidad, siendo ésta un indicio de que Dios las quiere por sí mismas, y no simplemente en función de otra cosa[671]. Por su parte I. KANT manifestaba que, a diferencia de las cosas, que tienen valor, el hombre, por ser racional, tiene dignidad, por lo tanto la persona siempre será un fin en sí misma y nunca estará en función de otra cosa[672].

Tanto el pensamiento de I. KANT como el de TOMÁS DE AQUINO enfocan el tema de la dignidad humana de forma muy positiva, pero sus reflexiones son muy distintas, dando lugar a consecuencias diferentes. En este sentido, la referida autora sostiene:

> "(…) la reflexión trascendental kantiana, al tiempo que destaca la idea de dignidad, impone unos claros límites, que se demuestran importantes en la práctica, porque no permiten distinguir convenientemente entre dignidad ontológica y dignidad moral. En cambio, el acceso metafísico a la idea de dignidad permite diferenciar claramente ambos aspectos, porque su punto de partida no lo constituye únicamente la experiencia moral, sino el análisis mismo de la naturaleza humana como un tipo de naturaleza peculiar"[673].

---

670 Cfr. GONZÁLEZ, A. M., "La dignidad de la persona, presupuesto de la investigación científica", *op. cit.*, p. 27.

671 Cfr. GONZALEZ, A. M., "La dignidad de la persona, presupuesto de la investigación científica", *op. cit.*, pp. 27-28. En este sentido TOMÁS DE AQUINO, afirmaba: "Las cosas que siempre se dan en los seres, Dios las quiere por sí mismas: las que no son siempre, no las quiere por sí mismas, sino a causa de otras. Ahora bien: las sustancias intelectuales se acercan más que ninguna otra cosa a esa condición, porque son incorruptibles (…) Por esta razón, a las sustancias intelectuales Dios las gobierna por sí mismas, gobernando a las demás a causa de aquellas",TOMÁS DE AQUINO, *54* III ScG., c. 112, n. 2862.,

672 Cfr. GONZALEZ, A. M., "La dignidad de la persona, presupuesto de la investigación científica", *op. cit.*, p. 28.

673 *Ibidem.*

Esta naturaleza peculiar a la que se refiere A. M. GONZÁLEZ puede ser completada con la visión de J. HERVADA cuando sostiene que:

> "(...) la dignidad radica en la naturaleza racional o espiritual, que es lo que le proporciona la intensidad y la perfección del ser más altas que el resto de los seres del mundo animal. Así pues, la dignidad de la persona humana significa que es un ser con una dimensión espiritual. De modo particular, la mayor perfección del hombre se manifiesta en dos cosas, propias de la dimensión espiritual. Por un lado el conocimiento intelectual, tanto si es por connaturalidad (por inmediatez) o intuitivo (instantáneo), como si es racional (mediato por razonamiento o argumentativo). Por otro lado, el amor total o apertura de la voluntad hacia el bien absoluto. Todo ello unido a la dimensión de debitud y exigibilidad"[674]

Por tanto, considerar que el ser humano es digno en cuanto tal, y no solo porque puede darse leyes de forma autónoma, tiene gran trascendencia práctica, debido a que "lo digno no solo es su razón, sino también su naturaleza corporal, ella misma penetrada de racionalidad y a la espera de continuidad racional, con independencia de que dicha continuación sea efectivamente lograda"[675].

Teniendo en cuenta lo señalado, desde la visión metafísica de la dignidad humana, basada en el análisis de la naturaleza humana, entendida esta como naturaleza racional o espiritual, la dignidad puede estudiarse desde su aspecto ontológico o moral[676]. En concreto puede distinguirse que la dignidad ontológica está unida al modo de ser del hombre, cuyo ser es racional y libre, mientras que la dignidad moral, está vinculada con los comportamientos moralmente buenos, es decir, por el uso recto de la libertad[677]. En los siguientes apartados se analizará cada uno de estos aspectos.

---

674 HERVADA, J., *Lecciones propedéuticas de filosofía del derecho*, *op. cit.*, p. 452.

675 GONZALEZ, A. M., "La dignidad de la persona, presupuesto de la investigación científica", *op. cit.*, p. 30.

676 *Ibidem*, p. 31.

677 Cfr. GONZALEZ, A. M., "La dignidad de la persona, presupuesto de la investigación científica", *op. cit.*, p. 30.

a) La dignidad ontológica

Como se ha referido en líneas anteriores, la dignidad humana es una cualidad exclusiva, indefinida y simple del ser humano[678], no de algunos, sino de todos los seres humanos. Por ello, cuando se habla de inviolabilidad de la dignidad humana, se presupone que, a su vez, su fundamento debe ser inviolable, es decir, absoluto[679]. En consecuencia, como sostiene R. Spaemann, "la idea de dignidad humana encuentra su fundamentación teórica y su inviolabilidad en una ontología, es decir, en una filosofía de lo absoluto"[680]. Como se ha manifestado líneas anteriores, hablar de dignidad es hacer referencia a algo sagrado[681].

En este sentido, el mismo R. Spaemann, afirma que "solo el valor del hombre *en* sí –no únicamente para los hombres- hace de su vida algo sagrado y confiere al concepto de dignidad esa dimensión ontológica sin la cual no puede pensarse siquiera lo que con ese concepto se quiere expresar"[682]. Por tal motivo, la expresión "fin en sí mismo" refleja el significado ontológico de la dignidad humana, ya que como afirma el propio R. Spaemann, la frase kantiana "obra de tal modo que no trates a la humanidad ni en tu persona ni en la de otros meramente como medio, sino siempre al mismo tiempo también como fin" parece transformarse en la siguiente "obra de tal modo que no consideres nada en el mundo meramente como medio, sino siempre al mismo tiempo también como fin"[683].

Por su parte, A. M. González, considera que, en lugar de dignidad "ontológica", debería denominarse dignidad "trascendental", debido a que no puede perderse[684], en razón de que "tampoco puede

---

678 Cfr. Spaemann, R., "Sobre el concepto de dignidad humana", *op. cit.*, p. 16; cfr. García-Cuadrado, A. M., "Problemas constitucionales de la dignidad de la persona", *op. cit.*, p. 460.

679 Massini, C., "El derecho a la vida en la sistemática de los derechos humanos" en Massini Correas, C. I., Serna, P. y Finnis, J. M. (Eds.), *El derecho a la vida*, EUNSA, Pamplona, 1998, pp. 216-218.

680 Spaemann, R., "Sobre el concepto de dignidad humana", *op. cit.*, p. 33.

681 Cfr. *Ibidem.*, p. 21. También Spaemann, R., *Lo natural y lo racional: ensayos de antropología*, Rialp, D.L., Madrid, 1989, p. 102.

682 *Ibidem.*; González, A. M., *Naturaleza y dignidad: un estudio desde Robert Spaemann*, EUNSA, Pamplona, 1996, p. 58.

683 *Ibidem.*

684 *Ibidem.*, pp. 47-48.

perderse la libertad en tanto que moralidad posible"[685]. De ahí que "la dignidad del ser humano, de la persona humana es la dignidad de un ser trascendentalmente libre, de un ser abierto radicalmente a la realidad por la inteligencia y la voluntad. Esa libertad le es al hombre constitutiva. Que no pueda perder esta dignidad radical constituye siempre un punto de esperanza"[686].

Por esta razón J. HERVADA considera el carácter absoluto de este tipo de dignidad[687], estableciendo que con ella se "hace referencia a una excelencia o eminencia ontológicas -que el hombre tiene un ser excelente y eminente-, así como a una superioridad en el ser"[688]. En la misma línea argumental, I. M. HOYOS considera que esta dimensión absoluta se encuentra en relación con el "grado de bondad intrínseca: la perfección en el ser. Predicada en el hombre"[689].

En este sentido, J. HERVADA, afirma que:

> "(...) la dignidad significa excelencia o eminencia en el ser, en virtud de la cual el hombre no solo es superior a los otros seres, sino que posee una perfección en el ser, una eminencia o excelencia ontológicas absolutas (es decir, no relativas), que lo sitúan en otro orden del ser. No es solo un animal de la especie superior, sino que pertenece a otro orden del ser, distinto y más alto por más eminente o excelente"[690].

---

685 SPAEMANN, R., *Lo natural y lo racional: ensayos de antropología, op. cit.*, p. 107; GONZÁLEZ, A. M., *Naturaleza y dignidad: un estudio desde Robert Spaemann, op. cit.*, p. 48. Al respecto, siguiendo con R. SPAEMANN: "Al hombre se le puede y se le debe exigir, mientras vive, adhesión al bien. Pero esta adhesión solo puede tener lugar libremente. Son actos fundamentales de respeto a la dignidad humana no solo la exigencia de adhesión al bien, sino también la concesión de ese marco de libertad en el que tal adhesión es posible" (SPAEMANN, R., *Lo natural y lo racional: ensayos de antropología, op.cit.*, p. 107; GONZÁLEZ, A. M., *Naturaleza y dignidad: un estudio desde Robert Spaemann, op. cit.*, p. 48).

686 *Ibidem.*

687 Cfr. HERVADA, J., *Lecciones propedéuticas de filosofía del derecho, op. cit.*, p. 449.

688 HERVADA, J., "Los derechos inherentes a la dignidad de la persona humana", en *Humana Iura. Suplemento de derechos humanos*, 1 (1991), p. 361.

689 HOYOS, ILVA M., "De la dignidad humana como excelencia del ser personal: el aporte de Javier Hervada", *op. cit.*, p. 98.

690 HERVADA, J., "Los derechos inherentes a la dignidad de la persona humana", *op. cit.*, pp. 361-362. Esta misma idea es desarrollada por el profesor J. Hervada en sus *Lecciones propedéuticas de filosofía del derecho*, que al respecto manifiesta: "la dignidad es algo absoluto que pertenece a la esencia y en consecuencia radica en la naturaleza humana; es la perfección o intensidad de ser que corresponde a

De esto se desprende que la dignidad ontológica tiene un carácter fundante, y no es disponible, es decir, la posee todo ser humano por el hecho de tener una naturaleza racional, independientemente de que se haya desarrollado o no[691].

Por su parte, A. APARISI sostiene que aceptar la dignidad humana implica admitir la existencia de una igualdad esencial –de naturaleza– entre los seres humanos[692]. Y para J. HERVADA, "lo igual en todos – independiente de toda condición social o rasgos diferenciales – es justamente la naturaleza. En ella se asienta la dignidad que, por ser de naturaleza, es igual en todos"[693]. Desde este punto de vista la dignidad tiene el carácter de primer principio[694] y, por lo tanto, se constituye en fuente de derechos[695]. Por ello, el hombre es digno por el solo hecho de ser humano[696] y no por las cualidades que posea[697]. En el mismo sentido, A. APARISI afirma:

> "(...) para poder referirnos a la dignidad humana, es necesario admitir que la persona tiene una base ontológica, y no solo fenomenológica. Por ello la dignidad no puede fundamentarse solamente en algunas de las manifestaciones de la persona – como por ejemplo, la racionalidad, la capacidad de sufrir, etc.- sino en todo el organismo humano (unidad sustancial cuerpo–espíritu) y en sus expresiones somáticas"[698].

---

la naturaleza humana y que se predica de la persona, en cuanto ésta es la realización existencial de la naturaleza humana", HERVADA, J., *Lecciones propedéuticas de filosofía del derecho*, *op. cit.*, p. 449.

691 Cfr. GONZÁLEZ, A. M., "La dignidad de la persona, presupuesto de la investigación científica", *op. cit.*, p. 38.

692 Cfr. APARISI MIRALLES, A., "El principio de la dignidad humana como fundamento de un bioderecho global", *op. cit.*, pp. 205 y 209.

693 HERVADA, J., *Lecciones propedéuticas de filosofía del derecho*, *op.cit.*, p. 357.

694 En este sentido A. M. GONZÁLEZ considera que la dignidad tiene el carácter de un primer principio, y esto implica ser entendida como axioma y, por lo tanto, los primeros principios no pueden a su vez definirse por otra cosa. (Cfr. GONZALEZ, A. M., "La dignidad de la persona, presupuesto de la investigación científica", *op. cit.*, p. 33).

695 GONZALEZ, A. M., "La dignidad de la persona, presupuesto de la investigación científica", *op. cit.*, p. 38.

696 *Ibidem.*, p. 39.

697 Cfr. APARISI MIRALLES, A., "El principio de la dignidad humana como fundamento de un bioderecho global", *op. cit.*, pp. 205 y 209.

698 *Ibidem.*

Y añade:

> "Entender que el ser humano es digno por sí mismo, y no solo en razón de su conciencia o racionalidad, puede parecer una diferencia muy sutil, pero tiene una gran trascendencia práctica: lo digno no es solo su razón o su capacidad de autodeterminarse moralmente, sino también su naturaleza corporal, toda ella penetrada de racionalidad. Y ello, con independencia de que, a lo largo de su vida, un ser humano realmente desarrolle, o no, toda su potencialidad"[699].

De todo lo dicho puede deducirse, como sostiene J. HERVADA, el carácter absoluto de la dignidad humana, que se predica de cada ser humano presupone una dimensión de universalidad; permite reconocer que todo hombre es digno, que no hay, ontológicamente hablando, seres más o menos dignos. Por tanto "la dignidad humana es universal y por tanto todo ser humano es persona"[700].

I. M. HOYOS, haciendo referencia a los escritos de J. HERVADA, concluye que:

> "Por tanto, el carácter absoluto de la dignidad, que se predica de cada ser humano, no excluye su carácter universal, que permite reconocer que todo hombre es digno, que no hay, ontológicamente hablando, seres más o menos dignos.
>
> La dignidad inherente a la persona, dignidad por naturaleza, no admite gradación alguna: ni de unos hombres respecto de otros, ni del hombre respecto de sí mismo. La dimensión absoluta de la dignidad implica, en igual forma, su carácter universal"[701].

En este sentido, el carácter universal de la dignidad humana "(...) supone dos cosas: por una parte, que es digno de reconocimiento por parte de sus semejantes y, por otra, que es digno de ser reconocido como un semejante"[702].

---

699 *Ibidem.*

700 BALLESTEROS, J., "Exigencias de la dignidad humana en la biojurídica", *op. cit.*, p. 63.

701 HOYOS, ILVA M., "De la dignidad humana como excelencia del ser personal: el aporte de Javier Hervada", *op. cit.*, p. 100.

702 GONZALEZ, A. M., "La dignidad de la persona, presupuesto de la investigación científica", *op. cit.*, p. 39.

b) La dignidad moral

Mientras que la dignidad ontológica es universal y no depende el contenido del actual, la dignidad moral está relacionada con el modo de dirigir la propia vida[703]. En este sentido, se presupone que la persona es un ser trascendentalmente libre y, en razón de esa libertad, puede llevar a cabo comportamientos acordes con su dignidad ontológica o contrarios a ella. Esto permite calificar de "indigno" el comportamiento contrario a la dignidad. Por este motivo, J. HERVADA emplea este criterio para discernir cuándo un comportamiento es digno o indigno. En sus palabras:

> "(...) la persona humana merece un trato adecuado a su estatuto ontológico y hay comportamientos conformes (dignos) y disconformes (indignos) con ese estatuto ontológico. Esto no puede significar otra cosa, sino que la naturaleza humana se constituye en *regla* de comportamiento – propio y ajeno- y en *título* de lo debido al hombre (derechos y deberes inherentes a la dignidad de la persona humana). Lo conforme con la naturaleza es digno; lo disconforme con la naturaleza es indigno. Lo cual nos indica que la persona contiene en sí una regla objetiva de los actos propios (ética o moral) y de los actos ajenos respecto de ella (derecho natural o no positivo). De este modo, la dignidad de la persona humana se constituye en regla de comportamiento, regla o norma que tiene su fundamento y origen en la naturaleza humana y por ello es objetiva"[704].

Siguiendo un planteamiento similar, R. SPAEMANN considera que "la indignidad en sentido negativo es una propiedad que corresponde solo a las acciones y comportamientos de las personas, es decir, de seres libres de los cuales exigimos un cierto grado de dignidad con el fin de no encontrarnos con una impresión penosa ni avergonzarnos de ellas"[705]. Esta posible forma de actuar del ser humano, contraria a su "modo de ser", demuestra que "el hombre no está determinado en su comportamiento por su naturaleza"[706]. El ser humano puede eliminar

---

703 *Ibidem.*, p. 34.

704 HERVADA, J., *Lecciones propedéuticas de filosofía del derecho*, *op. cit.*, p. 453.

705 SPAEMANN, R., *Lo natural y lo racional: ensayos de antropología*, *op. cit.*, p. 96; GONZÁLEZ, A. M., *Naturaleza y dignidad: un estudio desde Robert Spaemann*, *op. cit.*, p. 47.

706 *Ibidem.*, p. 47.

la función natural del instinto, justamente porque la conoce[707]. Como señala A. M. GONZÁLEZ, "esa distancia, que por un lado hace posible una peculiar dignidad humana, es la condición, por otro lado, de la peculiar indignidad humana"[708].

Se comprende entonces que la dignidad moral está en relación con el modo de actuar humano. Por ello, si el comportamiento del ser humano es acorde con la dignidad moral, se podrá afirmar que ésta no se ha perdido; pero si se actúa de forma contraria, podrá entenderse que la persona ha perdido su dignidad moral -pero nunca la ontológica-. Tal es el caso del ladrón, que a pesar de que su conducta es moralmente mala y como consecuencia de ella puede haber perdido su dignidad moral, no pierde su dignidad ontológica[709]. En este sentido, "la dignidad moral, en efecto, no depende sin más del modo de ser, sino del uso que hagamos a nuestra libertad"[710]. Por ello, "el uso que demos a nuestra libertad puede ser correcto o incorrecto: en esa diferencia estriba, precisamente, la moral. En esa medida, y a diferencia de lo que ocurre con la dignidad ontológica, que es inalienable, la dignidad moral sí se puede perder. Con todo, no se puede perder de cualquier manera: no puede, por ejemplo, ser arrebatada desde fuera, sino que solo la puede perder uno mismo, comportándose por debajo de lo que reclama su misma dignidad ontológica, comportándose de forma inmoral"[711].

De estas afirmaciones se deduce que la dignidad moral puede crecer o disminuir, pero siempre será por obra del propio sujeto. En sentido estricto, nadie desde fuera puede disminuir la dignidad moral, ya que ésta depende del uso que cada uno haga de su propia libertad en relación con su dignidad ontológica[712]. Por ello, se puede decir que "(...) la riqueza de existencia de un ser se mide por la amplitud y profundidad

---

707 Cfr. SPAEMANN, R., *Felicidad y benevolencia*, Rialp, Madrid, 1991, p. 245.

708 GONZÁLEZ, A. M., *Naturaleza y dignidad: un estudio desde Robert Spaemann, op. cit.*, p. 47.

709 Cfr. SPAEMANN, R., *Lo natural y lo racional: ensayos de antropología*, *op. cit.*, p. 106; Cfr. GONZÁLEZ, A. M., *Naturaleza y dignidad: un estudio desde Robert Spaemann, op. cit.*, p. 47.

710 GONZALEZ, A. M., "La dignidad de la persona, presupuesto de la investigación científica", *op. cit.*, p. 35.

711 *Ibidem.*

712 *Ibidem.*, p. 39.

de su acción"[713]. Así es que cuando con la acción se acude en ayuda de una vida necesitada, se produce la manifestación práctica de esta dignidad moral; *contrario sensus,* el reflejo de indignidad moral será aquella cuya acción cause un daño al ser humano[714].

1.2. Otras concepciones de la dignidad humana

Se ha afirmado que la dignidad humana, entendida en sentido ontológico como excelencia del ser personal, se predica de todo ser humano sin excepción. También se ha señalado que la dignidad radica en la naturaleza humana racional o espiritual[715]. No obstante, en la actualidad existe el riesgo de que el concepto de dignidad humana pierda su auténtico significado. Por tal motivo, se requiere una continua redefinición, a fin de que no quede vacío de contenido[716].

En concreto, encontramos concepciones de la dignidad que pretenden justificar que no todos los seres humanos son dignos. Seguidamente se expondrán dos corrientes de pensamiento que han dado lugar a concepciones de la dignidad humana[717], que sostienen que esta no es igual para todos los seres humanos. Entre estas posturas destacan el dualismo y el utilitarismo. En lo que a nosotros nos interesa, podemos afirmar que ambas -pero con argumentos diferentes- niegan valor/dignidad a la vida humana naciente, y justifican comportamientos que atentan contra ella.

---

713 Finance, J. D., Loma, A., *Ensayo sobre el obrar humano*, Gredos, D.L., Madrid, 1966, p. 11.

714 Cfr. González, A. M., "La dignidad de la persona, presupuesto de la investigación científica", *op. cit.*, p. 35.

715 Cfr. Hervada, J., *Lecciones propedéuticas de filosofía del derecho*, *op. cit.*, p. 452.

716 D'Agostino, F., "Dignidad humana, tema bioético", *op. cit.*, pp. 23-24.

717 Sobre las diferentes concepciones de la dignidad humana se puede revisar especialmente en Aparisi Miralles, A., "El principio de la dignidad humana como fundamento de un bioderecho global", *op. cit.*, pp. 205 y 210-215. Además, en Ballesteros, J., "Exigencias de la dignidad humana en biojurídica", *op. cit.*, pp. 43-57. También en Ballesteros, J., "El derecho a la familia. Identidad personal y biojurídica" en Tomás Garrido, G. (coord.), *Manual de bioética*, Ariel, Barcelona, 2001, pp. 179-203; Ballesteros, J., "El estatuto del embrión humano: cuestiones científicas, filosóficas y jurídicas", en *Manual de bioética*, *op. cit.*, pp. 222-228.

Como ya se ha indicado, la finalidad de esta exposición es entender hasta que punto en el marco de dichas concepciones puede defenderse la importancia de la convicción de que la vida humana naciente es digna, con vistas a si merece estar amparada por la objeción de conciencia.

1.2.1. El dualismo o personismo

Como señala A. Aparisi, esta concepción se caracteriza por "la separación de los conceptos de ser humano y persona"[718]. La noción de ser humano es reducida a lo biológico, mientras que la de persona será aplicada exclusivamente a aquél ser poseedor de vida autoconsciente y libre, de autonomía, independencia o racionalidad, que merece ser reconocido como sujeto de derecho y, por tanto, posee dignidad[719]. Dicha división de ambos conceptos originará con posterioridad que la dignidad sea reducida a simples cualidades, como puede ser, por ejemplo, la capacidad de autodeterminación moral[720].

Esta separación radical entre ser humano y persona, por la cual se "niega la unidad de la especie humana"[721], se puede remontar a la época de R. Descartes, en la que se produce la división entre la *res cogitans*, que hace referencia a la conciencia, al autodominio de la voluntad, y la *res extensa,* que se encuentra vinculada al cuerpo, objeto de dominio[722]. En este contexto la especie humana aparece dividida en cuerpo (como objeto de dominio) y racionalidad o pensamiento[723]. De ahí su famosa frase "yo soy una cosa que piensa o una sustancia, cuya esencia es el pensar y carece de extensión. Tengo un cuerpo, que es una cosa extensa que no piensa. De ahí que mi alma, por lo que yo

---

718 Aparisi Miralles, A., "El principio de la dignidad humana como fundamento de un bioderecho global", *op. cit.*, pp. 205 y 210.

719 *Ibidem.*

720 Cfr. Ballesteros, J., "Exigencias de la dignidad humana en biojurídica", *op. cit.*, p. 46. Sobre esta idea se volverá más adelante.

721 Aparisi Miralles, A., "El principio de la dignidad humana como fundamento de un bioderecho global", *op. cit.*, pp. 205 y 210.

722 Cfr. Ballesteros, J., "Exigencias de la dignidad humana en biojurídica",*op. cit.*, p. 44.

723 Aparisi Miralles, A., "El principio de la dignidad humana como fundamento de un bioderecho global", *op. cit.*, pp. 205 y 211.

soy, es completamente distinta a mi cuerpo y puede existir sin él"[724]. En definitiva, el ser humano queda dividido en dos partes, cuerpo y pensamiento, rompiéndose su unidad esencial.

La visión de R. DESCARTES influirá en el pensamiento de J. LOCKE, al establecer, ya desde una filosofía política, la separación entre ser humano y persona[725]. J. LOCKE "distingue entre ser humano, como miembro de la especie biológica humana, y persona, como aquel ser humano capaz de vida consciente y libre, de vida biográfica"[726]. Además, solo reconoce como titular de derechos al ser humano capaz, dotado de mismidad, de capacidad de disposición y, por tanto, de ser propietario[727]. Según este autor, "la identidad personal está ligada a la autopercepción y a la conciencia de sí. Ser persona es saberse él mismo, ser uno mismo. No hay identidad sin autoconciencia, pero la autoconciencia tiene que tener carácter actual"[728].

De ahí se deduce, de acuerdo con el pensamiento cartesiano, que la *res cogitans* es la persona, aquel ser desencarnado, aquel sujeto de derecho, capaz de poseer y ejercitar derechos[729]. Mientras que la *res extensa* es el ser humano, no persona, reducido a lo biológico, al cuerpo y, por tanto, con una configuración jurídica de objeto, pudiendo, por ejemplo, ser utilizado para la experimentación[730]. En ambos casos la persona humana es reducida, ya sea a su parte biológica o, simplemente, a su parte racional y, por lo tanto, según esta configuración, solo aquellos seres que posean racionalidad podrán ser considerados personas, los demás solos seres humanos.

Como afirma J. BALLESTEROS, las consecuencias jurídicas de la separación entre ser humano y persona no se producen de forma especí-

---

724 Cfr. BALLESTEROS, J., "Exigencias de la dignidad humana en biojurídica", *op. cit.*, p. 44.

725 J. LOCKE hace esa distinción es su famosa obra *Ensayos sobre el entendimiento humano*, RBA Coleccionables, Barcelona, 2002.

726 BALLESTEROS, J., "El derecho a la familia. Identidad personal y biojurídica", *op. cit.*, p. 256.

727 *Ibidem.*

728 *Ibidem.*

729 *Ibidem.*, p. 44. Además, cfr. BALLESTEROS, J., "El derecho a la familia. Identidad personal y biojurídica", *op. cit.*, p. 256.

730 *Ibidem.*

fica con J. LOCKE[731], pero el terreno se va preparando a través de F.C. SAVIGNY[732] y D. WINDSCHE[733], quienes distinguen entre la persona, entendida como subjetividad o poder sobre sí misma, y el cuerpo como algo privado de valor[734]. H. KELSEN profundiza un poco más en la distinción entre persona, como concepto jurídico, y hombre, considerado como un simple ser biológico, objeto propio del estudio de las ciencias naturales o biológicas[735].

Esta división drástica entre ser humano y persona adquirirá fuerza en el siglo XX[736]. La recoge, de forma específica, D. PARFIT, para quien "matar a un ser humano es un mal, pero matar a una persona es peor"[737]. Para este autor, la identidad personal es una cuestión de grados, conectada a la continuidad corporal o psicológica, en el sentido que se niega la mismidad de la persona en el tiempo. Las consecuencias de esta forma de pensar serán, entre otras, la reducción de la responsabilidad penal por los actos realizados en el pasado, la falta de obligatoriedad en las promesas realizadas, etc.[738].

En la misma línea de pensamiento se encuentra H.T. ENGELHARDT, para quien todos los derechos deben quedar subordinados a la libertad que, en palabras del autor, solo poseen los llamados "adultos

---

731 Cfr. BALLESTEROS, J., "Exigencias de la dignidad humana en biojurídica", *op. cit.*, p. 45.

732 SAVIGNY, F.C., *Sistema de derecho romano actual*, Gongora, Madrid, 1878.

733 WINDSCHE, D., *Diritto delle pandecte,* Unione Tipografico-EditriceTorinese, Torino, 1926.

734 Cfr. BALLESTEROS, J., "Exigencias de la dignidad humana en biojurídica", *op. cit.*, p. 45.

735 KELSEN, H., *Teoría pura del derecho*, Universidad Nacional Autónoma de México, Instituto de Investigaciones Jurídicas UNAM, México, 19862, p. 33.

736 Cfr. BALLESTEROS, J., "Exigencias de la dignidad humana en biojurídica", *op. cit.*, p. 45.

737 PARFIT, D., *Reasons and persons*, University Press, Oxford, 1984, p. 108. Este autor ejemplifica así la afirmación: "Si sabemos que un ser humano está en un coma que es incurable – que este ser humano, con toda seguridad, nunca recobrará la conciencia – pensaremos que la persona ha dejado de existir. Como hay un cuerpo humano vivo, todavía existe el ser humano. Pero en este extremo de la vida, deberíamos afirmar que solo es incorrecto matar a la persona", PARFIT, D., *Razones y personas*, *op. cit.*, p. 562.

738 Cfr. BALLESTEROS, J., "El derecho a la familia. Identidad personal y biojurídica", *op. cit.*, p. 256.

competentes"[739]. Este autor clasifica a los seres humanos en función de su alejamiento o acercamiento al ideal de autonomía, de tal forma que a los cigotos, embriones, fetos, anencefálicos, etc., se les puede considerar inferiores en relación con los mamíferos superiores, ya que poseen, estos últimos mayor racionalidad[740].

Como se puede advertir, bajo este esquema de pensamiento, se desprecia la naturaleza, al considerar que solo la cultura, como técnica o dominación de la naturaleza, es creadora de derechos[741]. Como consecuencia se produce la separación entre seres humanos biográficos o culturales -como los adultos conscientes-, que tienen derechos, y los seres humanos simplemente biológicos, que no tienen derechos, como los adultos mentalmente retrasados, los niños, los fetos, etc[742]. Al hilo de esta línea de pensamiento, solo el adulto consciente y competente es digno, merece respeto, y tiene derechos, en cuanto que solo él es agente moral, y no puede ser utilizado sin su voluntad[743]. En consecuencia, solo la autonomía otorgará la calidad de persona y, por tanto, el estatuto de sujeto merecedor de derechos[744]. Por ello, y de acuerdo con este autor, "el principio de beneficencia deberá ceder ante el de autonomía"[745].

Resulta conveniente precisar que, pese a que los dualistas pretenden apoyar su argumentación en el pensamiento kantiano, la interpretación que hacen de él es errónea. En realidad, la autonomía de I. Kant no excluye el carácter universal del término, más bien al contrario[746]. En palabras de L. Palazzani:

> "La autonomía en Kant está fundada sobre la universalidad del deber, hasta el punto de que la norma es moral solosi extiende universalmente

739 Engelhardt, H.T., *Los fundamentos de la bioética*, Paidós, Barcelona, 1995, p. 151.

740 *Ibidem*, pp. 151-162.

741 Cfr. Ballesteros, J., "El derecho a la familia. Identidad personal y biojurídica", *op. cit.*, p. 181.

742 Cfr. Engelhardt, H.T., *Los fundamentos de la bioética*, *op. cit.*, p. 151.

743 *Ibidem*, pp. 154-157.

744 *Ibidem*, p. 156.

745 *Ibidem*, p. 358.

746 Cfr. Ballesteros, J., "El derecho a la familia. Identidad personal y biojurídica", *op. cit.*, p. 182.

hasta la humanidad entera. La autonomía kantiana no es egoísta ni arbitraria como en ENGELHARDT, sino universal"[747].

Esta forma de interpretar la dignidad humana, fundamentada en la autonomía, tiene como resultado la pérdida del significado clásico de naturaleza, debido a que lo natural es reducido a lo externo, eliminando de ella toda consideración finalista[748]. La naturaleza se

---

747 PALAZZANI, L., *Il concetto di persona trabioetica e diritto*, *op. cit.*, pp. 163-181 y 210

748 Cfr. GONZALEZ, A. M., *Naturaleza y dignidad: un estudio desde Robert Spaemann*, *op. cit.*, p. 44. En este sentido J. HERVADA, da una explicación del carácter finalista de la naturaleza con referencia a la dignidad humana: "Hay una forma correcta de relacionar la dignidad humana con los fines del hombre; es más, puede decirse que es necesario hacerlo, porque así lo exige la propia constitución esencial del ser humano, que es una constitución finalista, esto es, conformada esencialmente por el principio de finalidad. El ser humano – y correlativamente su desarrollo vital, su vida–no es un sinsentido o absurdo, con la nada como meta. En relación con esto, el hombre es un ser digno, está dotado de dignidad, también porque su ser y su vida- por lo tanto el deber – ser que le es inherente – tiene un sentido, una plenitud a la que se dirige u ordena su constitución ontológica, en cuanto es un ser dinámico u operativo. Pero lo que llamamos *sentido* de un ser y de su vida no es otra cosa que los fines, la finalidad (...) La finalidad no agota todo el ser del hombre y además es un principio *intrínseco* del ser. En efecto, los fines naturales están presentes en la constitución *intrínseca* del ser humano como ordenación a los fines en forma de inclinaciones naturales, entendidas por tales la conformación o estructura corpórea – espiritual hacia los fines y la tendencia natural hacia ellos. Por lo tanto, la finalidad del hombre es principio constitutivo de su ser (...) que radica en la naturaleza, pues la naturaleza no es otra cosa que la misma esencia como principio de operación. Los fines al dar sentido al ser humano y ser causa de plenitud existencial, son factores de dignidad del ser humano, pero factores intrínsecos (aunque no totalizantes), por lo que la dignidad, también por razones de los fines, es algo absoluto que pertenece a la esencia, en la que radica el principio de finalidad. Como los fines son principios operativos, los derechos y deberes inherentes a la dignidad humana se conforman en función de los fines, pero sin agotar la dignidad humana, porque el ser del hombre no tiene valor o razón de bien solo por operación –a cuyo orden pertenecen los fines– ni por el servicio que presta, sino que antes es ser: la operación sigue al ser y el principio de operación es constitutivo intrínseco del ser, pero no es todo el ser, ni lo es en su más profunda radicalidad", HERVADA, J., *Lecciones propedéuticas de filosofía del derecho*, *op. cit.*, pp. 450-451.

convierte en un objeto, sin ser algo propio al sujeto[749]. Al respecto el filósofo alemán R. Spaemann, afirma:

> "Nos encontramos de esta manera con una suerte de "efecto perverso": buscábamos dominar la naturaleza, y caemos víctimas de nuestro propio dominio; los orígenes de este efecto inesperado, de esta -podríamos decir contradicción práctica- pueden buscarse en el errado concepto de naturaleza que subyace a todo el pensamiento moderno (...) el dominio de la naturaleza y control racional de la sociedad–se vuelve contra el hombre, que acaba por ser él mismo dominado. La exaltación de la dignidad humana a costa de la "dignidad" de la naturaleza se ha vuelto contra el hombre y contra la naturaleza. Todo ello invita a revisar el concepto de naturaleza sobre el que se ha edificado ese progreso, y pensarlo de otro modo: más estrechamente vinculado a la noción de persona"[750].

Esta concepción conduce, en definitiva, a dos consecuencias: una primera, que implica la ruptura de la unidad del ser humano, en cuerpo y razón, o biología y autonomía; y una segunda, la división de la especie humana, al separarse los conceptos de ser humano y persona[751]. Esta doble división, como señala A. Aparisi, "tiene múltiples consecuencias en el ámbito ético y jurídico. Entre ellas, pueden señalarse el no respeto incondicionado a todo ser humano —y a su carácter de fin en sí mismo—, y la negación de la igualdad —y la no discriminación—, entre los seres humanos"[752]. Por ello, esta concepción presenta un marcado carácter excluyente, reduciendo al mínimo la protección jurídica a los más necesitados, como son los que carecen de racionalidad o de autonomía[753].

Puede concluirse, haciendo propias las palabras de A. Aparisi:

---

749 Cfr. Aparisi Miralles, A., "El principio de la dignidad humana como fundamento de un bioderecho global", *op. cit.*

750 Gonzalez, A. M., *Naturaleza y dignidad: un estudio desde Robert Spaemann, op. cit.*, pp. 69-70.

751 Cfr. Aparisi Miralles, A., "El principio de la dignidad humana como fundamento de un bioderecho global", *op. cit.*, pp. 205 y 211.

752 *Ibidem.*

753 *Ibidem.*

"Frente a la concepción personista, y rechazando el dualismo cartesiano, hemos defendido, anteriormente, la unidad esencial de la persona, la inescindibilidad entre *res extensa* y *res cogitans*, entre corporeidad y racionalidad. La dignidad radica en un ser que posee una naturaleza racional. Por ello, el fundamento, e incluso el mismo contenido de la dignidad, no pueden limitarse solamente a una de estas dimensiones. El ser humano, antes que una pura libertad o autonomía en el vacío, es un ser, con una naturaleza y una ontología determinada. La autonomía o racionalidad son capacidades propias de la persona, pero el ser es previo. En otras palabras, quien es libre es un ser dotado de un estatuto ontológico concreto, de una naturaleza y una dignidad que le viene dada y que, por lo tanto, no es creada por él"[754].

En este sentido la persona es una unidad que no puede ser desdoblada como producto de corrientes de pensamiento que atentan contra la propia esencia del ser humano y de su dignidad.

1.2.2. El utilitarismo

Al igual que la concepción dualista o personista, el utilitarismo es una corriente de pensamiento con gran influencia en la actualidad, que rompe la unidad esencial de la persona[755]. Implica no solo una visión desligada del ser humano sino, además, una perspectiva "(...) inhumanista, debido a que niega la distinción entre el ser humano y el animal"[756]. Esta última idea, extendida en la actualidad, es denominada "especieismo". Este planteamiento establece una discontinuidad entre la especie humana y los animales[757]. En este sentido, J. BALLESTEROS, considera que la concepción utilitarista se caracteriza porque:

"El elemento decisivo para ser persona y titular de derechos es el ser capaz de placer y/o sufrimiento, y ello es común a seres humanos (pero solo algunos) y animales (pero solo algunos). Por ello el utilitarismo apro-

754 *Ibidem*., p. 212.

755 Cfr. BALLESTEROS, J., "El estatuto del embrión humano: cuestiones científicas, filosóficas y jurídicas", *op. cit.*, p. 224.

756 BALLESTEROS, J., "Exigencias de la dignidad humana en biojurídica", *op. cit.*, p. 47.

757 CAVALIERI, P; SINGER, P; MARTÍN, C; GONZÁLEZ, C., *El proyecto "Gran Simio": la igualdad más allá de la humanidad,* Trotta, Madrid, 1998.

xima al ser humano y al animal, al mismo tiempo que enfatiza la separación de unos seres humanos respecto de otros"[758].

Por tanto, en el contexto de la filosofía utilitarista, el placer y el sufrimiento son elementos fundamentales para determinar si una vida merece ser vivida o no[759]. J. Bentham, fundador del movimiento utilitarista, afirmaba:

> "(...) un caballo que ha alcanzado la madurez o un perro es, más allá de cualquier comparación, un animal más sociable y razonable que un recién nacido de un día, de una semana, o incluso de un mes. Supongamos, sin embargo, que no sea así. La pregunta no es ¿pueden razonar?, sino ¿pueden sufrir?"[760].

Se comprende entonces que esta concepción otorgue mayor valor a los animales que a los seres humanos en razón de su sensibilidad.

P. Singer, el mayor representante del especieismo, considera que la titularidad de los derechos deriva de los intereses, y estos de la capacidad de sufrimiento, por lo que, por esa sola razón, sólo quedarían excluidos de protección jurídica las piedras o los árboles[761]. Como puede apreciarse, la exclusión no se produce por el hecho de ser objetos de derecho –y no sujetos-, sino por carecer de sensibilidad. Este criterio es decisivo para P. Singer, quien establece la prioridad de ciertos animales sobre determinados seres humanos[762]. Con ello se produce la ruptura de la unidad de la especie humana, otorgándo protección jurídica a los embriones sólo desde el momento en que tienen formada la corteza cerebral[763]. De ello se deduce que "el criterio decisivo para el utilitarismo es la eliminación de todo sufrimiento como algo indigno"[764], con lo cual se consideraría legítimo todo me-

---

758 Ballesteros, J., "Exigencias de la dignidad humana en biojurídica", *op. cit.*, p. 48.

759 Cfr. Aparisi Miralles, A., "El principio de la dignidad humana como fundamento de un bioderecho global", *op. cit.*, pp. 205 y 212.

760 Bentham, J., *Introduction to the Principles of Morals and legislation*, Londres, 1970, p. 283.

761 Cfr. Singer, P; Casal, P., *Liberación animal*, Trotta 1999, Madrid, 1999.

762 Cfr. Ballesteros, J., "Exigencias de la dignidad humana en biojurídica", *op. cit.*, p. 49.

763 *Ibidem.*

764 *Ibidem.*

canismo que tendiese a eliminar dicho sufrimiento, incluso la muerte del propio ser humano, ya sea en sus primeros estadios o al final, bajo el criterio de que se trata de una vida no digna.

En definitiva, el sufrimiento privaría de sentido a la vida, la cual no merecería ser vivida ya que carecería de dignidad[765]. Bajo este esquema se configura un nuevo parámetro para medir la humanidad de los seres humanos, la noción de "calidad de vida"[766].

Sobre este concepto existen múltiples definiciones[767]. En palabras de D. GRACIA:

> "(...) la noción de calidad de vida admite distintas perspectivas de estudio: a) Descriptiva: cuando se estudian o detallan aquellas propiedades que determinan que la vida de un sujeto sea mejor que la de otro. En este sentido, se puede entender que la posesión de riqueza, cultura, belleza o salud son signos de una buena calidad de vida; b) Evaluativa: se introducen aspectos cuantificables, normalmente de tipo estadístico. Tiene su origen en el control de calidad introducido en los procesos industriales; c) Normativa: cuando, como hemos señalado, la noción de calidad de vida se adopta como guía de decisiones morales"[768].

G. PERMANYER considera que el término calidad de vida "se refiere no solo a la salud sino también a factores tales como la vida familiar, el nivel económico, el medio ambiente y la satisfacción profesional"[769]. A. BRUGAROLAS, al referirse a la noción de calidad de vida sostiene que "(...) calidad de vida es vivir con dignidad personal, trabajo bien hecho, salario justo, protección y educación familiar, solidaridad con

---

765 Cfr. APARISI MIRALLES, A., "El principio de la dignidad humana como fundamento de un bioderecho global", *op. cit.*, pp. 205 y 212.

766 *Ibidem.*

767 En este sentido SINGER, P., *Repensar la vida y la muerte: el derrumbe de nuestra ética tradicional*, Paidós, Barcelona, 1997; SINGER, P; CASAL, P., *Liberación animal*, op. cit.; NUSSBAUM, M. C., SEN, A. K. (comps.), *La calidad de vida*, Fondo de Cultura Económica, México, 1998; DIEGO, G., *Ética de la calidad de vida*, Fundación Santa María, D.L. 1984, Madrid, 1984; CAMPS, V., *Una vida de calidad: reflexiones sobre bioética*, Ares y Mares, Barcelona, 2001; CEJUDO CÓRDOBA, R., *Libertad y calidad de vida: capacidades para el desarrollo humano*, Asociación de Estudios de Ciencias Sociales y Humanidades, Córdoba, 2008.

768 DIEGO, G., *Ética de la calidad de vida*, op. cit., pp. 7-19.

769 PERMANYER, G., y otros, "Valoración de la calidad de vida relacionada con la salud a los dos años de la cirugía coronaria" en *MedClin*, 108 (1997), p. 12.

el prójimo, participación en la construcción social, goce de los bienes y desarrollo de un estilo de vida orientado hacia la verdad, la belleza y el bien"[770].

Como ya se ha indicado, algunos autores relacionan el término calidad de vida con salud, por lo que hacen referencia a aquellos aspectos de la vida influenciados por el adecuado funcionamiento físico o mental y el bienestar. Esta idea iría en consonancia con el concepto de salud adoptado por la Organización Mundial de la Salud (OMS)[771].

Teniendo en cuenta todo lo señalado, se comparten las afirmaciones de A. Aparisi y M. Horan, para quienes la noción de calidad de vida es un concepto muy difuso[772], impreciso y difícil de delimitar[773]. Resulta evidente la imposibilidad de llevar a cabo "una comprobación empírica y objetiva de la calidad de vida. Los mismos parámetros usados para determinar la calidad de vida son, como se ha intentado mostrar, muy subjetivos, variables e imprecisos"[774]. Ello ocasionará que algunos se erijan en árbitros para decidir en base a que criterios se podrá determinar quiénes no gozan de calidad de vida y de dignidad y, en consecuencia, no tienen la cualidad de personas. En este sentido, R. Spaemann afirma:

> "Precisamente esa dignidad se pone en juego cuando cualquiera se arroga el derecho de decidir que seres merecen el nombre de persona y cuáles no. Porque entonces fácilmente se pasa a considerarlas como un puro medio, y se les somete a cálculos utilitarios. Los débiles, los improductivos, los lisiados, los niños, los enfermos, podrían irse excluyendo progresivamente de la definición de persona, y la exclusión podría fácil-

---

770 Brugarolas, A., "Calidad de vida: concepto y definición", en *Revista Médica de la Universidad de Navarra*, 39 (1995), p. 56.

771 Al respecto, la OMS definió la Salud, como "aquel estado de completo bienestar físico, mental y social, no consistiendo, solo, en la ausencia de enfermedades o de malestar". En definitiva, la noción de salud no puede quedar limitada a los factores clínicos tradicionales, basados en variables anatómicas, biológicas y/o psicológicas.

772 Cfr. Aparisi Miralles, A., "El principio de la dignidad humana como fundamento de un bioderecho global", *op. cit.*, pp. 205 y 213.

773 Horan, M., "Treating and feeding the debilitated elderly", en*The dependent elderly: autonomy, justice, and quality of care*, Gormally, L (Editor), Cambridge, Cambridge University Press, 1992, pp. 16-17.

774 Aparisi Miralles, A., "El principio de la dignidad humana como fundamento de un bioderecho global", *op. cit.*, pp. 205 y 215.

mente justificarse atendiendo a razones de Estado y en última instancia de conveniencia. Frente a esto, no está de más recordar, que la dignidad, a diferencia del valor, no es conmensurable; que persona no es una determinación cualitativa"[775]

Como se ha podido advertir, el utilitarismo, con su reducción de la dignidad a la noción de calidad de vida, conduce a una nueva forma de discriminación más sutil, que destruye las bases de la idea de dignidad humana[776]. A ello podríamos responder que la calidad de vida, más que un parámetro para reconocer o no dignidad a un ser humano, es una meta, o ideal, acorde con la misma dignidad, ya que todo ser humano debe aspirar a tener cierta calidad de vida. Pero lo que no resulta admisible es subordinar la propia dignidad a un concepto como la calidad de vida[777].

1.3. Dignidad humana y respeto a las convicciones

Como se desprende de lo expuesto, tanto el dualismo como el utilitarismo plantean una visión reduccionista de la dignidad humana. Frente a estas posturas, la visión ontológica de la dignidad sostiene que el ser humano es un ser digno, por tener una naturaleza racional o espiritual[778]. Dicha naturaleza racional le permite adquirir un conocimiento intelectual sobre la realidad[779]. A su vez, este conocimiento le habilita para adecuar libremente su comportamiento a su pensamiento -o a lo que el ser humano considera bueno para él-, pasando a formar parte de su identidad. De manera muy esquemática y tipográfica, este sería el proceso mediante el cual se elabora una convicción[780].

---

775 González, A. M., *Naturaleza y dignidad: un estudio desde Robert Spaemann*, *op. cit.*, pp. 54-55.

776 Cfr. Aparisi Miralles, A., "El principio de la dignidad humana como fundamento de un bioderecho global", *op. cit.*, pp. 205 y 215.

777 *Ibidem*, pp. 205 y 214.

778 Cfr. Hervada, J., *Lecciones propedéuticas de filosofía del derecho*, *op. cit.*, p. 452.

779 *Ibidem*.

780 Cfr. Tarodo, S., *Libertad de conciencia y derecho del usuario de los servicios sanitarios*, *op. cit.*, p. 64.

Como se ha indicado, la naturaleza racional del ser humano es lo que le permite actuar con libertad, obedeciendo a los dictados de su conciencia. En palabras de J. Hervada:

> "(...) el obrar conforme a conciencia o contra conciencia es aquello por lo cual la persona obra o no conforme corresponde a su dignidad y a las exigencias de su ser persona. Y esta esfera íntima de la persona le corresponde a ella, de ella es dueña y a través de ella se realiza como persona"[781].

Por ello, si al ser humano se le obliga a actuar en contra de su conciencia, se le está obligando a actuar contrariando su dignidad. En este sentido, resulta interesante el pronunciamiento del Juez alemán Karlsruhe, quien define la decisión de conciencia como "toda decisión éticamente orientada por la categoría del bien y del mal, que la persona considera tan vinculante e incondicionalmente obligatoria (...) que no puede actuar en contra de ella sin entrar en abierta contradicción con la propia conciencia"[782] y por lo tanto en contra de su propia dignidad.

En este sentido, el respeto a la dignidad humana se manifiesta en dos vertientes: una primera, que implica el derecho a que los comportamientos personales se puedan ajustar a las propias convicciones –y, por tanto, que cada uno pueda actuar de acuerdo con los principios y valores que profesa, sin que nada ni nadie pueda coartar esa libertad-[783]; y una segunda, centrada en el deber, por parte de los poderes públicos, de poner los medios para que la dignidad de todos los

---

781 Hervada, J., "Libertad de conciencia y error sobre la moralidad de una terapéutica", *op. cit.*, p. 197.

782 BVerfGE- Entscheidungen des Bundesvarfssungsgerichts (Recopilación oficial de la Jurisprudencia del Tribunal Constitucional Federal Alemán) – 12, 45, 55. Véase un comentario de la misma en Loschelder, W., "The non – fulfillment of legally imposed obligations because of conflicting decisions of conscience – the legal situation in the Federal Republic of Germany (FRG)-" en *Conscientious objection in the EC countries*, Milan, 1992.

783 Cfr. González Pérez, J., *La dignidad de la persona*, *op. cit.*, p. 109. En este sentido la STCE 15/1982 en el Fundamento Jurídico número 6 estableció que: "la libertad de conciencia supone no solamente el derecho a formar libremente la propia conciencia sino también a obrar de manera conforme a los imperativos de la misma".

ciudadanos quede protegida. De esto se desprende que, en palabras de M. J. ROCA:

> "(...), si quienes en cada momento ejercen el poder público se toman en serio que el respeto a la dignidad humana es el fundamento del orden político y de la paz social, habrá un esfuerzo por el reconocimiento del ejercicio a la objeción de conciencia que permita vivir a todos (creyentes de cualquier religión o seguidores de un sistema axiológico con origen en una ideología) en la sociedad civil de acuerdo con sus propias convicciones"[784].

Tambien resulta interesante al respecto la interpretación que realiza R. DOMINGO del Preámbulo de la Declaración Universal de los Derechos Humanos, al afirmar que:

> "The new legal justication of this secularized form of freedom of conscience is no longer God's existence or sovereignty, but human dignity, considered as a pillar of all human rights and legal systems"[785].

Por ello, para este autor el respecto a las convicciónes y, por lo tanto, la protección de la objeción de conciencia, cualquiera que sea su fundamentación, siempre que se cumplan los requisitos ya descritos,

---

784 Cfr. ROCA, M. J., "Dignidad de la persona, pluralismo y objeción de conciencia", *op. cit.*, p. 62. Asimismo, sobre este tema, resulta sugerente el trabajo de J. MARTÍNEZ-TORRÓN "Las objeciones de conciencia. y los intereses generales del ordenamiento", *op. cit.*, pp. 257 y ss.

785 "La nueva justificación legal de esta forma secularizada de la libertad de conciencia no es la existencia de Dios, sino la dignidad humana como un pilar fundamental de todos los derechos humanos y sistemas legales" (DOMINGO, R., "Restoringfreedom of conscience", *op. cit.*, p. 179. La traducción es propia). También es de interés la aportación de A. E. PÉREZ LUÑO, cuando se refiere a la dignidad como fundamento de los derechos: "la dignidad forma parte del núcleo axiológico fundamentador de los derechos humanos junto con la igualdad, la solidaridad y la libertad. Criterios de distinción en el seno de la unidad radical de los valores jurídicos: cada uno de ellos remite para su exploración a disciplinas distintas dentro de lo jurídico: la igualdad invita a clarificar su sentido en el ámbito de la lógica; la dignidad reúne a instancias éticas; la libertad a postulados inequívocamente políticos; y la solidaridad posee una insoslayable dimensión psicológica", PÉREZ LUÑO, A. E., "Reflexiones sobre los valores de igualdad y solidaridad. A propósito de una convención internacional para promover y proteger los derechos y la dignidad de las personas con discapacidad", en CAMPO Y CERVERA, I., *Los derechos de las personas con discapacidad: Perspectivas sociales, políticas, jurídicas y filosóficas*, Dykinson, S.L., Madrid, 2004, p. 35.

es la mejor garantía de que un sistema legal protege la dignidad humana: "(...) So dignity is a pillar that can be shared by believers and nonbelievers, and is thus a good starting point for grounding freedom of conscience"[786].

Desde estos presupuestos, puede afirmarse que todos los seres humanos tienen el derecho a la libertad de conciencia porque todos tienen dignidad humana y capacidad de tomar sus propias decisiones morales, en base a su universal naturaleza racional[787].

En el mismo sentido, J. Ratzinger consideraba que "la libertad y la dignidad humanas son de algún modo indivisibles. Por ello, quien ejerce la objeción de conciencia, de alguna manera está potenciando la libertad de los demás, aunque otros no la ejerciten. Porque no se puede querer la libertad solo para sí mismo"[788].

Este ejercicio de la libertad en sociedad determina también la existencia de límites. Así, para M. J. Roca:

> "Igualmente, si un sujeto ejerce una determinada práctica o conducta que degrada la dignidad humana (tortura, prostitución, eutanasia, etc.), el hecho de que medie consentimiento del sujeto titular de la dignidad, no llega a evitar totalmente que se produzca la lesión de la dignidad humana propia y ajena. De ahí que haya unos límites que son indisponibles tanto para el sujeto titular de la dignidad humana como para los poderes públicos. Si esos límites se traspasaran, la dignidad humana dejaría de ser de modo efectivo el fundamento último del orden político y social. En los supuestos en los que el poder público ha traspasado esos límites, la objeción de conciencia constituye una llamada de atención sobre la necesidad del reconocimiento de esa dignidad".[789]

Por ello, sostiene que, si quienes ejercen el poder político consideran que la dignidad humana es el fundamento del orden político y de la paz social, sería conveniente que pusieran todos los medios

---

786 "(...) la dignidad es un pilar que puede ser compartido por creyentes y no creyentes, y por lo tanto un punto de partida bueno para fundamentar la libertad de conciencia (...)", Domingo, R., "Restoring freedom of conscience", *op. cit.*, p. 179. La traducción es propia.

787 Cfr. Hervada, J., *Lecciones propedéuticas de filosofía del derecho*, *op. cit.*, p. 452.

788 Ratzinger, J., *Verdad, valores, poder: Piedras de toque de la sociedad pluralista*, Rialp, Madrid, 1995, p. 34.

789 Roca, M. J., "Dignidad de la persona, pluralismo y objeción de conciencia", *op. cit.*, p. 64.

para que se reconozca la objeción de conciencia, de tal modo que creyentes y no creyentes, puedan vivir de manera acorde a sus propias convicciones[790]. Y dicho respeto, en ocasiones, requerirá del recurso a mecanismos jurídicos que lo garanticen.

Las convicciones, como se ha señalado en el capítulo II, se encuentran protegidas en España, a través del artículo 16 de la CE, y en el artículo 9 del CEDH.

1.3.1. Dignidad humana y objeción de conciencia

Como se ha indicado, la libertad ideológica y, por ende, la libertad de conciencia y la objeción de conciencia, constituyen exigencias de la dignidad humana, por la cual la persona puede reconocer y ver protegidas sus propias creencias, valores, ideas y convicciones[791].

J. GONZÁLEZ PÉREZ, en relación con el artículo 16 CE, que regula el derecho a la libertad ideológica y religiosa, afirma que:

> "(...) entre los derechos más íntimamente vinculados a la dignidad de la persona, ocupa un lugar asimismo preferente el derecho a la libertad ideológica y religiosa, en términos del artículo 16 de la Constitución. Pues es el derecho que protege las más puras manifestaciones de lo que constituye la esencia del ser humano, lo que le confiere su dignidad y supremacía sobre todo lo creado: su naturaleza racional"[792].

En este sentido, resulta interesante el pronunciamiento del TCE, en su Sentencia 53/1985, sobre la constitucionalidad de la Ley que despenalizaba el aborto[793]. En ella distinguió entre los derechos que

---

790 *Ibidem*, p. 62.

791 PASCUAL LAGUNAS, E., *Configuración jurídica de la dignidad humana en la jurisprudencia del Tribunal Constitucional*, Bosch, Barcelona, 2009, p. 49.

792 GONZÁLEZ PÉREZ, J., *La dignidad de la persona*, *op. cit.*, p. 108. En éste sentido, siguiendo a G. ESCOBAR ROCA, podemos aplicar éste artículo tanto a la libertad de conciencia como a la objeción de conciencia y, por tanto, a las convicciones. El autor mencionado sostiene que "(...) la objeción de conciencia es un derecho derivado de la libertad de conciencia y que lo es de la libertad ideológica y religiosa", ESCOBAR ROCA, G., *La objeción de conciencia en la Constitución Española*, *op. cit.*, p. 193.

793 STCE 53/1985, *op. cit.*, Fundamento Jurídico número 8, p. 19.

son inherentes[794] a la dignidad humana y los que se encuentran íntimamente vinculados a ella[795]. En relación con los primeros, el TCE no llevó a cabo una enumeración, pero sí lo hizo con respecto a los segundos[796], destacando, entre ellos, el derecho a la libertad ideológica, religiosa y de culto, regulado en el artículo 16 de la CE[797]. En razón de ello, y siguiendo a G. Escobar Roca, puede afirmarse que "(...) la objeción de conciencia es un derecho derivado de la libertad de conciencia y que lo es de la libertad ideológica y religiosa"[798]; por tanto, constituye un derecho íntimamente vinculado a la dignidad humana, de acuerdo a la interpretación que hace el TCE.

Por su parte, G. Peces Barba, considera que la dignidad humana es la especial consideración que merece el ser humano a partir del reconocimiento en él de varios rasgos que constituyen la expresión de esa dignidad. Entre dichos rasgos destaca la capacidad de elección imprescindible para la conformación moral[799]. De manera que dicha capacidad de elección en libertad hará posible que, a lo largo de su vida, el ser humano vaya conformando sus decisiones y conductas a

---

794 Posteriormente, el TCE ha declarado que los derechos inherentes a la dignidad son los que no permiten distinciones entre españoles y extranjeros, es decir, su título no requiere ni exige la condición de ciudadano español (STCE 107/1984, del 23 de noviembre de 1984, dictada en el recurso de amparo Núm. 576/1983, en BOE Núm. 305, de 21 de diciembre de 1984, Fundamento Jurídico número 3, p. 6. [consultado 23 febrero 2016]. Disponible en: http://hj.tribunalconstitucional.es/docs/BOE/BOE-T-1984-27948.pdf. Asimismo, STCE 99/1985, del 30 de setiembre de 1985, dictada en el recurso de amparo Núm 14/1985, en BOE Núm. 265, de 5 de noviembre de 1985, Fundamento Jurídico número 2, s/p. Fundamento Jurídico número 2, s/p. [consultado 23 de febrero 2016]. Disponible en: https://hj.tribunalconstitucional.es/HJ/docs/BOE/BOE-T-1985-22873.pdf

795 Cfr. Pacheco Zerga, L., *La dignidad humana en el derecho del trabajo*, Thomson Civitas, Cizur Menor (Navarra), 2007, p. 127.

796 *Ibidem.*, p. 128.

797 Además del artículo 16 de la CE, se encuentran los de libre desarrollo de la personalidad (art. 10) y lo de integridad física y moral (art. 15), la libertad de ideas y creencias (art. 16), honor, intimidad personal y familiar y propia imagen (art. 18.1), cfr. Pacheco Zerga, L., *La dignidad humana en el derecho del trabajo*, *op. cit.*, p. 128.

798 Escobar Roca, G., *La objeción de conciencia en la Constitución Española*, *op. cit.*, p. 193.

799 Peces Barba, G., "La libertad del hombre y el genoma" en *Derechos y Libertades, Revista del Instituto Bartolomé de las Casas*, 2 (1994), p. 319.

las normas o imperativos que él mismo considera justas[800]. Esta capacidad de elección y adecuación de la conducta es consecuencia de su autonomía o independencia moral[801] o mejor dicho de su naturaleza racional o espiritual que hace digno al ser humano[802].

En este sentido, la ya mencionada STCE 53/1985, sobre la constitucionalidad de la Ley que despenalizaba el aborto, reconoce explícitamente el valor de la dignidad humana[803]. Y también conecta dicha

---

800 Valero Heredia, A., *Libertad de conciencia, neutralidad del Estado y principio de laicidad: (un estudio constitucional comparado)*, *op. cit.*, p. 120.

801 *Ibidem.*

802 Cfr. Hervada, J., *Lecciones propedéuticas de filosofía del derecho*, *op. cit.*, p. 452.

803 P. Serna considera que en el Fundamento Jurídico número 8 de la STCE 53/1985, puede encontrarse un texto que se aproxima en cierto modo a lo que podría ser una definición de dignidad humana, pero "la precedente interpretación implica básicamente la adopción de dos tesis. En primer lugar, se sostiene que la dignidad de la persona es su valor espiritual y moral. Esto es algo que se desprende del uso normal de la palabra, especialmente en contextos filosóficos. Como es sabido, Kant oponía el precio de las cosas (valor de cambio) a la dignidad de las personas (valor inconmensurable y, por tanto, no intercambiable, ni reducible a la mera condición de medio). En segundo lugar, se establece que la proyección jurídica de ese valor consiste en la autodeterminación consciente y responsable de la propia vida, es decir, en el libre desarrollo de la personalidad, que engendra un deber de respeto por parte de los demás. Este texto acabaría sugiriendo, pues, que la dignidad y el libre desarrollo de la personalidad no son valores o principios diferentes enunciados por una misma disposición constitucional, sino dos maneras de referirse a un mismo valor. Nuevamente resuena el eco kantiano en el texto del Alto Tribunal, si bien tal equiparación constituye una sugerencia que no se ha extendido mucho más allá de esta sentencia. El problema que plantea este esbozo de definición consiste principalmente en determinar cómo podría operar en la práctica el principio, si se lo concibe en esos términos. En efecto, hablar de autodeterminación como uno de los valores jurídicos fundamentales supone hasta cierto punto una contradicción, puesto que el Derecho, tanto cuando prescribe positivamente la realización de determinadas conductas como cuando prohíbe otras, lo que hace es precisamente limitar la autonomía de los destinatarios de las normas, no solode los órganos del propio sistema jurídico, sino también de los ciudadanos. Hablar de autodeterminación como valor jurídico exige entenderla siempre como un mínimo, y no como un ideal a cuya plena realización quepa aspirar, pues difícilmente puede ser algo un "valor jurídico fundamental" si la vigencia misma del Derecho, de lo jurídico, sea cual sea su contenido, supone *eo ipso* una limitación para el desarrollo en plenitud de dicho valor. Por ello, el TC ha señalado, en otra importante sentencia por lo que a nuestro tema se refiere, que "[l]a regla del artículo 10.1 CE, proyectada sobre los derechos individuales,

dignidad con la capacidad de elegir libremente las convicciones. En concreto, establece:

> "Junto al valor de la vida humana y sustancialmente relacionado con la dimensión moral de ésta, nuestra Constitución ha elevado también a valor jurídico fundamental la dignidad de la persona que, sin perjuicio de los derechos que le son inherentes, se halla íntimamente vinculada con el libre desarrollo de la personalidad (art. 10), y los derechos a la integridad física y moral (art. 15), a la libertad de ideas y creencias (art. 16), al honor, a la intimidad personal y familiar y a la propia imagen (art. 18.1). Del sentido de estos preceptos puede deducirse que la dignidad es un valor espiritual y moral inherente a la persona que se manifiesta singularmente en la autodeterminación consciente y responsable de la propia vida, y que lleva consigo la pretensión al respeto por parte de los demás"[804].

La posibilidad de adecuar libremente, es decir, la capacidad de ajustar las conductas externas a las convicciones internas que conforman la propia conciencia, constituye la prueba más ineludible de la autodeterminación personal. De ahí se deriva el necesario respeto a la libertad de conciencia, como exigencia de la dignidad humana[805]. Por tanto, la autonomía ética o moral del individuo, entendida esta como la capacidad de actuar conforme a los dictados de la conciencia, se configura como uno de los aspectos esenciales de dicha dignidad humana[806] y, por tanto, una de las claves esenciales en un Estado democrático de Derecho[807]. Por su parte, G. PECES BARBA, afirma que la autonomía moral y su género, la dignidad humana, son el deber

---

implica que la dignidad ha de permanecer inalterada cualquiera que sea la situación en que la persona se encuentre, constituyendo en consecuencia un *minimum* invulnerable que todo estatuto jurídico debe asegurar, de modo que las limitaciones que se impongan en el disfrute de derechos individuales no conlleven un menosprecio para la estima que, en cuanto ser humano, merece la persona" STCE 57/94, del 28 de febrero de 1994, Fundamento Jurídico número 3, en BJC 155 (1994), p. 227 (SERNA BERMÚDEZ, P., "Dignidad de la persona: un estudio jurisprudencial", *op. cit.*, pp. 151-153).

804 STCE 53/1985, de 11 de abril. Fundamento Jurídico número 8, p. 19.

805 Cfr. VALERO HEREDIA, A., *Libertad de conciencia, neutralidad del Estado y principio de laicidad: (un estudio constitucional comparado)*, *op. cit.*, p. 121.

806 Cfr. GONZÁLEZ PÉREZ, J., *La dignidad de la persona*, *op. cit.*, p. 108.

807 Cfr. VALERO HEREDIA, A., *Libertad de conciencia, neutralidad del Estado y principio de laicidad: (un estudio constitucional comparado)*, *op. cit.*, p. 121.

básico del que emanan los valores y los derechos que sostienen la democracia, es decir la autonomía política[808].

Partiendo de la relación existente entre libertad de conciencia y dignidad humana, el TCE ha señalado que aquella debe interpretarse siempre de forma amplia, y entender sus límites en su sentido más restringido, dado su carácter de garantía institucional y de fundamento de la realización efectiva de los valores superiores del ordenamiento y, en definitiva, del propio sistema democrático[809].

En este sentido, la STCE 19/1985, de 13 de febrero, en su Fundamento de derecho número 2, hace referencia directa a la libertad de conciencia, estableciendo la prohibición de ser obligado a declarar sobre la propia creencia y religión, estableciéndose una protección interna sobre la conciencia de los ciudadanos. En éste sentido, la STCE declara:

> "(...) el derecho fundamental recogido en el artículo 16 de la Constitución, comprende, Junto a las modalidades de la libertad de conciencia y la de pensamiento, íntima y también exteriorizadas, una libertad de acción respecto de las cuales, el artículo 16.2 establece un acotamiento negativo en cuanto dispone que "nadie podrá ser obligado a declarar sobre su conciencia religión o creencias"[810].

Por su parte la STCE 120/1990, en su Fundamento de derecho número 10[811], y la STCE 137 /1990, en su Fundamento de derecho número 8[812], establecen la existencia, no solo de una dimensión interna,

---

808 Cfr. PECES BARBA, G., *La dignidad de la persona desde la Filosofía del Derecho*, *op. cit.*, p. 67

809 El TCE ha seguido asi la postura del Tribunal Constitucional Federal Alemán, y en concreto de su jurisprudencia sobre el artículo 4.1 de la Ley Federal Alemana. Dicho órgano se refirió en su oportunidad a la estrecha relación existente entre la libertad de conciencia y la dignidad humana, valor supremo del sistema de derechos fundamentales. BVerfGE 24, 236 (246) y BVerfGE 35, 366 (376).

810 STCE 19/1985, de 13 de febrero. Fundamento Jurídico número 2, p. 26.

811 STCE 120/1990, de 27 de junio, dictada en el recurso de amparo avocado Núm. 443/1990, en BOE, Núm. 181, 30 de julio de 1990, Fundamento jurídico número 10, pág. 8. Fundamento Jurídico número 10, p. 8. [consultado 12 de julio 2016]. Disponible en: https://hj.tribunalconstitucional.es/HJ/docs/BOE/BOE-T-1990-18314.pdf

812 STCE 137/1990, de 19 de julio, dictada en el recurso de amparo avocado núm. 397/90 Contra Autos de la Audiencia Provincial de Guadalajara resolutorios

sino también de una "dimensión externa de *agere licere* que faculta a los ciudadanos para actuar con arreglo a sus propias convicciones y mantenerlas frente a terceros"[813]. Este reconocimiento protege la autodeterminación personal a través del ejercicio de las facultades que componen esas concretas manifestaciones de libertad. Y esa esfera de *agere licere* lo es con plena inmunidad de coacción del Estado o de cualesquiera grupos sociales[814]. Dicha capacidad de protección de la conciencia de la persona, tanto en su esfera interna como externa, es la mejor manifestación de que el Estado protege la dignidad humana de los ciudadanos[815].

En este sentido, la STCE 177/1996, de 11 de noviembre, garantizó "la existencia de un claustro íntimo de creencias y, por tanto, un espacio de autodeterminación intelectual ante el fenómeno religioso, vinculado a la propia personalidad y dignidad individual"[816]. En es-

---

de recursos de apelación y súplica frente al Auto dictado por el Juzgado de Vigilancia Penitenciaria de Guadalajara sobre asistencia médica a reclusos en huelga de hambre, en BOE, Núm. 181, 30 de julio de 1990. Fundamento Jurídico número 8, p. 66. [consultado 12 de julio 2016]. Disponible en: http://hj.tribunalconstitucional.es/docs/BOE/BOE-T-1990-18331.pdf

813 STCE 212/1996, 19 de diciembre, dictada en el recurso previo de inconstitucionalidad avocado número núm. 596/89 en BOE, Núm. 19, de 22 de enero de 1997. Fundamento Jurídico número 10, p. 8. [consultado 12 de julio 2016]. Disponible em https://hj.tribunalconstitucional.es/HJ/docs/BOE/BOE-T-1997-1180.pdf. Además, en la STCE 137/1990, de 30 de julio, Fundamento Jurídico número 8, p. 66.

814 STCE 46/2001, 15 de febrero, dictada en el recurso de amparo avocado núm. 3083/96 en BOE, Núm. 65, 16 de marzo de 2001. Fundamento Jurídico número 4, p. 87. [consultado 21 de marzo 2016]. Disponible en: https://hj.tribunalconstitucional.es/HJ/docs/BOE/BOE-T-2001-5180.pdf y, en el mismo sentido, la STCE 24/1982, del 13 de mayo, dictada en el recurso de inconstitucionalidad Núm. 68/1982, en BOE, Núm. 137. Fundamento Jurídico número 1. Disponible en: http://hj.tribunalconstitucional.es/docs/BOE/BOE-T-1982-13945.pdf y la STCE 166/1996, del 28 de octubre de 1996 dictada en el recurso de amparo núm. 3.164/94, en BOE Núm. 291, del 03 de diciembre de 1996. Fundamento Jurídico número 1. Disponible en: http://hj.tribunalconstitucional.es/es/Resolucion/Show/3218#ficha-tecnica

815 Cfr. Roca, M. J., "Dignidad de la persona, pluralismo y objeción de conciencia", *op. cit.*, p. 62.

816 STCE 177/1996, 11 de noviembre, dictada en el recurso de amparo avocado Núm 2.996/1994 en BOE, Núm. 303, 17 de diciembre 1996. Fundamento Jurídico número 9, p. 21. [consultado 22 de marzo 2016]. Disponible en: https://

te caso, aunque como se puede advertir, la Sentencia hace referencia exclusivamente al fenómeno religioso, esto no impide que se lleve a cabo una interpretación extensiva del término, de acuerdo a lo que estableció, por ejemplo, la STCE 46/2001. Dicha resolución, en su Fundamento Jurídico número 4 *in fine* estableció:

> "Del mismo modo, por mandato del art. 10.2 C.E., en la determinación del contenido y alcance del derecho fundamental a la libertad religiosa debemos tener presente, a efectos interpretativos, lo dispuesto en la Declaración Universal de Derechos Humanos, concretamente en su art. 18, así como en los demás Tratados y Acuerdos internacionales suscritos por nuestro país sobre la materia, mereciendo especial consideración lo dispuesto en el artículo 9 del Convenio Europeo de Derechos Humanos y la jurisprudencia del Tribunal Europeo de Derechos Humanos recaída con ocasión de la aplicación del mismo. En este sentido, y a los fines de nuestro enjuiciamiento, resulta de interés recordar la interpretación del art. 18.1 de la Declaración Universal que el Comité de Derecho Humanos de Naciones Unidas ha plasmado en el Comentario General de 20 de julio de 1993, a cuyo tenor, dicho precepto "protege las creencias teístas, no teístas y ateas, así como el derecho a no profesar ninguna religión o creencia; los términos creencia o religión deben entenderse en sentido amplio", añadiendo que "El artículo 18 no se limita en su aplicación a las religiones tradicionales o a las religiones o creencias con características o prácticas institucionales análogas a las delas religiones tradicionales"[817].

Anteriormente se ha señalado que no se considera acertado optar por la via de llevar a cabo una interpretación extensiva del término religión[818]. Pese a ello, no se quiere privar de valor al hecho de que el TCE haya llevado a cabo dicha interpretación, con el fin de demostrar

---

hj.tribunalconstitucional.es/HJ/docs/BOE/BOE-T-1996-28056.pdf. En la misma línea argumentativa, STCE 154/2002, de 18 de julio de 2002 dictada en el recurso de amparo avocado número 3.468/97, en BOE, Núm. 188, 7 de agosto del 2002. Fundamento Jurídico número 6, p. 59. [consultado 22 de marzo 2016]. Disponible en https://hj.tribunalconstitucional.es/HJ/docs/BOE/BOE-T-2002-15992.pdf y en la STCE 101/2004, de 2 de junio de 2004 dictada en el recurso de amparo avocado número 2563-2002 en BOE, Núm. 151, 23 junio 2004. Fundamento Jurídico número 3, p. 59. [consultado 22 de marzo 2016]. Disponible en: https://hj.tribunalconstitucional.es/HJ/docs/BOE/BOE-T-2004-11649.pdf

817 STCE 46/2001, de 15 de octubre. Fundamento Jurídico número 4, p. 87.

818 En este sentido, puede revisarse el epígrafe 1.3.2 denominado *Libertad de religión*.

que el respeto a este claustro íntimo no solo se refiere al hecho religioso, sino también a cualquier otro tipo de convicciones.

Por otro lado, en el texto de la Sentencia que se está comentando, se establece, además, la ya mencionada dimensión externa de este derecho, que se traduce, "en la posibilidad de ejercicio, inmune a toda coacción de los poderes públicos, de aquellas actividades que constituyen manifestaciones o expresiones del fenómeno religioso"[819].

También cabe destacar el Voto particular de A. Ollero, en la STCE 11/2016, en el caso, ya mencionado, referido a la solicitud de entrega de un feto de 22 semanas, a fin de poder ser incinerado, el cual fue negado en primera instancia por considerar que se trataba de un supuesto distinto al amparado en una ocasión anterior. La razón era que, en el caso de estudio, la madre no profesaba ninguna religión y además la muerte del feto era fruto de un aborto voluntario. En sus palabras:

> "3. El segundo de los motivos reconocido por el órgano judicial, de especial transcendencia constitucional, es el que sin duda constituye el centro de la polémica situación, pese a que la Sentencia opte por ignorarlo. Se satisface pues en el primer caso la entrega del feto a solicitud de la madre, porque esta se confiesa vinculada a la religión musulmana, lo que le lleva a oponerse a la incineración del fruto de su vientre por considerar obligado darle sepultura en la tierra. Se le niega sin embargo trato similar a la recurrente, porque la solicitante no "invoca religión católica alguna, ni solicitarlo por motivos religiosos"; lo que le lleva a constatar que no se respetan "de igual modo los valores y creencias (religiosas o no)" que le mueven, generando una desigualdad de trato carente de fundamento objetivo y razonable con resultado discriminatorio"[820].

Se considera, como ya se ha apuntado anteriormente, que esta diferencia de trato implica una vulneración del debido respeto a las convicciones, independientemente de su fundamentación y, por lo tanto, una agresión a la dignidad humana.

---

819 STCE 46/2001, de 15 de octubre. Fundamento Jurídico número 4, p. 87.

820 Voto particular concurrente que formula el Magistrado don Andrés Ollero Tassara en relación con la STCE 11/2016, del 01 de febrero del 2016 dictada en el recurso de amparo avocado núm. 533-2014, en BOE, Número 57, 7 de marzo de 2016. [consultado 22 de marzo 2016]. Disponible en: https://hj.tribunalconstitucional.es/HJ/docs/BOE/BOE-A-2016-2328.pdf

2. LA VIDA HUMANA COMO VALOR JURÍDICO

En el apartado anterior se ha reflexionado sobre la relación existente entre la dignidad humana, las convicciones y la objeción de conciencia. A continuación, se analizará una convicción específica, la referente al valor de la vida humana naciente. Para ello se intentará llevar a cabo una breve referencia al estatuto biológico, ontológico y jurídico del embrión humano. El objetivo es indagar hasta que punto se trata de una convicción con suficiente entidad como para ser respetada en todo Estado de Derecho, independientemente del tipo de fundamentación en la que se apoye.

2.1. Estatuto biológico del embrión humano

Son muchos los autores que, como F. D'AGOSTINO, consideran que la ciencia es una gran ayuda a la hora de poder determinar cuándo se está en presencia de un nuevo individuo de la especie humana[821]. En este sentido, todo lo que se pueda indagar sobre el significado biológico de la vida humana en sus primeras etapas, podrá avalar la defensa racional del valor de la vida humana naciente. Por ello, seguidamente se revisarán algunos de los presupuestos en torno a esta cuestión.

2.1.1. Vida humana, fecundación y cigoto

Desde el punto de vista científico, la vida humana se inicia con la fecundación[822]. No obstante, más que un momento o un instante, la

---

821 Cfr. D' AGOSTINO, F., "La Bioética, las Biotecnologías y el problema de la identidad de la persona", en *Genoma Humano y Clonación: perspectivas e interrogantes sobre el hombre*, JOUVE, N., GEREZ, G. y SAZ, J.M. (coords.), Aula Abierta, 21, Universidad de Alcalá, Alcalá de Henares, 2003, pp.143-152.

822 Se considera oportuno, por cuestiones metodológicas, dar una breve descripción del proceso de fecundación, para lo cual se seguirá lo descrito por el profesor J. LÓPEZ GUZMÁN, quien explica que "antes de fusionarse los gametos ha de transcurrir un tiempo de diferenciación y maduración de las células sexuales en el interior del aparato genital correspondiente. Este proceso se denomina en el hombre espermatogénesis. Por este proceso se forman gran cantidad de células sexuales. En la mujer se denomina ovogénesis y es rítmico y limitado. A lo largo de su vida maduran aproximadamente 400 óvulos. Cuando se realiza el acto sexual, el espermio se deposita en la vagina de la mujer (300-500 millones de

fecundación es un proceso que dura horas[823]. En este sentido, siguiendo a N. López Moratalla, N. Jouve de la Barreda, A. Serra, J. López GUZMÁN entre otros, puede afirmarse que, tras la fusión de los gametos materno (ovocito) y paterno (espermatozoide), se constituye una nueva realidad, denominada cigoto[824], que presenta la iden-

---

espermios), embebido en un medio líquido segregado por las glándulas accesorias que le permiten mantener su motilidad durante 3-4 días. Su capacidad fecundante dura 1-2 días. Los espermatozoides han de salvar ciertos obstáculos (mecánicos y químicos) hasta alcanzar la trompa uterina (300-500 lo logran: los más dotados). Por otra parte, el óvulo se desprende del ovario y después es captado por la trompa. Allí se une el óvulo con un solo espermatozoide. Se produce la fijación del gameto a la zona pelúcida del ovocito, se realiza la reacción acrosómica que permite al gameto penetrar dicha matriz extracelular y la fusión con la membrana del ovocito. El núcleo del espermatozoide tiene una cromatina muy condensada y sufre una descondensación por influencia de sustancias del ovocito. La penetración del gameto masculino en el interior del ovocito activa a que éste finalice la segunda metafase II de la meiosis que estaba detenida, liberándose el segundo corpúsculo polar, constituyéndose en el ovocito un núcleo semejante al que resulta en una mitosis en su fase final de telofase. Posteriormente, se forma el pronúcleo masculino y más tarde da inicio al huso acromático de la primera división del cigoto. El proceso de maduración del pronúcleo masculino está controlado por el ovocito. Los dos pronúcleos de esta nueva realidad (el embrión) se acercan, sus cromatinas se fusionan, con lo que la carga genética nuclear ahora es la suma de la aportada por la mujer y el hombre. Este proceso dura 12-15 horas. De este modo, de dos elementos celulares al borde de la muerte va a surgir una nueva vida, con un impulso vital que puede durar muchos años". López Guzmán, J., "El estatuto biológico del embrión", en *La humanidad in vitro*, Ballesteros, J. (coord.), Aparisi Miralles, A., *et al.*, Comares, Granada, 2002, pp. 179-180. Además, se puede consultar más sobre el proceso de fecundación en Aitken R. J., "The complexities of conception" en *Science*, 269 (1995), pp. 39-40, entre otros.

823 Al respecto A. Bompiani, refiere que la fecundación, más que un momento concreto, consiste en una serie de procesos (Cfr. Bompiani, A., *Genetica e medicina prenatale: aspetti clinici, bioetici e giuridici*, Edizioni scientifiche italiane Napoli, 1999, p. 13).

824 Resulta importante lo sostenido por N. Jouve de la Barreda, quien hace una precisión portante en relación a la fase previa de la constitución del cigoto. Al respecto afirma: "Antes del cigoto no podemos hablar de vida pues antes de que se forme el cigoto lo que hay son los gametos, que no poseen ni la dotación cromosómica ni la información genética suficiente para organizar un organismo ni de forma autónoma ni dependiente del entorno. Un gameto tiene una vida limitada a unas pocas horas, a lo sumo días, y posee una finalidad en sí mismo, la fecundación, pero no puede asignársele entidad de ser vivo, como tampoco se le podría atribuir a una célula cualquiera del soma de un adulto, que separada

tidad genética del nuevo individuo[825]. Esa identidad genética constituye el elemento que permite individualizar y reconocer a todo ser humano. Se trata, por lo tanto, de la característica biológica más determinante, ya que de ella depende la ontogenia (el cómo fuimos, somos y seremos desde un punto de vista genético)[826]. En razón de ello, el genoma humano es la base genética que otorga la unidad de vida y, al mismo tiempo, representa el hilo conductor de todo ser humano desde la fecundación (concepción) hasta la muerte[827]. Por ello, de no producirse ninguna alteración en el proceso de evolución del cigoto, la programación genética conducirá, infaliblemente, al desarrollo de un nuevo ser humano[828]. De ahí que pueda afirmarse que "el cigoto es

---

de su organismo matriz no podría sobrevivir. Una célula gamética o una célula somática aislada tienen una información genética y un metabolismo propio, pero insuficiente para dar origen a un ente biológico completo" (JOUVE DE LA BARREDA, N., "Embrión humano. Vida humana" en GERMÁN ZURRIARÁIN R., (editor), *La desprotección del no nacido en el siglo XXI*, Ediciones Internacionales Universitarias, Madrid, 2012, p. 34).

825 Cfr. LÓPEZ MORATALLA, N., "La realidad del embrión humano en los primeros quince días de vida" en *Revista Persona y Bioética*, 20 /21, 7/8 (2004), p. 7. En la misma línea J. LÓPEZ GUZMÁN, sostiene que desde el instante mismo de la formación del cigoto, éste reúne toda la información genética necesaria para el desarrollo del nuevo ser (cfr. LÓPEZ GUZMÁN, J., "El estatuto biológico del embrión", *op. cit.*, p. 176. Por su parte N, JOUVE DE LA BARREDA, afirma que: "El cigoto es la primera realidad biológica de la vida de una especie determinada. Si se trata de la especie humana, el cigoto humano, resultante de la fusión de un óvulo humano con un espermatozoide humano, que recibe genes humanos, no puede ser otra cosa que una vida humana" (JOUVE DE LA BARREDA, N., "Embrión humano. Vida humana", *op.cit.*, p. 33). A. Serra sostiene que "El cigoto es el punto exacto en el espacio y en el tiempo en que un "individuo humano" inicia su propio ciclo vital" (SERRA, A. "Dignidad del embrión humano", en *Consejo Pontificio para la Familia. Lexicón, Términos ambiguos y discutidos sobre familia, vida y cuestiones éticas*, Palabra, Madrid, 2004).

826 Cfr. JOUVE DE LA BARREDA, N., "Embrión humano. Vida humana", *op. cit.*, p. 35.

827 *Ibidem.*

828 Cfr. LACADENA J. R., "Manipulación genética" en GAFO, J., (Ed.), *Fundamentación de la Bioética y manipulación genética*, Publicaciones de la Universidad Pontificia de Comillas, Madrid, 1988, p. 143. En la misma línea de pensamiento, el genetista N. JOUVE DE LA BARREDA, afirma que solo factores externos pueden impedir el desarrollo de este nuevo ser humano. En este sentido sostiene que: "Se trata pues de una vida humana naciente a la que solo factores externos, ajenos a su propio impulso vital pueden poner freno en su desarrollo durante las fases embrionaria y fetal. Entre estos factores los hay de causa natural, como pueden

la única realidad unicelular *totipotente*[829] capaz de desarrollarse a organismo completo (...). O, dicho de otra forma, la célula con fenotipo cigoto es un viviente y no simplemente una célula viva"[830].

De todo lo manifestado, puede concluirse afirmando -como de manera clara ya expuso, entre otros muchos científicos, el profesor J. Lejeune-, que con la fecundación "queda definido un nuevo ser humano porque su constitución personal y su constitución humana se encuentra completamente formulada"[831] Y, en el mismo sentido, se puede calificar a cada ser humano como "una novedad absoluta"[832]. A partir de ese instante comienza el desarrollo continuo de un organismo que únicamente encuentra su fin con la muerte[833]. Por ello, los términos vida humana, fecundación y cigoto hacen referencia a la primera realidad biológica del ser humano que llamamos embrión. Como puede apreciarse, estas tres realidades, vida humana, fecundación y cigoto,

---

ser las alteraciones congénitas, como las mutaciones que intervienen en el desarrollo durante las fases críticas de la organogénesis, que pueden determinar la incidencia de un aborto espontáneo o el resurgir de una malformación o una discapacidad" (Jouve de la Barreda, N., "Embrión humano. Vida humana", *op.cit.*, p. 36).

829 Se denomina *totipotente* a aquella célula, "que en tanto esta separada del organismo del que formaba parte tiene capacidad de iniciar un nuevo ciclo vital y da lugar a un nuevo ser" (López Moratalla, N., "La realidad del embrión humano en los primeros quince días de vida", *op.cit.*, p. 11).

830 López Moratalla, N., "La realidad del embrión humano en los primeros quince días de vida", *op.cit.*, pp. 12-13. También destaca la misma autora que: "La célula con fenotipo cigoto difiere de cualquier otra célula, pues posee polaridad y asimetría, lo cual muestra que se ha constituido mediante un proceso de auto organización del material biológico resultante de la fusión de los gametos materno y paterno. Este proceso de constitución del cigoto se regula a escala molecular, especialmente por incrementos en los niveles intracelulares de iones calcio, capaces de inducir una serie de cambios coordinados de manera armónica, espacial y temporalmente. El material genético procedente de los progenitores se prepara y organiza de tal forma, que el cigoto posee una información genética propia, amplificación de la suma de la que contienen los gametos de sus padre" (*Ibidem*, p. 13).

831 Lejeune, J., *¿Qué es el embrión humano?*, Rialp, Madrid, 1993, pp. 53-54.

832 *Ibidem*, p. 36.

833 Cfr. Serra, A., "El embrión humano, ciencia y medicina. En torno a un reciente documento", en *La vida humana: origen y desarrollo Reflexiones bioéticas de científicos y moralistas* UPCM, Madrid, 1989, pp. 42-43).

se encuentran interrelacionadas y direccionadas hacia la constitución del ser humano en su primera etapa, como es el embrión humano.

2.1.2. El embrión humano

Como se ha indicado en el apartado anterior, con la fecundación surge un nuevo individuo, denominado cigoto, el cual posee una identidad genética propia, constituyéndose en la "primera realidad biológica de una vida humana"[834]. A esta primera etapa, que se inicia con la fecundación, le siguen diferentes fases[835], por las cuales el embrión va desarrollándose hasta ser considerado feto[836]. Es un proceso continuo, sin posibilidad de interrupción propia, de tal manera que solo factores externos pueden impedir su evolución[837].

---

834 Jouve de la Barreda, N., *El manantial de la vida: genes y bioética*, Encuentro, D.L. 2012, Madrid, 2012, p. 117.

835 Entre las 24–30 horas posteriores al proceso de la fecundación se produce la primera división. A los 4 días, hay un embrión de 12–16 células llamado comúnmente mórula, el cual ha sido transportado de la trompa de Falopio a la cavidad uterina, produciéndose la llamada implantación de la mórula; entre los 7 a 9 días aproximadamente se implantará en la pared del útero o endometrio (blástula). A los 14 días se produce la diferenciación denominada línea primitiva, que tiene importancia para la formación del sistema nervioso central. Cfr. López Guzmán, J., "El estatuto biológico del embrión", *op. cit.*, p. 181.

836 En este sentido, resulta adecuado precisar que, en el mundo científico, las fases sucesivas del desarrollo de un ser humano en sus primeros estadios se denominan de la siguiente manera: *embrión* a la célula cigoto que surge desde el momento de la fecundación hasta el final de la séptima semana, posteriormente es denominado *feto* a partir de la octava semana y así sucesivamente se va produciendo el desarrollo de un ser humano, que crece y se va formando en un *continuum* (Cfr. Jouve de la Barreda, N., *El manantial de la vida: genes y bioética*, *op.cit.*, p. 118).

837 Cfr. Jouve de la Barreda, N., "Embrión humano. Vida humana", *op.cit.*, p. 36. Entre estos factores destaca N. Jouve de la Barreda aquellos producidos por de causa natural, como pueden ser las alteraciones congénitas, como las mutaciones que intervienen en el desarrollo durante las fases críticas de la organogénesis, que pueden determinar la incidencia de un aborto espontáneo o el resurgir de una malformación o una discapacidad. Pero estos no son los únicos con el desarrollo de las técnicas de fecundación in vitro o la práctica del aborto se han puesto en manos de terceros el destino de la vida embrionaria (Cfr. Jouve de la Barreda, N. "Defectos congénitos y discapacidad" en Cuadernos de Bioética, 70 (2009), pp. 407-422).

Algunos investigadores, como los australianos J.K. FINDLAY, M.L. GEAR, P.J. ILLINGWORTH, entre otros, sostienen que el embrión humano debe ser definido de la siguiente forma:

> "Un embrión humano es una entidad discreta que procede: i) o bien de la primera división mitótica, una vez realizada la fertilización de un ovocito humano por un espermatozoide, ii) o bien por cualquier otro proceso que conduzca al desarrollo organizado de una entidad biológica con un genoma nuclear humano o un genoma humano alterado que tiene la potencialidad de desarrollarse hasta, o más allá, del estado en que aparece la estría primitiva, hasta alcanzar las 8 semanas de desarrollo tras la primera división mitótica"[838].

No obstante, esta verdad científica es cuestionada desde diversos planteamientos. Entre ellos, podemos mencionar los siguientes:

a) la afirmación de que la condición humana no se adquiere con la fecundación;
b) la tesis de que el inicio de la vida humana se produce en fases posteriores a la fecundación;
c) la incorporación de una nueva nomenclatura, como es la introducción del término *preembrión*, en el contexto del desarrollo embrionario.

En definitiva, en relación al estatuto biológico del ser humano se han puesto en discusión tres presupuestos: a) su carácter humano; b) su individualidad; y c) su autonomía genética.

Todas estas hipótesis carecen de fundamento científico riguroso y son formuladas desde presupuestos utilitaristas, es decir, parten de una finalidad previamente establecida: pretender es que se permita la

---

838 J.K. FINDLAY y otros, "Embryo-a biological definition", en *Human Reproduction*, 22/4 (2007), p. 905. [consultado 19 de abril 2016]. Disponible en: http://humrep.oxfordjournals.org/content/22/4/905.full.pdf+html. Por su parte, R. GERMÁN ZURRIARÁIN sostiene que: "(...) desde la perspectiva científica, el término embrión se refiere a una etapa concreta de la vida de esa unidad dinámica que es el ser humano. El embrión no es una simple masa celular indiferenciada, sino la estructura precoz del desarrollo anatómico, fisiológico y bioquímico del ser humano. No es el primer paso hacia el ser humano, es un ser humano dando su primer paso" (GERMÁN ZURRIARÁIN, R., "La cuestión de fondo sobre el tema del aborto" en *Revista Persona y Bioética*, 19/1 (2015), p. 121).

manipulación, modificación e, incluso, la eliminación de los embriones humanos, tal y como se va a intentar demostrar a continuación[839].

En lo referente a la tercera hipótesis formulada, es conveniente precisar que, tal y como han demostrado, entre otros autores, M. FERRER y L.M. PASTOR, el término "preembrión" es una categoría "metabiológica" y totalmente superada por la embriología contemporánea[840]. Como se sabe, el vocablo "preembrión"[841] nació con la finalidad de justificar ética y jurídicamente la manipulación de embriones humanos en los procesos de fecundación *in vitro*. Por ello, como se ha indicado, no surge de un desarrollo científico, sino desde presupuestos utilitaristas. Por ello, dentro de la comunidad científica ha caído en desuso[842].

---

839 Cfr. LÓPEZ GUZMÁN, J., "El estatuto biológico del embrión", *op. cit.*, pp.176-177.

840 FERRER COLOMER, M., Y PASTOR, L.M., "The preembryo's short lifetime. The history of a word", en *Cuadernos de Bioética*, XXIII, 2012 (3), 677-694. Este artículo contiene un detallado estudio sobre la historia del empleo de esta palabra en el ámbito científico, del que se concluye con claridad el origen "metabiológico" del término. Textualmente sostiene: "It seems that the word 'preembryo' reflected a new metabiological concept" (*Ibidem.*, pp. 677-678). Puede consultarse también VIVANCO, L; BARTOLOMÉ, B; SAN MARTÍN, M; MARTÍNEZ, A., "Bibliometric analysis of the use of the term preembryoin scientific literature" en *Journal of the American Society for Information Science and Technology*, 62 (2011), 5, pp. 987-991.

841 El término fue empleado por primera vez por Clifford Grobstein en 1979, pero adquirió popularidad a partir de su aparición en el Informe Warnock (1984), amparado en las tesis de la embriológa Anne McLaren "Prelude to Embryogenesis" y en un documento titulado "Ethical Consideration of The New Reproductive Technology" elaborado por el Comité de Ética de la Sociedad Americana de Fertilidad.

842 Resulta importante resaltar lo señalado por H. PEARSON, cuando refiere que la embriología contemporánea ha establecido que el momento de la fecundación (y las 24 horas posteriores) es el único instante relevante en el desarrollo embrionario de los mamíferos, poniendo de relieve que el momento de la implantación en el útero no constituye línea "divisoria" en este proceso, cuyo desenvolvimiento se inicia en las 24 horas posteriores a la fecundación y se va desarrollando a lo largo de todo el embarazo (Cfr. PEARSON, H., "Your destiny from day one" en *Nature*, 418 (2002), pp. 14-15).

2.1.3. Presupuestos científicos

a) Carácter humano del embrión

La teoría de la evolución, al sostener que no existen cambios de especie a lo largo de la embriogénesis, permite entender que, presuponiendo un genoma de la especie humana el desarrollo será el de un ser humano, no pudiendo derivar en un animal o un en vegetal[843].

Se ha señalado en líneas anteriores que para la biología no existen dudas de que la vida de un ser vivo se inicia con la fecundación, y de que, en la especie humana, el cigoto es la primera realidad, que ya es propiamente humana, con una identidad genética, específica y singular.

Como sostiene, entre otros genetistas, N. Jouve de la Barreda, "mucho antes que los factores ambientales y educativos despierten la razón y modelen la personalidad del recién nacido, cada ser humano, es el resultado del desarrollo físico y psíquico consecuencia de la constitución genética, presente ya en el embrión desde el estado de una célula llamada cigoto a partir de la información genética cifrada en su

[843] Cfr. Ballesteros, J., "El estatuto del embrión humano: cuestiones científicas, filosóficas y jurídicas", *op. cit.*, p. 218. Pese a ello, como sostiene J. Balleteros, existen corrientes ideológicas que tienden a negar al embrión la consideración de individuo de la especie humana (*Ibidem.*, pp. 217 – 218). En el 2009, la ex ministra de Igualdad del Gobierno de España, Dña. Bibiana Aido, manifestó en unas declaraciones que: "un feto de trece semanas es un ser vivo, claro, lo que no podemos hablar es de un ser humano porque eso no tiene ninguna base científica" (Declaraciones de la Ministra de Igualdad del Gobierno de España, Dña. Bibiana Aido, en una emisión de Radio de la Cadena SER, el día 19 de mayo de 2009). [consultado 20 de abril 2016]. Disponible en: http://www.libertaddigital.com/espana/2014-05-19/bibiana-aido-dice-que-un-feto-de-13-semanas-es-un-ser-vivo-pero-no-humano-1276518901/. Al respecto, el genetista N. Jouve de la Barreda con relación a estas declaraciones afirmó: "(…) no es lo peor la última parte de la frase. Lo peor es negar la pertenencia a una especie a un ente que afirma que tiene vida. No es solo ignorancia sino falta de sentido común. Si un embrión humano de menos de 13 semanas no pertenece a la especie humana ¿cuál sería su entidad biológica? ¿Se trataría tan solode una idea, un ente desclasificado, algo inexistente a pesar de que existe?" (Jouve de la Barreda, N., *El manantial de la vida: genes y bioética*, *op.cit.*, p. 138).

ADN, cuyo desarrollo se organiza de forma ordenada y autónoma en un *continuum*"[844].

En el mismo sentido, J. LEJEUNE afirmaba que el fruto de la concepción era un ser viviente, distinto al organismo de la madre que lo nutría. Además, continuaba sosteniendo que ese ser viviente era el mismo desde la fecundación hasta su muerte, teniendo características individuales que lo hacía único e irremplazable[845].

En este contexto, el mencionado autor sostiene que la íntima conexión entre la molécula del ADN, la vida y el ser humano, es parecida a la de, por ejemplo, una música sinfónica compuesta por MOZART, en la que su información ha sido codificada, pero no se ve cuando se escucha. Del mismo modo sucede con la sinfonía de la vida, la cual está escrita mediante un código llamado ADN, cuyo mensaje genético es vital y su manifestación es vida y, por tanto, el mensaje es humano[846].

En definitiva, los datos científicos nos muestran que:

---

844 Cfr. LURIA, S. E. y MASÓ, S., *La vida, experimento inacabado*, Alianza Editorial, Madrid 1975.

845 Cfr. [consultado 21 de abril 2016]. Disponible en: https://peregrinodeloabsoluto.wordpress.com/2014/02/20/jerome-lejeune-un-testimonio/

846 En este sentido, J. LEJEUNE explica: "Hoy sabemos que la vida es muy parecida a lo que sucede con una cinta magnética en la que se ha grabado música. En la cinta misma no hay notas. En la grabadora no hay músicos ni instrumentos. No obstante, en razón de que la información ha sido codificada en el momento en que era recibida por un micrófono y luego transmitida a la cinta, el magnetofón puede leer dicha información, dar impulso a los altavoces, y así, lo que se reproduce no son los músicos ni las notas de la partitura; lo que se transmite, si usted está escuchando "la pequeña serenata", es el genio de Mozart. Exactamente de la misma manera se ejecuta la sinfonía de la vida. Está escrita mediante un código muy especial en la molécula de ADN (…) Si la información que está en la grabadora–esa primera célula- es información humana, entonces este ser es un ser humano. Sabemos que inicialmente hay un mensaje y este mensaje se deletrea al estilo humano (...) El mensaje genético es vital y su manifestación es vida. Aún más brevemente diría, fuera de toda discusión, que si el mensaje es un mensaje humano, el ser es un ser humano" (LEJEUNE, J., "Genes y vida humana", *Conferencia pronunciada en la Asamblea Legislativa del Estado de Louisiana* (USA), el día 7 de junio de 1990. El testimonio fue publicado en la revista *All About Issues*, V 1991, pp. 17-20). [consultado 21 de abril 2016]- Disponible en: https://laverdadysololaverdad.wordpress.com/2013/07/08/genes-y-vida-humana-dr-jerome-lejeune/

1) El único salto cualitativo que se produce en la vida de un ser humano es el que se produce en el proceso de fecundación, entendido tal y como se ha explicado en los epígrafes anteriores, no existiendo ningún otro salto cualitativo;
2) Tras dicho proceso de fecundación, existe un nuevo individuo de la especie humana, cuyo desarrollo se produce de forma continua;
3) Por ello, carece de toda lógica sostener que un ser vivo pueda ser inicialmente una cosa y, posteriormente, un humano. Esta afirmación contraría a la propia embriogénesis;
4) Todo el desarrollo biológico está previsto por el genoma individual[847].

b) Carácter individual del embrión

Un aspecto discutido en relación con el origen de la existencia propiamente humana en las primeras etapas es la negación del carácter individual del embrión humano. El primero que planteo esta cuestión fue el profesor australiano de Ética de la Universidad de Melbourne, N. Ford. Consideró que "la potencialidad de la división gemelar monocigótica es incompatible con el *status* personal", con lo que negaba el carácter individual de todo embrión. Al respecto, muchos autores, entre ellos N. López Moratalla, responden que:

> "No está fundamentada en la realidad biológica la argumentación basada en que mientras exista posibilidad de gemelación, la identidad del ser humano no está determinada, y de ahí que no se pueda decir que exista ningún individuo en concreto, ya que en tal caso carecería de una de las propiedades esenciales de un individuo: la unicidad o el ser único"[848].

Basándose en argumentos similares, N. Jouve de la Barreda sostiene que la gemelación lo que demuestra es el magnífico poder de reparación de un embrión dañado, pudiéndose rehacer íntegramente

---

847 Cfr. Jouve de la Barreda, N., *El manantial de la vida: genes y bioética*, *op.cit.*, p. 141.

848 López Moratalla, N., "La realidad del embrión humano en los primeros quince días de vida", *op.cit.*, p. 21.

en su desarrollo, pese a la alteración drástica que se produce tras la escisión[849]. Por ello, la situación accidental que se origina con la gemelación, lo que demuestra es que "la individualidad genética no es incompatible con la divisibilidad"[850].

Además de lo ya apuntado, puede resultar interesante destacar dos premisas en relación a la individualidad del cigoto:

Que se está ante un embrión unicelular, es decir, ante una nueva vida con identidad genética propia;

Este embrión unicelular no es una parte accesoria de la madre, sino un nuevo individuo de la especie humana que, aunque dependa físicamente de la madre para su desarrollo durante los nueve meses, no es parte de ella. En este sentido, N. Jouve de la Barreda, sostiene que "(...) está célula inicial no es parte sustancial de la madre, sino una vida humana nueva, biológicamente distinta e independiente en su desarrollo, aunque dependa del seno materno para completar su crecimiento y morfogénesis desde la implantación en el útero (...) y después de implantado hasta el momento del nacimiento (...)"[851].

En definitiva, la ciencia demuestra que desde el momento de la fecundación se da inicio a una nueva vida. En palabras de J. López Guzmán "con la fecundación se origina una estructura cromosómica individual específica de un nuevo ser humano"[852]. De este modo, por ejemplo, la afirmación que sostiene que la madre tiene derecho a disponer de la vida del embrión por ser parte de su cuerpo sería científicamente errónea.

c) Autonomía genética del embrión

Un tercer presupuesto discutido en lo referente al estatuto científico del embrión humano es su autonomía genética. Al respecto, A. Suarez sostiene que el embrión posee autonomía genética desde el principio, debido a que no depende genéticamente de la madre, sino

---

849 Cfr. Jouve de la Barreda, N., *El manantial de la vida: genes y bioética*, *op.cit.*, p. 145.

850 *Ibidem.*

851 Jouve de la Barreda, N., "Embrión humano. Vida humana" *op.cit.*, p. 36.

852 López Guzmán, J., "El estatuto biológico del embrión", *op. cit.*, p. 183.

sólo ambientalmente. Su situación de dependencia no varía tanto desde el antes de su nacimiento al después del mismo. La única diferencia existente es que el cuidado que antes del nacimiento solo podía ser llevado a cabo por parte de la madre, ahora puede ser ejercido por una tercera persona[853]. En esta misma línea de pensamiento, R. Colombo afirma que:

> "A la luz de las recientes investigaciones de la genética y de la embriología humana, la hipótesis de la completa "inercia del genoma humano", hasta el estadio de los 4/8 blastómeros, debe ser corregida. La objeción filosófica que sobre ella se ha construido, y que pretendería negar al embrión humano precoz el estatuto de nuevo organismo en acto capaz de desarrollarse en virtud de su orientación y determinación intrínseca, pierde así su consistencia biológica y debe ser abandonada"[854].

En este sentido, conviene precisar que es verdad que el embrión necesita un ambiente para desarrollarse por él mismo, pero el ambiente no hace al embrión[855]. Por ello, E. Sgreccia afirma que:

> "No es la anidación lo que hace al embrión ser un embrión, como no es la leche materna lo que hace del niño un niño, pese a que el embrión y el niño no sobrevivirán sin anidación y sin leche. El embrión tiene en sí el principio constitutivo del propio ser, aunque dependa extrínsecamente del útero"[856].

En esta misma línea, continúa afirmando que "(...) este nuevo programa no es inerte, ni "ejecutado" por los órganos fisiológicos maternos, que se sirven del programa del mismo modo que el arquitecto se sirve del proyecto como un esquema pasivo; sino que es un nuevo proyecto que se constituye a sí mismo y es en sí el actor principal"[857].

---

853 Cfr. Suarez, A., "Hydatidiform moles and teratomas Confirm the human identity of the Preimplantation embryo", *Journal of Medizine and Philosophy*, 1991. [consultado 26 de abril 2016]. Disponible en: http://jmp.oxfordjournals.org/content/15/6/627.full.pdf+html

854 Colombo, R., "Statuto biológico e statuto ontológico delle embrione e del feto umano" en *Anthropotes,* 1996, XI, pp. 132 y ss.

855 Rager, G., "Embrión, hombre, persona. Acerca del comienzo de la vida personal" en *Cuadernos de Bioética,* 3 (1997), p. 1059.

856 Sgreccia, E., *Manuale di Bioetica,* Vita e pensiero, Milan, (2) 1998, p. 374.

857 *Ibidem.*, p. 339.

Por lo que, podemos concluir siguiendo a J. López Guzmán: "el embrión humano es una unidad biológica, biográfica"[858].

2.2. *Estatuto ontológico del embrión humano*

Tras la breve referencia al estatuto biológico del embrión humano, a continuación, se incluirán algunas nociones básicas sobre su estatuto ontológico o filosófico. Para ello nos retrotraemos a las páginas de este capítulo, cuando se hizo referencia a las diversas concepciones de la dignidad humana[859]. En ese momento se indicó que algunas de esas corrientes privaban de valor ontológico al embrión humano, en concreto eran el dualismo y el utilitarismo. Por ello, retomaremos algunos de sus presupuestos al abordar el tema que ahora nos ocupa.

2.2.1. El embrión humano como persona

Se ha señalado que la vida humana tiene como primer estadio de existencia al embrión humano. Pero al igual que existe discrepancia sobre este punto desde el punto de vista científico, también en el plano filosófico existe discusión. Por un lado, se situarían aquellos autores que consideran que el embrión humano no es más que un grupo de células indiferenciadas, que solo con el tiempo va adquiriendo cualidades de ser humano; entre ellas podríamos mencionar la forma humana, la capacidad de sentir, la viabilidad fuera del cuerpo de la mujer, etc. Para estos autores, la existencia de un ser humano se produce en un momento posterior a la concepción (por ejemplo, la anidación, la adquisición de una forma propiamente humana, la aparición de la actividad cerebral, etc.). Por ello, solo podrán ser considerados seres humanos personales aquellos que posean determinadas cualidades

---

858 López Guzmán, J., "El estatuto biológico del embrión", *op. cit.*, p. 182.

859 Sobre las diferentes concepciones de la dignidad humana se puede verificar especialmente en Aparisi Miralles, A., "El principio de la dignidad humana como fundamento de un bioderecho global", *op. cit.*, pp. 205 y 210-215. Además, en Ballesteros, J., "Exigencias de la dignidad humana en biojurídica", *op. cit.*, pp. 43-57. También en Ballesteros, J., "El derecho a la familia. Identidad personal y biojurídica" en Tomás Garrido, G., (coord.), *Manual de bioética*, Ariel, Barcelona, 2001, pp. 179-203. Además, en Ballesteros, J., "El estatuto del embrión humano: cuestiones científicas, filosóficas y jurídicas", *op. cit*, pp. 222 – 228.

que, en definitiva, serán las que determinaran el paso entre ser "un mero ser humano" y ser persona. En consecuencia, los representantes de esta visión son funcionalistas, debido a que el "ser persona" o "ser humano" dependerá de las funciones que se puedan ejercitar[860].

Frente a la postura anterior, se sitúan aquellos autores que consideran que el embrión humano constituye la primera fase de la existencia de todo ser humano. Según lo cual, la persona surge ya desde el momento en que aparece el embrión; y, a su vez, éste se inicia con la concepción, entendida ésta como la unión del óvulo y el espermatozoide, independientemente de que se haya realizado de forma natural o artificial. En consecuencia, la existencia de una persona humana no dependerá de que el sujeto en cuestión esté en posesión de una u otras cualidades o funciones, sino que, más bien, es su ser personal el que le hace poseedor de determinadas cualidades. De ahi que, para este segundo grupo de autores, la función sigue al ser. Partiendo de estas dos grandes corrientes de pensamiento, a continuación, se hará referencia a algunos presupuestos ideológicos que niegan el carácter personal del embrión[861].

a) El dualismo o personismo

Como se ha manifestado en apartados anteriores, esta corriente de pensamiento se caracteriza porque distingue entre vida humana, ser humano y persona, entendiendo que cada uno de estos conceptos merece una valoración ética y jurídica distinta[862]. Además, el dualismo o personismo confronta vida biológica y vida personal, haciendo

---

860 Cfr. Tomás y Garrido, G.M., *Cuestiones actuales en Bioética*, EUNSA, Pamplona, 2011, p. 183.

861 Sobre las diferentes concepciones de la dignidad humana se puede verificar especialmente en Aparisi Miralles, A., "El principio de la dignidad humana como fundamento de un bioderecho global", *op. cit.*, pp. 205 y 210-215. Además, en Ballesteros, J., "Exigencias de la dignidad humana en biojurídica", *op. cit.*, pp. 43-57. También en Ballesteros, J., "El derecho a la familia. Identidad personal y biojurídica" en *Manual de bioética*, *op. cit.*, 179-203; Ballesteros, J., "El estatuto del embrión humano: cuestiones científicas, filosóficas y jurídicas", *op. cit.*, pp. 222-228.

862 Cfr. Tomás y Garrido, G.M., *Cuestiones actuales en Bioética*, *op. cit.*, p. 184.

depender la condición de persona de determinadas funciones, que se pueden, o no, poseer.

Según esta concepción, se considera persona a aquel ser humano que posee determinadas funciones que, entre otros, J. FLETCHER denominó "indicadores de humanidad". Para este autor, será persona aquél ser humano que pueda comportarse inmediatamente como persona, es decir, que posea todas sus funciones o cualidades. De ahi que, si estas no son constatables, no se estará ante una persona, aunque biológicamente dicho ser forme parte de la especie humana[863]. En este sentido, solo quien es consciente de sí mismo y puede, en consecuencia, actuar libremente, podrá ser tenido como persona. La consecuencia lógica de ello es que el embrión tendrá vida humana, pero no podrá ser considerado persona.

Por otro lado, para algunos autores, dicha vida humana, solo después de haber transcurrido varias semanas, podría ser considerada como la de un humano, por lo que sólo desde entonces podrá gozar de una protección cualitativamente superior a la otorgada al embrión. En definitiva, estaremos ante un individuo de la especie humana, pero todavía no podrá considerarse una persona, debido a que no posee las cualidades propias de ésta, como es, por ejemplo, la capacidad de actuar como un ser autónomo[864].

En este contexto, autores como H.T. ENGELHARDT consideran que la posesión, o no, de autoconciencia y de libertad, permite establecer una jerarquia entre los seres humanos. Y así, afirma que:

> "(...) los seres humanos adultos competentes –no los mentalmente retrasos– tiene una categoría moral más elevada que los fetos, o los niños pequeños (...). A menos que los procreadores hayan transferido sus derechos a terceros (donando, p. ej., el embrión a otra mujer u otra pareja), mantienen el derecho moral secular de abortar el feto, incluso en el caso de que a otras personas les agrade adoptar el futuro niño. Además de nuestro cuerpo, también el esperma, los óvulos, los cigotos y los fetos que producimos son–en términos morales seculares generales–algo propio, la prolongación y el fruto de nuestro propio cuerpo. Son nuestra propiedad y podemos disponer de ellos hasta que tomen posesión de sí mismos como

---

863 Cfr. COLOMBO, R., "Statuto biologico e statuto ontologico dell'embrione e del feto umano", en *Anthropotes*, XII/1, (1996) pp. 133-162.

864 Cfr. TOMÁS Y GARRIDO, G.M., *Cuestiones actuales en Bioética, op.cit.*, p. 184.

entidades conscientes, hasta que les otorguemos una categoría específica en la comunidad"[865].

En consecuencia, el valor de los embriones o fetos humanos dependerá exclusivamente del que quiera otorgarles su madre. Por ello, por ejemplo, dos embriones con el mismo tiempo de existencia pueden tener distinto valor[866]. Logicamente, desde estos presupuestos, prácticas como, por ejemplo, la creación de embriones para la investigación[867], la crioconservacion o incluso el sacrificio de los mismos no planteará ningún problema ético ni jurídico.

El propio H.T. Engelhardt defiende que la "distancia entre lo que somos como personas y lo que somos como seres humanos es el abismo que se abre entre un ser reflexivo y manipulador y el objeto de sus reflexiones y manipulaciones"[868]. Como puede apreciarse, esta visión separa los conceptos de ser humano y persona, negándole cualquier el valor a un ser biológicamente humano que carezca de determinadas funciones o cualidades, lo cual deriva en una discriminación. En definitiva, se considera que el ser humano que solo tiene necesidades, y no voluntad, carece de valor y no tiene por qué ser atendido en igualdad de condiciones que los sujetos humanos que sí la tienen[869].

Esta corriente de pensamiento ha tenido un reflejo muy claro en el orden jurídico. Podríamos señalar muchos ejemplos, tanto a nivel legal como jurisprudencial, plasmados en diversos ordenamientos jurídicos. No obstante, vamos a referirnos solo a ejemplos tomados del ordenamiento jurídico español. En concreto, podemos mencionar la STCE 53/1985, por la que se resolvió el recurso previo de inconstitucionalidad planteado contra la Ley despenalizadora del aborto. Dicha STCE se estructura sobre el presupuesto de que existen seres

---

865 Engelhardt, H.T., *Los fundamentos de la bioética*, *op. cit.*, pp. 151-153.

866 Cfr. Tomás y Garrido, G.M., *Cuestiones actuales en Bioética, op.cit.*, p. 185.

867 En este sentido H.T. Engelhardt, considera que si se tiene "en cuenta la distinción entre vida humana biológica y la vida humana personal (...) la experimentación con embriones puede parecer edificante, puesto que pueden ser iniciativas para beneficiar a las personas, sin causar daño a nadie", Engelhardt, H.T., *Los fundamentos de la bioética*, *op. cit.*, p. 300.

868 *Ibidem.*, p. 443.

869 Cfr. Tomás y Garrido, G.M., *Cuestiones actuales en Bioética, op.cit.*, p. 188.

humanos que no son personas[870]. En concreto, en el Fundamento jurídico número 5, de la mencionda resolución se afirma que: "(...) el *nasciturus* está protegido por el artículo 15 de la Constitución aun cuando no permite afirmar que sea titular del derecho fundamental a la vida"[871]. Con ello se está expresando que existen seres humanos que no son titulares de derechos. Esta idea aparece todavía más claramente expuesta en el Fundamento 9 de la misma Sentencia, en el que se establece que "(...) la vida del *nasciturus*, como bien constitucionalmente protegido, entra en colisión con derechos relativos a valores constitucionales de muy relevante significación, como la vida y la dignidad de la mujer, (...)"[872]. En definitiva, se reconoce la dignidad de la mujer, por ser poseedora de vida autónoma y racional, pero no la del *nasciturus*[873].

De la misma forma, encontramos plasmada la concepción personista o dualista en la STCE 116/1999, de 17 de junio[874], por la que se declaró la constitucionalidad de la Ley 35/1988, de 22 de noviembre sobre Técnicas de Reproducción Asistida. En concreto, se puede señalar el Fundamento jurídico número 12, donde se estableció una nueva división de seres humanos, al afirmarse que los preembriones *in vitro*, no gozan de una protección equiparable a los ya transferidos al útero materno[875]. En este sentido A. Ollero, sostiene:

---

870 Cfr. Ollero Tassara, A., "El estatuto jurídico del embrión humano" en *Biotecnología y posthumanismo*, Ballesteros, J; Fernández, E (coords.), Aranzadi-Thomson, Cizur Menor (Navarra), 2007, p. 336.

871 STCE 53/1985, de 11 de abril. Fundamento Jurídico número 5, p. 18.

872 STCE 53/1985, de 11 de abril. Fundamento Jurídico número 9, p. 19

873 Cfr. Aparisi Miralles, A., "El principio de la dignidad humana como fundamento de un bioderecho global", *op. cit.*, pp. 205 y 212.

874 STCE 116/1999, de 17 de junio de 1999, dictada en el recurso de inconstitucionalidad avocado 376/1989, promovido por Diputados del Grupo Parlamentario Popular, contra la Ley 35/1988, de 22 de noviembre, de Técnicas de Reproducción Asistida, en su totalidad y, subsidiariamente, contra distintos apartados de la misma. BOE, Núm. 162 del 08 de julio de 1999. [consultado 08 de marzo 2016]. Disponible en: https://hj.tribunalconstitucional.es/HJ/docs/BOE/BOE-T-1999-15024.pdf

875 STCE 116/1999, de 17 de junio, Fundamento jurídico número 12, p. 75. Como pone de manifiesto C. De Diego Lora, al comentar la STCE 116/1999, de 17 de junio, el TCE realiza en este sentido una aportación "original" e "inédita" hasta ese momento, puesto que "mediante tal postura (afirmar que los preembriones *in vitro*, no gozan de una protección equiparables a los que ya han sido transferidos

"(...) que de la dura admisión de seres humanos que no son personas se acaba pasando –en la STC 116 / 199–a una sugerencia aún más dura, aunque paradójicamente digerible: solo cabrá en adelante considerar seres humanos[876] a quienes se encuentren en condición de llegar a ser personas[877]. El embrión preimplantatorio dejará pues de verse tratado como ser humano o siquiera como sujeto vital, para quedar reducido a mera

al útero materno) el TCE niega que la Constitución española proteja toda vida humana por sí misma, sino solo a partir de encontrarse en el útero de la mujer, distinción que desde luego, no está en la Constitución. (Diego Lora, C. De, *Observaciones críticas a la* STCE *del Tribunal* Constitucional 116/1999, de 17 de junio sobre Técnicas de Reproducción Asistida. Publicación *on line*, Instituto Martin Azpilcueta, Universidad de Navarra).

876 R. Junquera de Estéfani se hace eco de esta nueva distinción al preguntarse "cuándo la vida ya existente alcanza el grado de humana". La pregunta no deja de resultar tan sorprendente como sintomática; si desde un punto de vista biológico la cuestión no parece tener sentido (si hay vida es humana, por supuesto), desde el jurídico tampoco es fácil adivinarlo; mientras del concepto de "persona" parece derivarse consecuencias jurídicas precisas, no parece ocurrir lo mismo con el concepto "humana". Su propuesta de considerar a los humanos, una vez reconocidos como tales, como "un ser de nuestra especie", que "debe ser tratado con el respeto debido a tal condición" deja abierta dos interrogantes decisivas: que diferencia habría, y por qué, entre una persona y un ser de nuestra especie, y qué respeto sería "debido" a éste y cuál no (Cfr. Junquera de Estéfani, R., "El embrión humano: una realidad necesitada de protección" en *Revista de Derecho y genoma humano*, Universidad de Deusto, Cátedra de Derecho y Genoma Humano, Bilbao, 2000 (12), pp. 33 y 44).

877 J. M. Silva Sánchez considera que el TCE, que años antes protegía la vida del *nasciturus* por encarnar el valor fundamental de la vida humana, "al declarar la conformidad constitucional de la ley de reproducción asistida, "contradijo" su propia doctrina", negando a los embriones *in vitro* una protección equiparable a los de los transferidos al útero materno (Cfr. Silva Sánchez, J. M., "Sobre el llamado "diagnóstico genético preimplantacional. Una aproximación a la valoración jurídica de la generación de embriones "in vitro" con la decisión "condicionada" de no implantarlos en el útero" en *Genética y derecho*, Consejo General del Poder Judicial, Madrid, 2004, p. 147).

estructura celular[878] e incluso disparatadamente, a mero "órgano" de no se sabe qué inexistente cuerpo humano"[879].

En este sentido resultan oportunas las palabras de M.C. DÍAZ DE TERÁN, cuando afirma que:

> "Clasificar vidas humanas en función de su constitución genética implica –al negar la universalidad– comenzar a destruir la idea misma del sentido del Derecho. (...), la negación de la realidad del otro que lleva implícita esta regulación conduce a reducir a las vidas humanas a una mera dimensión biológica. De este modo se convierten en objeto de dominio"[880].

Se ha creído conveniente resaltar estos dos pronunciamientos del TCE, por dos razones: la primera, porque permite apreciar la escisión que se produce entre los conceptos de persona y ser humano; la segunda, porque esta forma de reducir al ser humano a la consideración de objeto implica un atentado contra la propia esencia del Derecho. En este sentido, resulta importante la matización que hace J. BALLESTEROS, cuando sostiene que:

> "La misión de Derecho es, por tanto, la tutela integral de la persona, la garantía normativa de unos valores objetivos y universales, fundados en la estructura ontológica del ser humano. Precisamente, el descubrimiento de la existencia del otro como cuidado, va íntimamente unido a la recupera-

---

878 N. LOPEZ MORATALLA Y C. MARTÍNEZ–PRIEGO afirman, por el contrario, que "la célula del fenotipo zigoto es un embrión unicelular, un viviente y no simplemente una célula viva"; el zigoto, que no es sino "el estado unicelular de un organismo pluricelular ni tampoco a un viviente unicelular". Como consecuencia, "puede definirse con exactitud cuándo una ordenación de material biológico, una célula es o no un zigoto". "La génesis natural de cada individuo parte de la información genética del patrimonio genético de su especie heredada de sus progenitores y contenido en un contexto celular adecuado. El período constituyente de la realidad nueva (del nuevo individuo) es el proceso que media entre el inicio de la fecundación, con la activación mutua de los gametos de los progenitores, y la aparición del fenotipo zigoto dispuesto para primera división celular" (LOPEZ MORATALLA, N. Y MARTÍNEZ – PRIEGO, C., "El embrión humano como individuo: una visión epigenética" en *Humanidad in vitro*, Ballesteros J (coord), Comares, Granada, 2002, pp. 208, 214 y 219)

879 OLLERO TASSARA, A., "El estatuto jurídico del embrión humano", *op. cit.*, p. 337.

880 DÍAZ DE TERÁN VELASCO, M.C., *Derecho y nueva eugenesia: un estudio desde la ley 35/88, de 22 de noviembre de técnicas de reproducción asistida*, EUNSA, Pamplona, 2005, p. 262.

> ción del otro como cuidado, va íntimamente unido a la recuperación del sentido del Derecho en su estructura ontológica como respeto universal al otro"[881].

b) El utilitarismo

Como se indicó al tratar el principio de la dignidad humana, el utilitarismo es una de las corrientes de pensamiento más influyentes en la actualidad. Esta concepción, al igual que la anterior, tambien separa los conceptos de persona y de individuo de la especie humana. Ahora el criterio discriminador será la capacidad de sentir placer o dolor. Mientras que el placer es lo que da sentido a una vida, el dolor la desvaloriza. Por ello, esta visión llega a negar dignidad a aquellas vidas que carecen de "calidad de vida" o, lo que es lo mismo, que al estar sometidas a situaciones de sufrimiento "no merecen la pena ser vividas". Desde esta perspectiva, las vidas humanas que carecen de sensibilidad para el placer, o las vidas sufrientes, están desprovistas de dignidad. Por otro lado, como se puede advertir, desde estos presupuestos el utilitarismo puede otorgar mayor valor a los animales que a los seres humanos[882].

Ello legitima, entre otras cosas, la experimentación con embriones y con cualquier otro individuo de la especie humana que no cumpla con los parámetros fijados por esta corriente de pensamiento. Por ejemplo, será totalmente lícito experimentar con embriones, hasta las 5–8 semanas, tiempo en que aún no se ha desarrollado la corteza cerebral y, por tanto, no existe capacidad de sufrimiento[883].

Por otro lado, si se profundiza más en esta línea de pensamiento, se puede advertir que para el utilitarismo no solo los embriones no son considerados personas, sino también aquellos seres de la especie humana que, por ejemplo, debido a la enfermedad, hayan perdido la capacidad de sentir placer o dolor. Se constituye asi una nueva ca-

---

881 BALLESTEROS, J., "Derechos humanos: ontología *versus* reduccionismos", en *Persona y Derecho*, 9 (1982), p. 241.

882 Cfr. BALLESTEROS, J., "Exigencias de la dignidad humana en biojurídica", *op. cit.*, p. 49.

883 BALLESTEROS, J., "El estatuto del embrión humano: cuestiones científicas, filosóficas y jurídicas", *op. cit*, p. 224.

tegoría: la de seres humanos adultos que no son personas. Además, siguiendo esta corriente, debe admitirse la existencia de individuos adultos de la especie animal con capacidad de sentir placer o dolor que, en consecuencia, deberán ser considerados personas. Ello conduce a la negación de cualquier diferencia cualitativa entre el ser humano y el animal[884].

Esta línea de pensamiento tiene a uno de sus representantes mas destacados en la figura de P. SINGER, cuando defiende:

> "(...) que no acordemos mayor valor a la vida de un feto que a la vida de un animal no humano situado en un nivel de racionalidad, autoconciencia, percatación, capacidad de sentir, etc. Como ningún feto es persona, ningún feto tiene derecho a la vida de una persona. Además, es muy improbable que fetos de menos de 18 semanas sean capaces de sentir nada en absoluto, puesto que en este momento el sistema nervioso parece no estar lo suficientemente desarrollado para funcionar. En este caso, un aborto practicado antes de este momento pone termino a una existencia que no tiene absolutamente ningún valor intrínseco"[885].

Otro presupuesto importante del utilitarismo es su pretensión de eliminar el sufrimiento, al ser considerado algo indigno[886]. Y *a sensu contrario*, se considerará legítimo todo mecanismo que tienda a eliminarlo. De ahí que esta corriente defienda la experimentación con embriones si tiene como finalidad encontrar alivios al sufrimiento de la humanidad, partiendo del paradigma clásico del utilitarismo de buscar el "mayor bien del mayor número"[887].

También, en está lógica, el dolor priva de sentido a la vida de la persona, vida que, en definitiva, carece de una mínima calidad y que está privada de dignidad. De ahí que se defienda incluso la eliminación de todos aquellos seres que sufren[888].

---

884 Cfr. TOMÁS Y GARRIDO, G.M., *Cuestiones actuales en Bioética, op.cit.*, p. 186.

885 SINGER, P., *Repensar la vida y la muerte: el derrumbe de nuestra ética tradicional*, Paidós, Barcelona, 1997, p. 151.

886 Cfr. BALLESTEROS, J., "Exigencias de la dignidad humana en biojurídica", *op. cit.*, p. 49.

887 BALLESTEROS, J., "El estatuto del embrión humano: cuestiones científicas, filosóficas y jurídicas", *op. cit.*, p. 224.

888 Cfr. APARISI MIRALLES, A., "El principio de la dignidad humana como fundamento de un bioderecho global", *op. cit.*, pp. 205 y 212.

En realidad, el utilitarismo confunde la dignidad con la calidad de vida. Por ello, será dicha calidad de vida el parámetro a tener en cuenta en la consideración de quienes son personas y quienes no merecen esa categoría. En cualquier caso es evidente que, nuevamente, la idea de la calidad de vida, bajo el argumento de que una vida se encuentra por debajo de un determinado estándar, -estándar, por cierto, establecido de manera poco clara-[889], conduce, en la práctica, a la discriminación de seres humanos.

Podemos concluir afirmando que ambos planteamientos, el personismo o dualismo y el utilitarismo, niegan la idea de que todo ser humano es persona, y, por tanto, es titular de derechos. Como destaca BALLESTEROS, "en todos los supuestos citados se produce una jerarquización de los seres humanos que subordina la protección del embrión al reconocimiento por los adultos"[890]. Por ello, constituyen una forma de discriminación grave, porque segregan precisamente a los que de ninguna manera pueden hacer notar que son víctimas de la discriminación, es decir, a los que carecen de razón, voluntad y preferencia[891]. Además, conducen, en última instancia, a otorgar a la persona el mismo valor atribuido a un individuo de otra especie animal, lo cual implica negar el principio de la dignidad humana.

c) El personalismo

Hemos hecho referencia a dos corrientes de pensamiento que consideran que la dignidad humana depende de las cualidades o funciones. Ambas coinciden en negar al embrión la cualidad de ser personal y, por tanto, de ser titular del derecho a la vida. Frente a estos planteamientos, el personalismo entronca con la referida concepción ontológica de la dignidad humana. Considera que todos los seres humanos, independientemente de su grado de desarrollo, de las cualidades que posea, o de la forma en que haya sido concebido (*in vivo* o *in vitro*), poseen la condición de personas. En consecuencia, su dignidad no

---

889 Cfr. ADORNO, R., *Bioética y dignidad de la persona*, Tecnos, Madrid, 1997, p. 32.

890 BALLESTEROS, J., "El estatuto del embrión humano: cuestiones científicas, filosóficas y jurídicas", *op. cit*, p. 226.

891 Cfr. APARISI MIRALLES, A., "El principio de la dignidad humana como fundamento de un bioderecho global", *op. cit.*

se hará depender de características exteriores, sino de su condición estructural, la cual es permanente y no está sujeta a cambio[892]. En consecuencia, con el surgimiento de un nuevo ser, que tiene en sí mismo la potencialidad de desarrollarse hasta llegar a ser un adulto de la especie humana[893], surge una persona, titular de derechos y, por ello, también del derecho a la vida.

Consideramos que la filosofía de X. ZUBIRI constituye una de las aportaciones mas elaboradas sobre el carácter personal del embrión humano[894]. Su valor radica en la distinción que hace entre personeidad y personalidad. En este sentido, afirma que:

> "La personalidad es una cosa que se va configurando a lo largo de la vida. Constituye un término progresivo de desarrollo vital. La personalidad se va haciendo o deshaciendo, incluso rehaciendo. No es algo de lo que se parte. Pero la persona es cosa distinta. El oligofrénico es persona, el concebido antes de nacer es persona, son tan personas como cualquiera de nosotros. La palabra persona significa un carácter de sus estructuras y como tal es un punto de partida. Porque es imposible que tuviera personalidad quien no fuera ya estructuralmente persona. Y sin embargo, no se deja de ser persona porque ésta hubiera dejado de tener tales o cuales vicisitudes y haya tenido otras distintas. A este carácter estructural de la persona lo denomino personeidad, a diferencia de la personalidad"[895].

X. ZUBIRI salva así la identidad y la continuidad del ser humano desde la concepción, sin pretender otorgarle personalidad al cigoto. De ahí que pueda afirmar que "(...) el germen es ya un ser humano, es ya un hombre germinante. En el sistema germinal, además de sus notas fisicoquímicas, están ya todas sus notas psíquicas, inteligencia, sentimiento, voluntad, etc. El sistema germinal es ya el sistema sustantivo humano integral"[896].

De acuerdo con lo manifestado, para ZUBIRI el embrión tiene sustantividad propia, suicidad, personeidad (es lo que el individuo es,

---

892 Cfr. PALAZZANI, L., *Il concetto di persona tra bioetica e diritto*, *op. cit.*, p. 239.

893 Cfr. LUCAS LUCAS, R., *Antropología y problemas bioéticos*, Biblioteca de Autores Cristianos, Madrid, 2010, pp. 83 – 110.

894 Cfr. BALLESTEROS, J., "El estatuto del embrión humano: cuestiones científicas, filosóficas y jurídicas", *op. cit.*, p. 227.

895 ZUBIRI, X., *Sobre el hombre*, Alianza, Madrid, 1986, p. 113.

896 *Ibidem.*, p. 49.

su estructura). El embrión es persona en cuanto se autoposee, es una "realidad en propiedad". Puede tener menos autonomía, pero, por ejemplo, posee mayor control sobre el medio que el recién nacido[897]. Podria decirse que la gran aportacion de esta corriente de pensamiento es considerar que el ser humano es siempre lo mismo, que posee la misma sustantividad, la misma sustancia, aunque no sea siempre el mismo, debido a que sus características externas cambien, aún siendo la misma persona[898]

2.2.2. Presupuestos ontológicos

Partiendo de la concepcion personalista, corresponde ahora reflexionar sobre el estatuto ontológico del embrión humano. Para ello, es necesario superar previamente el reduccionismo del concepto de razón, presente en el dualismo y en el utilitarismo[899]. A su vez resulta imprescindible reconocer la legitimidad de un tipo de conocimiento distinto al que aportan las ciencias empíricas modernas, las cuales se han dedicado a un conocimiento cuantificable, prescindiendo de aquello que no es posible medir[900]. Es importante, "reconocer que existe un saber sobre el hombre, diferente y posterior al propio de las ciencias biológicas, un saber que no deja a un lado ni las cualidades no mensurables de la experiencia ni al sujeto conocedor"[901]. El conocimiento al que se está haciendo referencia es la filosofía y, mas en concreto, la antropología filosófica. A ello dedicaremos una breve referencia en las páginas que siguen.

---

[897] ZUBIRI, X., *Estructura dinámica de la realidad*, Alianza, Madrid, 1989, p. 561.

[898] Cfr. BALLESTEROS, J., "El estatuto del embrión humano: cuestiones científicas, filosóficas y jurídicas", *op. cit.*, p. 228.

[899] Cfr. MELINA, L., *El embrión humano: estatuto biológico, antropológico y jurídico*, Rialp, Madrid, 2000, pp. 22-23.

[900] Cfr. *Ibídem*, p. 23.

[901] *Ibidem*.

a) La naturaleza humana del embrión

El término *naturaleza* asume un significado característico cuando se refiere al ser humano[902], debido a que éste constituye una "unidad sustancial de racionalidad y corporeidad"[903]. Por ello, la naturaleza del ser humano debe ser entendida en su dimensión biológica y espiritual, ya que solo así se podrá entender integralmente a la persona[904].

En este sentido, cuando se hace referencia a la naturaleza humana del embrión, se debe partir de algunos presupuestos que nos aporta la antropología filosófica, entre ellos:

A. Que lo humano del hombre es inseparable de la corporeidad, por lo que en el ser personal humano no es posible distinguir la vida biológica de la que es propiamente humana[905]. La evolución de cada ser biológico se realiza en la continuidad y en la identidad del ser, por lo que desde el "momento de la concepción, el cuerpo que pertenece a la especie humana se desarrolla por un principio intrínseco, llega a ser lo que es él mismo en virtud de potencias intrínsecas destinadas a ponerse plenamente en acto. El sujeto unitario de tal devenir es siempre el mismo y madura al traducir en acto las capacidades propias"[906]. Por tal motivo, el cuerpo del embrión es constitutivamente idéntico al que será dentro de unos años. R. Lucas Lucas afirma, que el cuerpo no es solo algo que poseo, el cuerpo que vivo en primera persona soy yo mismo[907]. El cuerpo humano madurará en cuanto tal, pero es ya un cuerpo humano. En realidad, no podrá llegar a ser nunca humano si no lo ha sido desde el principio[908]. En este sentido, o se admite que el embrión es un individuo de la especie humana, o se logra explicar cómo de una corporeidad biológica no humana, puede surgir un individuo humano, porque es imposible que un embrión de la especie

---

902 Cf. Lucas Lucas, R., "Natura e liberta", en Lucas Lucas, R; Ales Bello, Á, (Coords.), *Veritatis splendor: Testo integra e Commento filosofico-teologico temático*, San Paolo, Milano, 1994, pp. 268-286.

903 Lucas Lucas, R., *Antropología y problemas bioéticos, op. cit.*, p. 82.

904 Cfr. *Ibidem.*

905 Cfr. *Ibidem.*, p. 71.

906 *Ibidem.*, p. 72.

907 Cfr. *Ibidem.*, pp. 15–28.

908 Cfr. Juan Pablo II, *Carta a las familias*, Palabra, Madrid, 1994, nº 21.

humana no sea desde el inicio verdadero individuo humano, debido a que no podrá llegar a serlo si no contradice su propia identidad[909].

B. Además de la identidad antropológica de la corporeidad, es necesario tener en cuenta que "según el análisis de la relación entre potencia activa y acto, el embrión humano está destinado, desde la concepción, a madurar lo que ya es: individuo de la especie humana"[910]. Como ya se ha manifestado, en la evolución biológica del embrión existe una continuidad hacia el desarrollo de un hombre adulto personal y no de otra especie. Como ha señalado R. SPAEMANN, de algo no deviene alguien[911]. Por ello, "(...) el embrión humano -mantiene constantemente su propia identidad, individualidad y unicidad, permaneciendo sin interrupción el mismo e idéntico individuo a lo largo de todo el proceso, que comienza con la fusión de los gametos, no obstante, la creciente complejidad de su totalidad"[912]. En consecuencia, puede afirmarse que la naturaleza humana es la misma -independientemente de en qué etapa se encuentre, ya sea cigoto, embrión, feto, niño, adulto, etc.-. Desde el momento en que se produce la concepción se está ante una naturaleza humana, independiente de la de la madre.

b) El carácter personal del embrión

Hasta ahora se ha defendido que el embrión es un individuo que posee una naturaleza humana. Sin embargo, hay quienes, sin negar estas conclusiones, alimentan dudas sobre el carácter personal del embrión humano y su constitución real como persona. A continuación, se hará una breve referencia a esta cuestión.

Como es bien conocido, Boecio define a la persona como "sustancia individual de naturaleza racional"[913]. Asimismo, muestra "cómo los conceptos de individuo y de persona están inseparablemente uni-

909 Cfr. LUCAS LUCAS, R., *Antropología y problemas bioéticos, op. cit.*, p. 77.

910 *Ibidem.*, p. 76.

911 SPAEMANN, R., *Personas. Acerca de la distinción entre "algo" y "alguien"*, EUNSA, Pamplona, 2000, p. 48.

912 SERRA, A., "El estado biológico del embrión humano" en *Comentario interdisciplinar a la "Evangelium vitae"*, LUCAS LUCAS, R (Director), Biblioteca de Autores Cristianos, Madrid, 1996, p. 590.

913 L. PALAZZANI señala la necesidad de recuperar la definición tradicional de persona en el ámbito de las cuestiones surgidas por la aplicación de la Biotecnología

dos; en la misma noción de persona está inscrito el carácter de la individualidad, con su doble significado de unidad interna y diversidad respecto de los demás; es decir, la persona es unidad y unicidad"[914]. Dicha unidad de la persona se refleja en la existencia en sí misma, separada de los demás en su esencia[915].

Por su parte, en la definición de persona de TOMÁS DE AQUINO se incluye el término subsistente, esto es, los elementos de subsistencia-individuo. De ahí que establezca que "el *subsistens* es una sustancia individual que forma un todo completo, por esto el individuo es el sujeto que existe por sí mismo como un todo"[916]. En este sentido la "persona significa lo más perfecto que hay en toda la naturaleza, esto es, subsistente en su naturaleza racional"[917]; y "a todo individuo de naturaleza racional se le llama persona"[918].

Con el término persona se indica el singular ser humano en su concreta realidad individual. En razón de ello, el concepto de persona se encuentra asociado al hecho de poseer una dignidad particular que debe ser respetada. Por ello, la noción de persona se encuentra íntimamente ligada al concepto de dignidad ontológica[919]. Ahora bien, resulta conveniente precisar que "el respeto debido a todo ser humano no es debido a la naturaleza humana común de la que participa, sino a su ser propiamente persona única e irrepetible"[920]. Si solo se valorara la naturaleza, sería admisible la destrucción de embriones o de cualquier individuo humano, debido a que su perfección podría ser sustituida por la de otro ser humano[921]. Sin embargo, la razón de la dignidad de la persona reside en su singularidad, es decir, en que,

---

en la vida humana (Cfr. PALAZZANI, L., "El concepto de persona en el debate bioético y biojurídico actual" en *Medicina y Ética,* 1 (1997), pp. 19-33).

914 LUCAS LUCAS, R., *Antropología y problemas bioéticos, op.cit,* p. 86.

915 Cfr. *Ibidem.*, pp. 86–87.

916 *Ibidem.*

917 SANTO TOMÁS DE AQUINO, *Suma Teológica,* 1, q. 29, a. 3, BAC, Madrid, 1948, tomo 11, p. 104.

918 *Ibidem.*

919 Cfr. MELINA, L., *El embrión humano: estatuto biológico, antropológico y jurídico, op. cit.*, p. 30.

920 *Ibidem.*

921 En este sentido Platón, admitió la muerte de los recién nacidos defectuosos, sin admitir ninguna dificultad moral (Cfr. Platón, *La República,* de MANUEL PABÓN, J Y FERNANDEZ-GALIANO, M (traducción), Madrid: Alianza, 2006 V, 460, IX c).

pese a la existencia de seres humanos, cada persona existe como si fuese única. Por esta razón, R. GUARDINI afirmaba que "la persona misma es el hecho de que ella existe en la forma de pertenencia a sí misma"[922]. De ahií que, por ejemplo, en el caso de que se pudiera clonar a un ser humano, se estaría produciendo una falsificación de la persona, como única e irrepetible. Por ello, la violación de la unicidad genética del ser humano constituye, desde el punto de vista ético, una violación de su dignidad en cuanto persona única e irrepetible, reduciéndola a un mero producto y, en definitiva, a una cosa[923].

Por otro lado, lo importante para el reconocimiento del ser de la persona "es la pertenencia, por naturaleza, a la especie humana racional, independientemente de la manifestación exterior"[924]. El ser persona pertenece al orden ontológico. Por tanto, la persona o es o no es; la posesión de un estatuto sustancial personal no se adquiere o disminuye gradualmente, sino que es un evento instantáneo y una condición radical. No se es más o menos persona, no se es pre-persona o post-persona o sub-persona; o se es persona o no se es persona[925]. En razón de ello, las características propias de la persona son permanentes (están presentes desde el momento en que se forma la sustancia y se pierden cuando ésta se disuelve) y no están sujetas a modificaciones, salvo las accidentales[926].

Con ello, se intenta dar respuesta a los cuestionamientos sobre el carácter personal del embrión, descartando por completo las tesis, entre ellas la de la humanización progresiva, que consideran que el embrión es un ser humano desde la concepción, pero adquiriría el

---

922 GUARDINI, R., *Welt und Person*, Würburg, 1962, p. 128: "A la cuestión ¿qué es la persona?, no puedo responder "mi cuerpo, mi alma, mi razón, mi voluntad, mi espíritu". Todo esto no es todavía la persona, sino que es como si fuese el conjunto de lo que ella está hecha. La persona misma es el hecho de que ella existe en la forma y pertenencia a sí misma"

923 Cfr. MELINA, L., *El embrión humano: estatuto biológico, antropológico y jurídico, op. cit.*, p. 33.

924 PALAZZANI, L., *Il concetto di persona tra bioetica e diritto*, *op. cit.*, p. 239.

925 Cfr. SPAEMANN, R., *Personas. Acerca de la distinción entre "algo" y "alguien"*, *op. cit.*, pp. 227–236

926 Cfr. PALAZZANI, L., *Il concetto di persona tra bioetica e diritto*, *op. cit.*, p. 239.

carácter de persona sólo en un momento posterior[927]. Modalidades de dicha tesis son, por ejemplo, las que consideran que el embrión solo sería persona cuando desarrollase su capacidad de relación con el mundo y, sobre todo, con las demás personas, mediante actos conscientes y libres[928]. Tambien debe ser mencionada la corriente que sostiene que ciertos sujetos infrahumanos, como los simios, podrían estar dotados de conciencia y, por tanto, serían personas[929]. Todas estas formas de pensamiento reducen el ser persona a mera funcionalidad, reduciendo la riqueza de la misma.

2.3. Estatuto jurídico del embrión humano

Tras la breve referencia al carácter personal del embrión humano y a su naturaleza humana, a continuación, se aportarán unas breves ideas sobre su estatuto jurídico. Se trata de llevar a cabo una aproximación al fundamento en el que se basa la afirmación de que el embrión, por el hecho de ser persona, merece una protección jurídica y, por tanto, debe ser considerado un auténtico sujeto de derecho.

Hasta el siglo XX el ser humano no tenía la capacidad de intervenir sobre los embriones humanos y, por tanto, carecía de sentido plantearse cómo debían ser tratados. La única posibilidad la planteaba el aborto, practica que en general no estaba permitida. Posteriormente, en la segunda mitad del siglo XX, con la aparición de las nuevas tecnologías biomédicas (y, en especial, de los fármacos que actúan eliminando los embriones humanos, asi como la posibilidad de crear embriones humanos en el laboratorio)[930], el ser humano empezó

---

927 De acuerdo a esta tesis, el embrión sería, sí, un ser humano desde la concepción, pero llegaría a ser persona solo en una fase sucesiva. Persona, se dice, es quien tiene la capacidad actual de conciencia, de presencia psicológica, de reflexión. Esta tesis se remonta a Locke quien afirmaba que "sin consciencia no hay persona", en PALAZZANI, L., *Il concetto di persona tra bioetica e diritto*, *op. cit.*, p. 239.

928 Propugnan esta tesis los seguidores de la filosofía de la relación dialogal y la antropología actualista (Cfr. LUCAS LUCAS, R., *Antropología y problemas bioéticos, op. cit.*, p. 105).

929 Cfr. *Ibidem.*

930 En este sentido, V. BELLVER afirma que "Ese estado de cosas cambió radicalmente hacia los años cincuenta del siglo pasado. Algunos médicos, entre los que destaca ROBERT EDWARDS -el "padre" de LOUISE BROWN, la primera niña nacida por

a adquirir capacidad de actuación, interviniendo sobre la vida de los embriones, tanto fuera como dentro del útero de la mujer. Esto generó amplios debates sobre lo que el Derecho debía permitir y prohibir. Se trataba de establecer, en definitiva, el estatuto jurídico del embrión humano.

2.3.1. Fundamento ontológico del derecho a la vida del embrión humano

Por fundamento del derecho entendemos "aquello en virtud del cual el titular esta posibilitado para poseer el título"[931]. Por su parte, J. HERVADA considera que el título, es "aquello en virtud del cual la cosa es atribuida a su titular"[932]. En este sentido, el fundamento del derecho es la naturaleza humana o la condición de persona[933], siendo el punto de referencia del derecho la dignidad de todo ser humano[934]. De acuerdo con ello, el presupuesto del derecho, el ser humano y su dignidad, es una realidad dada al derecho, no creada por él.

En realidad, uno de los avances jurídicos mas importantes es la convicción sobre esta radical dignidad de toda vida humana[935]. Así, en la universalidad del respeto incondicionado al otro, el derecho encuentra su fundamento. En este sentido A. L., MARTÍNEZ-PUJALTE, sos-

---

fecundación in vitro en 1978-, decidieron llevar a cabo con gametos y embriones humanos los experimentos que hasta entonces venían haciendo con ratones. Se abría una puerta que, por un lado, planteaba problemas filosóficos y éticos de la más alta envergadura, pero, por otro, descubría extraordinarias posibilidades de conocimiento, intervención y manipulación en el proceso de la reproducción humana" (BELLVER, V., "Estatuto jurídico del embrión humano", en *La humanidad in vitro*, BALLESTEROS, J. (coord.), APARISI MIRALLES, A., *et al.*, *op. cit.*, p. 243.

931 HERVADA, J., *Lecciones propedéuticas de filosofía del derecho*, *op. cit.*, p. 232. En este sentido J. Hervada considera que el título, es "aquello en virtud del cual la cosa es atribuida a su titular" (*Ibidem*).

932 *Ibidem.*

933 Cfr. *Ibidem.*, p. 233.

934 APARISI MIRALLES, A., "La dignidad humana como fundamento del orden jurídico positivo" Conferencia inaugural de la Facultad de derecho de la Universidad de Istmo – Guatemala, 2001, p. 22. [consultado 11 de julio 2016]. Disponible en: http://www.unis.edu.gt/ap/fetch/dignidad-humana-fundamento-orden-juridico.pdf

935 Cfr. *Ibidem.*

tiene que "La experiencia nos muestra que el hombre se halla abierto esencialmente al otro, a los demás, necesita al otro: se halla inmerso en una relación social de la que no le es posible prescindir. La socialidad o exigencia ontológica del otro aparece, pues, como un rasgo constitutivo esencial del ser hombre, del que deriva, precisamente, la razón de ser del Derecho: el Derecho existe, en pocas palabras, porque el hombre es un ser social"[936]. Por ello se puede afirmar que el Derecho surge como un medio al servicio de la adecuada convivencia entre los seres humanos, en especial de los más débiles, y para custodiar los derechos de las personas[937].

Ya se ha hecho referencia anteriormente a que estos presupuestos no son unánimemente aceptados en la actualidad, al existir una fuerte corriente de pensamiento que hace depender la dignidad y el valor de la vida humana de su grado de desarrollo, o de ciertas cualidades, como pueden ser la autonomía o la calidad de vida[938].

Dichas concepciones reduccionistas y excluyentes de la dignidad humana del embrión deben ser contrastadas con la concepción ontológica, que considera al embrión humano valioso por lo que es, no por las cualidades o capacidades que posee[939]. Esta visión entiende que todo embrión merece respeto incondicionado. Es mas, el derecho a la vida sería el principal derecho a custodiar, incluso jerárquicamente superior al resto, ya que si se carece de él no pueden protegerse los demás, así como tampoco a la persona[940].

De lo dicho puede afirmarse que el derecho a la vida deriva de la dignidad humana y ésta encuentra su fundamento en la naturaleza humana. Esta necesidad de proteger la vida surge de la primera inclinación o tendencia humana, que se encuentra dirigida a conservar el ser y a evitar todo aquello que la obstaculiza. Por ello, el primer

---

936 MARTÍNEZ-PUJALTE, A. L., "Los derechos humanos como derechos inalienables" en *Derechos humanos*, BALLESTEROS, J. (ed.), Tecnos, Madrid, 1992, pp. 92-93.

937 Cfr. DÍAZ DE TERÁN VELASCO, M.C., *Derecho y nueva eugenesia: un estudio desde la ley 35/88, de 22 de noviembre de técnicas de reproducción asistida*, *op. cit.*, p. 261.

938 Cfr. APARISI MIRALLES, A., "El principio de la dignidad humana como fundamento de un bioderecho global", *op. cit.*, p. 218.

939 *Ibidem.*

940 Cfr. *Ibidem.*

principio de la razón práctica o ley natural "ordena conservar la vida y evitar lo que la obstaculice" [941]. De ahí que sean reprobables todas aquellas acciones que atenten contra la vida, porque implicarán una agresión contra la misma dignidad de la persona y, por ende, contra su naturaleza humana[942]. El desafío actual radica en descubrir que toda vida humana, independientemente del estadio que se encuentre, es una persona (sea feto, embrión, niño, adulto o anciano) y, por lo tanto, tiene el mismo valor y la misma dignidad. Asi M. Díaz de Terán puede afirmar que "la misión del Derecho es, por tanto, la tutela integral de la persona"[943], lo cual aporta aún mayores razones para proteger a esa persona frágil e indefensa que es el embrión humano[944].

En definitiva, el fundamento ontológico del derecho radica en el respeto a la persona y a su dignidad. De ello se deriva la necesaria protección del derecho a la vida en todas sus etapas de desarrollo.

Teniendo en cuenta lo señalado, J. Hervada considera que "la norma jurídica positiva no puede abrogar los mandatos y prohibiciones naturales; es decir, no puede destruir la obligatoriedad de la norma jurídica natural que prescribe o prohíbe una conducta"[945]. En consecuencia, la ley positiva que vulnere algún precepto natural o se oponga a la ley natural, siempre será una norma injusta o arbitraria y

---

941 Cfr. Hervada, J., *Introducción crítica al Derecho Natural, op. cit.*, p. 197.

942 "La vida humana es un bien absoluto no solo para el hombre en su calidad de persona sino también para el concebido por ser sujeto de derecho y que goza de dicha calidad, pero un bien absoluto ha de ser protegido siempre y bajo cualquier circunstancia, y no debería ser dejado al olvido solo por resultados o peticiones sociales o peor aún en beneficio de la ciencia, del reconocimiento público y del mal del siglo XX: la codicia; pues los actos humanos deben estar ordenados siempre hacer el bien y evitar el mal, esa característica es la que los hace humanos". (Sanchez Barragán, R., "Protección de la Vida Prenatal, con especial relevancia en el Derecho Constitucional Español", en *Revista de la Universidad Católica Santo Toribio de Mogrovejo*, 2008, pp. 38-39).

943 Díaz de Terán Velasco, M.C., *Derecho y nueva eugenesia: un estudio desde la ley 35/88, de 22 de noviembre de técnicas de reproducción asistida*, *op. cit.*, p. 260.

944 Como señala J. Ballesteros, la capacidad de reconocimiento del otro exige un acto de acogida a su alteridad. Precisamente, la atención al "rostro del otro" debe tener en cuenta su especial vulnerabilidad en los momentos en que se revela más frágil, cfr. Ballesteros, J., "Individualismo y universalidad de los derechos", en *Persona y Derecho*, 41 (1999), p. 18 y ss.

945 Cfr. Hervada, J., *Introducción crítica al Derecho Natural, op. cit.*, p. 197.

una norma de esta naturaleza impone solo coacción o restricción, más no racionalidad; más que una ley sería una apariencia de ley, por ser en esencia injusta y no ser acorde con el derecho natural, que exige, en principio, el respeto a la dignidad de la persona humana. En este sentido, puede decirse que, si un acto es justo por derecho natural no debe ser ilegal desde el punto de vista del derecho positivo, o lo contrario; si un acto es injusto desde el derecho natural no puede ser considerado como legítimo por el derecho positivo, pues con ello se rompería la unidad del sistema jurídico o se atentaría en todo caso, contra la coherencia que debe existir en un ordenamiento jurídico. Por ello, el legislador no autorizar comportamientos que atenten contra la dignidad del ser humano, ya que ello vulneraría las exigencias de la ley natural.

2.3.2. Protección jurídica del embrión humano

Ante la realidad de la vida humana embrionaria, existen, al menos, dos posturas relativas a su protección jurídica: a) la defendida por aquellos que consideran que la vida debe protegerse gradualmente; y b) la representada por quienes consideran que la vida humana debe estar garantizada jurídicamente desde el mismo instante de su existencia. A continuación, se hará una breve referencia a cada una de estas posiciones.

a) Gradualidad y potencialidad

Para los propulsores de esta postura, la protección de la vida se realiza de forma "gradual", por lo que el derecho debe garantizar la vida en la medida en que ésta progresa y se intensifica, teniendo como referencia ciertos cambios cuantitativos en su desarrollo, en especial, el del nacimiento.

En España esta perspectiva gradual fue acogida, entre otras, por la STCE 53/85[946], referente al sistema de indicaciones en la llamada *interrupción voluntaria del embarazo*. Posteriormente también fue

---

[946] STCE 53/1985, *op. cit.*, Fundamento Jurídico número 14. p. 21.

adoptada por la Ley 42/1988 del 28 de diciembre de 1988[947], sobre Donación y Utilización de embriones y fetos humanos o de células, tejidos u órganos, y por la Ley 35/1988[948] del 22 de noviembre sobre Técnicas de Reproducción Asistida. A nivel jurisprudencial fue nuevamente confirmada por la STCE 212/1996 del 19 de diciembre de 1996[949], relativa a las técnicas de reproducción asistida, y por la STCE 116/1999 del 17 de junio de 1999[950]. En esta última Sentencia, se recalcó que el momento decisivo para el reconocimiento de un estatus jurídico al embrión humano es el de su anidación o implantación en el útero materno[951].

b) La continuidad lógica

Esta segunda posición se fundamenta en el hecho de la continuidad biológica de la vida del ser humano, la cual se inicia con la fecundación concluye con la muerte natural.

Dicha posición quedó reflejada en España en el voto Particular discrepante en la STCE 212/1996, emitido por el Magistrado del TCE J. Gabaldón López. En él sostuvo que era necesario extender a los seres humanos, desde el comienzo de su existencia biológica, las mismas garantías y protección de que goza la vida de los ya nacidos, estableciendo la imposibilidad de trazar cualesquiera distinciones entre sus fases de desarrollo que no resulten, a la postre, puramente arbitrarias. Para este autor, la investigación genética ha demostrado que "desde la unión de los gametos masculino y femenino existe un ser distinto

---

947 Ley de donación y utilización de embriones y fetos humanos o de sus células, tejidos u órganos (Ley 42/1988, de 28 de diciembre) en BOE Núm. 314, de 31 de diciembre de 1988, pp. 6766 a 36767. [consultado 12 de julio 2016]. Disponible en: Disponible en: http://www.boe.es/boe/dias/1988/12/31/pdfs/A36766-36767.pdf

948 Ley sobre Técnicas de Reproducción Asistida (Ley 35/1988, de 22 de noviembre) en BOE Núm. 282, de 24 de noviembre de 1988, pp. 33373 a 33378. [consultado 12 de julio 2016]. Disponible en: Disponible en: http://www.boe.es/boe/dias/1988/11/24/pdfs/A33373-33378.pdf

949 STCE 212/1996, *op.cit.*, pp. 32 – 43.

950 STCE 116/1999, *op.cit.*, pp. 67-80.

951 Cfr. Peñaranda, E., *Los Nuevos Desafíos de Reproducción Asistida, Reflexiones Éticas y jurídicas desde la perspectiva del Derecho Penal*, Editorial Fundación Medicina y Humanidades médicas, Madrid, 2006, p. 15.

perteneciente a la especie *homos sapiens* a quien no le falta ya nada para poder ser definido como hombre (...) y al que (...) le caben ya, según el art. 10.1 de la Constitución, la dignidad de la persona y la aplicación de su principio al libre desarrollo incluso antes y aún al margen de la adquisición formal de la personalidad jurídica según la ley positiva"[952].

En la medida en que "el embrión humano dispone de un genoma completamente individual desde la fecundación" y "se desarrolla continuamente desde ese momento, sin saltos en su desarrollo", habría que admitir que el "embrión no es una persona potencial sino actualmente una persona humana con potencialidades todavía no actualizadas". En consecuencia, a su juicio, "los conceptos de hombre y de persona son inseparables" y cualquier "intento de separación responde a una mera razón estratatégica"[953].

Esta postura también es seguida por el constitucionalista alemán E. Wolfgang Böckenförd, quien critica como arbitrarios todos los intentos -cada vez más extendidos en la literatura filosófica y jurídica alemana-, de diferenciar entre vida humana y vida personal. Sostiene este autor que el objetivo de estas posiciones es configurar una noción de persona entendida como un concepto más reducido que el de ser humano. Para evitarlo, E. Wolfgang Böckenförd incide en la necesidad de que "el embrión humano sea tratado también en su fase vital más temprana como titular de la dignidad humana y del derecho a la vida que reconoce la Constitución alemana"[954].

2.3.3. El embrión ante el derecho

El mayor obstáculo para el reconocimiento jurídico de la dignidad humana al embrión radica en la negativa a atribuirle el estatuto de

952 Gabaldón, J., "Libre desarrollo de la Personalidad y derecho a la vida", en *Persona y Derecho*, Editorial Aranzadi Civitas, Madrid, 2001, p. 134.

953 *Ibidem.*, p. 155; Peñaranda, E., *Los Nuevos Desafíos de Reproducción Asistida, Reflexiones Éticas y jurídicas desde la perspectiva del Derecho Penal*, op. cit., p. 14

954 Cfr. Böckenförd de E-W, *Menschenwürde als normatives Prinzip. Die Grunderechte in der bioethischen Debatte.* JZ. 2003, pp. 810-813.

persona, con la consiguiente imposibilidad de ser considerado un titular de derecho y, por tanto, un sujeto de derecho[955].

Como es sabido, en el mundo del derecho a las personas se les da la categoría de sujetos de derecho, mientras que las cosas son objetos de derecho. Esta realidad, sin embargo, varía según las legislaciones de los distintos Estados. Así, para el sistema jurídico peruano el embrión es un sujeto de derecho[956], para otros ordenamientos, como puede ser el español, se está ante una realidad mixta -según la cual embrión es un bien jurídico constitucionalmente protegido-, mientras que, finalmente, para otros sistemas jurídicos se está ante un puro objeto[957].

Partiendo de esta realidad, en el presente epígrafe se aportarán algunas ideas relativas a si desde el plano jurídico resulta adecuado diferenciar entre ser humano y persona, considerando sujeto de derecho exclusivamente a quienes se les ha concedido personalidad jurídica o, por el contrario, la cualidad de persona debe está ligada al concepto de sujeto de derecho. Además, se analizará si la desprotección legal de la vida humana que se encuentra en fases iniciales, o no posee determinadas cualidades, es conforme al sentido último del derecho.

a) Concepto jurídico de persona

La persona, al ser dueña de sus propios actos, posee, consecuentemente, un dominio moral y, por tanto, también un dominio jurídico[958]. En este sentido J. Hervada afirma que: "(…) el ser y los actos de la persona, por pertenecerle, son derecho suyo frente a los demás"[959].

---

955 Cfr. Ollero Tassara, A., "Todos tiene derecho a la vida ¿hacia un concepto constitucional de persona?", en *Bioderecho entre la vida y la muerte*, Thomson-Aranzadi, Cizur Menor (Navarra), 2006, pp. 100

956 La Constitución Política del Perú (CPP) en su artículo 2 establece que: "(…) El concebido es sujeto de derecho en todo cuanto le favorece" y en el artículo 1 del Código Civil (CC) peruano señala "La vida humana comienza con la concepción. El concebido es sujeto de derecho para todo cuanto le favorece. La atribución de derechos patrimoniales está condicionada a que nazca vivo".

957 STCE 53/1985, *op.cit.*, Fundamento Jurídico número 7. p. 19.

958 Cfr. Díaz de Terán Velasco, M.C., *Derecho y nueva eugenesia: un estudio desde la ley 35/88, de 22 de noviembre de técnicas de reproducción asistida, op. cit.*, pp. 251–252.

959 Hervada, J., "Concepto jurídico y concepto filosófico de persona", en *La Ley*, 1, (1981), p. 942.

De esta afirmación, siguiendo a M. Díaz de Terán, se deduce que el ser sujeto de derecho –o ser persona en sentido jurídico– tiene un origen natural[960]. Por ello, esta juridicidad natural implica que, por naturaleza, el ser humano se encuentra vinculado jurídicamente con los otros, siendo, por tanto, protagonista del sistema jurídico. De ahí se concluye que ser persona no es un dato cuyo origen sea positivo, sino natural, porque los individuos humanos son, ya estructuralmente, sujetos de derecho[961], personas en sentido jurídico. La persona humana posee en sí misma una dimensión jurídica. Por ello, el concepto jurídico de persona debe seguir necesariamente al concepto ontológico de persona; solo es admisible una distinción lógica, en razón de la forma o de la perspectiva[962]. En esta línea, J. Hervada considera que:

> "La condición ontológica de persona incluye la subjetividad jurídica, de modo que el concepto jurídico de persona no puede ser otra cosa que el concepto mismo de persona en sentido ontológico, reducido a los términos de la ciencia jurídica. Dicho, en otros términos, el concepto jurídico de persona no es más que aquel concepto que manifiesta lo jurídico de la persona o ser humano"[963].

De ello puede deducirse que, siendo la persona una realidad única e irrepetible, resulta imposible separar el concepto jurídico de persona del concepto ontológico. En este sentido, el derecho no incorpora nada a la estructura ontológica de la persona, sino que reconoce y protege su titularidad natural y la dignidad que le corresponde por el hecho de ser persona[964]. Por tanto, como afirma M. Díaz de Terán, siguiendo el pensamiento de J. Hervada, el concepto ontológico y el

---

960 Cfr. Díaz de Terán Velasco, M.C., *Derecho y nueva eugenesia: un estudio desde la ley 35/88, de 22 de noviembre de técnicas de reproducción asistida*, *op. cit.*, p. 252.

961 Cfr. Hervada, J., "Concepto jurídico y concepto filosófico de persona", *op. cit.*, p. 943. En el mismo sentido Martínez De Aguirre y Aldaz, C., "¿El nacimiento determina la personalidad? (Reflexiones sobre el concepto jurídico de persona, con un epílogo sobre la situación jurídica del concebido)", en *Actualidad Civil*, 31 (2001), p. 1103.

962 Cfr. Hoyos Castañeda, L. M., *El concepto jurídico de persona*, EUNSA, Pamplona, 1989, p. 44.

963 Hervada, J., "Concepto jurídico y concepto filosófico de persona", *op. cit.*, p. 945.

964 Cfr. Hoyos Castañeda, L. M., *El concepto jurídico de persona*, *op. cit.*, p. 533.

concepto jurídico de persona se encuentran solapados o, mas bien, el concepto jurídico se encuentra contenido en el ontológico[965].

No obstante, es evidente que esta visión no es, ni mucho menos, unanimemente aceptada. De todos es sabido que el positivismo jurídico sostiene que la personalidad jurídica es concedida por el derecho positivo, y no es una realidad dada, o poseída, inherentemente por el ser humano[966]. De acuerdo con ello, solo serán personas aquellos sujetos a quienes el derecho positivo les conceda la personalidad[967]. De ello resulta que la persona existirá en la medida en que el ordenamiento jurídico le conceda tal prerrogativa. Y en este marco, por ejemplo, no se plantea problema legal alguno ante disposiciones que desprotegen totalmente la vida humana en sus estados más incipientes. En el fondo, como es evidente, subyace una distinción entre el concepto ontológico y el concepto jurídico de persona[968].

Siguiendo a J. Hervada, se considera que "el positivismo jurídico lleva el tema del derecho a un callejón sin salida. No solo destruye cualquier dimensión natural de justicia, que queda reducida a mera legalidad (...), sino que además despoja a la persona humana de toda juridicidad inherente a ella, lo cual es rigurosamente imposible"[969], desembocando, en definitiva, en lo ya señalado: no toda persona en sentido ontológico será persona en sentido jurídico[970].

Como se ha indicado en líneas anteriores, estructuralmente la persona es dueña de su propio ser. Por ello, un pilar esencial de todo derecho es la idea de que todo ser humano es persona, de que allí donde haya un ser humano, hay una persona en sentido jurídico. Y

---

965 Cfr. Díaz de Terán Velasco, M.C., *Derecho y nueva eugenesia: un estudio desde la ley 35/88, de 22 de noviembre de técnicas de reproducción asistida*, *op. cit.*, p. 253. Cfr. Hervada, J., *Introducción crítica al Derecho Natural*, *op. cit.*, p. 143.

966 Cfr. *Ibidem.*, p. 141

967 Cfr. Hervada, J., "Concepto jurídico y concepto filosófico de persona *op. cit.*, p. 945.

968 Cfr. Díaz de Terán Velasco, M.C., *Derecho y nueva eugenesia: un estudio desde la ley 35/88, de 22 de noviembre de técnicas de reproducción asistida*, *op. cit.*, p. 253.

969 Hervada, J., *Introducción crítica al Derecho Natural*, *op. cit.*, p. 142.

970 Cfr. Hervada, J., "Concepto jurídico y concepto filosófico de persona", *op. cit.*, p. 944.

ello implica la capacidad de apropiarse y de ser titular de los derechos y deberes naturales[971]. De ahí se infiere que negar la personalidad jurídica a un ser humano, cualquiera que sea su condición o estado, es una injusticia[972].

En conclusión, la idea de que todo ser humano es una persona es una conquista, no solo del derecho civil, sino del derecho en general[973]. Este presupuesto se encuentra fundamentado en la propia estructura humana, de tal modo que para tener la condición de persona (tanto desde el plano ontológico como jurídico), solo se requiere un criterio: la pertenencia biológica a la especie humana[974].

b) Personalidad y capacidad

Un tema importante, al abordar la cuestión de la condición de sujeto de derecho del embrión, son los conceptos de personalidad y capacidad. En realidad, una adecuada comprensión de los mismos permirirá sentar correctamente las bases que permitan proteger mejor a todo sujeto de derecho y, de forma especial, a los más frágiles y vulnerables, como son los embriones y los enfermos.

La doctrina civilista, en ocasiones, ha confundido los conceptos de personalidad y de capacidad jurídica. Como sostiene D. Barbero, es suficiente con "pensar que la "personalidad" es un *quid* simple, mientras que la capacidad es un *quantum* y, por tanto, susceptible

---

971 Cfr. Hervada, J., *Introducción crítica al Derecho Natural, op. cit*, p. 143. Además, el mismo autor sostiene que "la condición ontológica de persona incluye la subjetividad jurídica, de modo que el concepto jurídico de persona no puede ser otra cosa que el mismo concepto de persona en sentido ontológico, reducido a los términos de la ciencia jurídica" (*Ibidem*).

972 Cfr. Hervada, J., "Concepto jurídico y concepto filosófico de persona *op. cit.*, p. 944.

973 Cfr. Doral García, J. A., "Concepto filosófico y concepto jurídico de persona", en *Persona y Derecho*, 2 (1975), p. 115; Montes Penades, V. L, "El significado institucional de la idea de persona", en López, A. y Montes V. L. (coord.), *Derecho civil. Parte general*, Tirant lo Blanch, Valencia, 1995, p. 239.

974 Spaemann, R., *Personas. Acerca de la distinción entre "algo" y "alguien", op. cit.*, p. 236. Como se puso de manifiesto en el segundo capítulo, "(...) aquello que es relevante para el reconocimiento del ser de la persona es su pertenencia, por naturaleza, a la especie humana" (Palazzani, L., "El concepto de persona en el debate bioético y biojurídico actual", en *Medicina y Ética*, 1, (1997), p. 29).

de medición por grados. Se puede ser, como persona, más o menos capaz, no se puede ser más o menos persona. Persona se es o no se es radicalmente"[975]. De lo dicho, puede deducirse que el concepto de persona es distinto y previo al de capacidad. El ordenamiento jurídico no tiene legitimidad para conceder la personalidad, sino que reconoce la existencia previa de la persona y, en consecuencia, de los derechos naturales innatos a ella[976]. En este sentido L. M. Díez-Picazo y A. Gullón Ballesteros, sostienen que "la personalidad no es mera cualidad que el ordenamiento jurídico pueda atribuir de manera arbitraria, es una exigencia de la naturaleza y dignidad del hombre que el Derecho no tiene más remedio que reconocer"[977]. Además, los mismos autores consideran que:

> "(...) no basta con reconocerle la aptitud para ser sujeto de derechos y de obligaciones o, si se quiere, de relaciones jurídicas, pues sería minimizarla (a la persona). Significa, sobre todo, que las normas jurídicas han de darse y desarrollarse teniendo en cuenta la dignidad del hombre como persona y sus atributos"[978].

Como puede apreciarse, la personalidad jurídica es una dimensión de la persona, es decir, del sujeto de derecho, que se distingue totalmente de los derechos y deberes que goza la persona en su condición de tal. Por tanto, gozará de derechos y deberes naturales y de derechos y deberes positivos. No obstante, el ordenamiento jurídico sí puede cuantificar la capacidad[979]. La ley positiva podrá regular la capacidad en función del orden público y la seguridad jurídica, pero esta potestad de regulación debe sujetarse a dos límites: a) la ley positiva no puede negar de raíz la personalidad a un ser humano, cualquiera que sea su condición; y b) la limitación de la personalidad no puede

---

975 Barbero, D., *Sistema del derecho privado*, vol. I, Editorial Jurídicas Europa – América, Buenos Aires, 1967, p. 191.

976 García Amigo, M., *Instituciones de Derecho civil*, (vol. I), Editorial Revista de Derecho Privado, 1979, p. 295.

977 Díez-Picazo, L. M. y Gullón Ballesteros, A., *Sistema de Derecho Civil, op. cit.*, p. 223.

978 *Ibidem.*

979 Cfr. Hoyos Castañeda, L. M., *El concepto jurídico de persona*, EUNSA, Pamplona, 1989, p. 169.

extenderse a los derechos naturales[980]. De este modo, la calidad de persona del embrión humano no puede ser negada, como tampoco se le puede limitar sus derechos naturales, como por ejemplo el derecho a la vida, a la integridad física, entre otros[981].

Un ejemplo de limitación de la capacidad puede encontrase en el artículo 29 del CC español en dónde se hace referencia al concebido[982]. En este sentido C. Martínez de Aguirre y Aldaz, señala que: "(...) lo que el artículo 29 CC añade a esa limitada personalidad que tiene el concebido por el mero hecho de tratarse de un ser humano, es la potencialidad de ser sujeto activo y pasivo de cualesquiera otras relaciones jurídicas. Es decir, la capacidad jurídica (...)"[983].

En conclusión, se puede afirmar que "el ordenamiento jurídico puede limitar el contenido de la personalidad cuando está ante un ser humano, pero no puede negarle la raíz de la misma. Y no puede porque, en realidad no se la ha concedido, sino que el ser humano la posee como inherente a su propia naturaleza"[984].

---

980 Cfr. Hervada, J., "Concepto jurídico y concepto filosófico de persona *op. cit.*, p. 946. En el mismo sentido, Doral García, J. A., "Concepto filosófico y concepto jurídico de persona", *op. cit.*, p. 130.

981 Respecto de los derechos naturales se puede consultar Hervada, J., *Introducción crítica al Derecho Natural, op. cit.*, pp. 111–114. Además M. Aguirre y Aldaz señalan: "todo ser humano (...) es sujeto titular de esos derechos naturales primarios (a la vida, a la integridad física) (...). Desde este punto de vista, ese ser humano, en cuanto es sujeto de derechos, tiene personalidad jurídica. (...) Sin embargo, sucede que antes del nacimiento, su personalidad está limitada a la titularidad actual de esos derechos naturales primarios (...). El ordenamiento jurídico español, a través del artículo 29 C.C, impide al ser humano no nacido tomar parte autónomamente, y con plenitud, en la vida jurídica. Tal limitación podría encontrar un fundamento razonable en cuanto que tampoco toma parte autónomamente en la vida social. Antes del nacimiento su personalidad está, pues, restringida".

982 Artículo 29 del CC español: El nacimiento determina la personalidad; pero el concebido se tiene por nacido para todos los efectos que le sean favorables, siempre que nazca con las condiciones que expresa el artículo siguiente (Real Decreto de 24 de julio de 1889 por el que se publica el Código Civil en BOE núm. 206, de 25/07/1889. [consultado 18 de julio 2016]. Disponible en: http://www.boe.es/buscar/act.php?id=BOE-A-1889 763&tn=1&p=20151006&vd=#art29

983 Martínez De Aguirre y Aldaz, C., "¿El nacimiento determina la personalidad? (Reflexiones sobre el concepto jurídico de persona, con un epílogo sobre la situación jurídica del concebido)", en *Actualidad Civil,* 31 (2001), p. 1106.

984 *Ibidem.*, p. 1104.

Además, el Derecho no crea una realidad nueva, sino que parte de una realidad concreta, ya dada, que es la persona. Por ello, la función del derecho debe limitarse a reconocer la cualidad de persona a todo ser humano, sin discriminar a ninguno[985]. J. A. DORAL afirma que "de no reconocerse la personalidad del hombre en su íntegra realidad desaparecería toda posibilidad de determinar el fundamento del Derecho y de la Justicia"[986]. Por lo tanto, se concluye que todo ser humano, independientemente de la fase del desarrollo en que se encuentre, es persona y, más aún, cualquiera que sea la forma a través de la haya sido concebido, ya sea natural o artificial, es una persona. En consecuencia, el derecho tiene la obligación de otorgarle la protección jurídica que se merece una persona[987].

c) El embrión como sujeto de derecho

Platear el tema del sujeto de derecho es referirse a la persona desde la perspectiva jurídica, es decir al sujeto protagonista del orden social y jurídico. Podría ser definido como el sujeto capaz de derechos obligaciones, o como el sujeto titular de derechos y deberes, tratándose, en definitiva, de un ser ante el derecho[988]. Frente a ello, y en una posición antagónica, se situaría la consideración de la persona como un objeto de derecho[989].

Llegados a este punto, conviene hacer una matización: el concepto filosófico y el jurídico de persona, aunque se aplican a un mismo sujeto, no son sinónimos. Como refiere J. HERVADA, "una cosa es la distinción de conceptos y otra la distinción de realidades. Rey y hombre,

---

985 DÍAZ DE TERÁN VELASCO, M.C., *Derecho y nueva eugenesia: un estudio desde la ley 35/88, de 22 de noviembre de técnicas de reproducción asistida*, *op. cit.*, p. 258.

986 DORAL GARCÍA, J. A., "Concepto filosófico y concepto jurídico de persona", *op. cit.*, p. 123.

987 DÍAZ DE TERÁN VELASCO, M.C., *Derecho y nueva eugenesia: un estudio desde la ley 35/88, de 22 de noviembre de técnicas de reproducción asistida*, *op. cit.*, p. 259.

988 Cfr. HERVADA, J., *Introducción crítica al Derecho Natural*, *op. cit.*, pp. 136 – 137.

989 DORAL GARCÍA, J. A., "Concepto filosófico y concepto jurídico de persona", *op. cit.*, p. 113.

por ejemplo, son conceptos diferentes, pero uno y otro se predican de la misma realidad singular: el individuo humano que es rey"[990]. Persona en sentido ontológico y persona en sentido jurídico son conceptos distintos, pero hacen referencia a la misma realidad, que es el ser humano.

La persona en sentido jurídico no es de origen positivo, sino natural, porque los seres humanos, por naturaleza, son sujetos de derecho[991]. De esa manera, como ya se ha señalado en varias ocasiones, la pertenencia biológica a la especie humana es el dato relevante para el reconocimiento de la condición de persona[992]. En consecuencia, siendo el embrión humano un miembro de la especie humana, no queda duda de que el derecho se encuentra ante una persona, ante un sujeto de derecho, a quien se le debe otorgar la protección correspondiente.

En definitiva, y a modo de recapitulación, el embrión humano debe ser reconocido como persona, como sujeto de derecho. Asimismo, la ley positiva no posee legitimidad para privarle de la personalidad, ni limitar sus derechos naturales. Lo único para lo que está facultado es para limitar su capacidad de obrar.

2.3.4. Protección jurídica del embrión en el Tribunal Europeo de Derechos Humanos

En las paginas siguientes se pondrán algunos ejemplos relativos a como el derecho ha ido plasmando las diversas posiciones sobre la protección jurídica del embrión y su consideración, o no como persona y, en consecuencia, sujeto de derecho.

En concreto, en este epígrafe nos referiremos a una Sentencia interesante para el tema que nos ocupa: la dictada en el asunto C-34/102, que resolvió la petición de decisión prejudicial[993] planteada por el

---

[990] Cfr. HERVADA, J., *Introducción crítica al Derecho Natural, op. cit.*, p. 137.

[991] Cfr. *Ibidem.*, p. 140.

[992] SPAEMANN, R., *Personas. Acerca de la distinción entre "algo" y "alguien", op. cit.*, p. 236.

[993] M. ALBERT explica la petición de decisión prejudicial de la siguiente forma: "El procedimiento prejudicial es un procedimiento que puede ejercerse por los jueces nacionales de los Estados miembros ante el Tribunal de Justicia de la Unión Europea, con sede en Luxemburgo. Todo órgano jurisdiccional nacional que esté

Bundesgerichtshof–Alemania, en el procedimiento entre OLIVER BRÜSTLE y GREENPEACE[994] por parte del Tribunal de Justicia de la Unión Europea (TJUE), el 18 octubre de 2011, Para su análisis se seguirá especialmente a M. ALBERT[995].

El presente caso surgió por una denuncia interpuesta por la ONG ecologista GREENPEACE contra el neurobiólogo OLIVER BRÜSTER, sobre una patente referida a células progenitoras neuronales aisladas y depuradas, obtenidas a partir de células madre embrionarias y empleadas en la terapia de enfermedades neurológicas, que éste había registrado en 1997. GREENPEACE interpretaba que dicha patente era nula, por violar el artículo 2.2 de la Ley de Patentes Alemanas, la cual era transposición literal del artículo 6.2.c de la Directiva europea que regula la protección jurídica de las invenciones biotecnológicas en el Derecho de la Unión (98/44/CE)[996]. En el año 2006 el Tribunal Fe-

---

conociendo de un litigio en el cual la aplicación de una norma de Derecho europeo plantee cuestiones podrá decidir consultar al Tribunal de Justicia para resolverlas. Los procedimientos prejudiciales pueden ser de dos tipos: a) aquellos en los que se solicita la interpretación de la norma europea y b) aquellos en los que se solicita el control de la validez de un acto del Derecho europeo. El procedimiento prejudicial que dio inicio al proceso BRÜSTLE V. GREEPEACE es del primer tipo, es decir, el juez alemán pide al Tribunal de Justicia que interprete la directiva sobre protección jurídica de invenciones biotecnológicas para poderla aplicar correctamente a la solicitud de BRÜSTLE. Las decisiones del Tribunal de Justicia en estos procesos tienen la eficacia de cosa juzgada, y son de obligatorio cumplimiento no solopara el juez nacional que las plantea, sino para todos los demás órganos jurisdiccionales nacionales de los Estados miembros", ALBERT MÁRQUEZ, M., "El caso Brüstle *vs*. Greenpeace y el final de la discriminación de los embriones preimplantatorios", en *Cuadernos de Bioética*, XXIV/3 (2013), p. 476, nota número 3.

994 Sentencia del Tribunal de Justicia (Gran Sala) de 18 de octubre de 2011 (petición de decisión prejudicial planteada por Bundesgerichtshof—Alemania) — Oliver Brüstle/Greenpeace eV (Asunto C-34/10), (Diario Oficial de la Unión Europea) C-362/5, 10.12.2011, en adelante, STJUE C-34/10. Texto completo disponible en español en la página web del Tribunal de Justicia de Luxemburgo.
[consultado 18 de abril 2016]. Disponible en: http://eurlex.europa.eu/LexUriServ/LexUriServ.do?uri=OJ%3AC%3A2011%3A362%3A0005%3A0006%3Aes%3APDF

995 Cfr. ALBERT MÁRQUEZ, M., "El caso Brüstle v. Greenpeace y el final de la discriminación de los embriones preimplantatorios", *op. cit.*, pp. 475-489.

996 Directiva 98/44/CE del Parlamento Europeo y del Consejo, de 6 de julio de 1998 relativa a la protección jurídica de las invenciones biotecnológicas, Diario Oficial

deral de Patentes declaró nula la patente de BRÜSTLE, por lo que éste planteó el caso ante el Tribunal Federal, que es el órgano encargado de plantear la cuestión prejudicial al Alto Tribunal Europeo, a fin de poder decidir, conforme a una interpretación correcta de la normativa en cuestión, si se debía o no mantener la nulidad de la patente que había sido concedida a BRÜSTLE en 1997.

El objeto de la petición consistía en que el TJUE aclarase cuál debía de ser la interpretación correcta de la mencionada Directiva europea[997], en concreto en lo referente a la expresión "embriones humanos". Los términos de la cuestión prejudicial estaban referidos a tres cuestiones:

1) qué debe entenderse por embriones humanos de acuerdo con la Directiva;
2) qué debe entenderse por utilización de embriones humanos con fines industriales y comerciales, y si dentro de ese concepto se incluye la utilización con fines de investigación científica;
3) si está excluida de patentabilidad una información técnica también cuando la utilización de embriones no constituye en sí la información técnica reivindicada con la patente, sino un requisito necesario para la aplicación de esa información, bien porque la patente se refiere a un producto cuya elaboración exige la previa destrucción de embriones, bien porque la patente se refiera a un procedimiento para el que es necesario dicho producto como materia prima[998].

La Sentencia del TJUE intentó responder a estas cuestiones de forma clara y contundente[999]. Ello tuvo como consecuencia que, en lo referente al embrión humano, fuera bastante proteccionista. En concreto, sostuvo que:

---

n° L 213 de 30/07/1998 p. 0013-002.

997 *Ibidem.*

998 Cfr. ALBERT MÁRQUEZ, M., "El caso Brüstle v. Greenpeace y el final de la discriminación de los embriones preimplantatorios", *op. cit.*, pp. 484-485.

999 Cfr. JOUVE DE LA BARREDA, N., *El manantial de la vida: genes y bioética*, *op. cit.*, p. 120.

"El artículo 6, apartado 2, letra c), de la Directiva 98/44/CE del Parlamento Europeo y del Consejo, de 6 de julio de 1998, relativa a la protección jurídica de las invenciones biotecnológicas, debe interpretarse en el sentido de que:

— Constituye un "embrión humano" todo óvulo humano a partir del estadio de la fecundación, todo óvulo humano no fecundado en el que se haya implantado el núcleo de una célula humana madura y todo óvulo humano no fecundado estimulado para dividirse y desarrollarse mediante partenogénesis.

— Corresponde al juez nacional determinar, a la luz de los avances de la ciencia, si una célula madre obtenida a partir de un embrión humano en el estadio de blastocisto constituye un «embrión humano» en el sentido del artículo 6, apartado 2, letra c), de la Directiva 98/44"[1000].

Por tanto, el Tribunal en su Sentencia recogió un concepto amplio del término embrión humano, con el fin de evitar la más mínima posibilidad de su patentabilidad, por considerar esta contraria al respeto a la dignidad humana[1001]. En concreto, afirmaba:

"El contexto y la finalidad de la Directiva revelan así que el legislador de la Unión quiso excluir toda posibilidad de patentabilidad en tanto pudiera afectar al debido respeto de la dignidad humana. De ello resulta que el concepto de "embrión humano" recogido en el artículo 6, apartado 2, letra c), de la Directiva debe entenderse en un sentido amplio"[1002].

La Sentencia no entró a justificar el por qué el respeto a la dignidad humana exige remitirse a un concepto amplio de embrión. No obstante, en este punto parece lógico compartir la afirmación de A. Aparisi, de que la importancia del principio de dignidad humana exige su reconocimiento en todo ser humano, independientemente de la etapa de desarrollo en la que se encuentre[1003]. Como ya se ha indicado, esta idea parece que puede extraerse del texto de la Sentencia, en el sentido de que la intención del legislador fue la de evitar la más mínima posibilidad de que se otorgasen patentes contrarias al respeto debido

---

1000 STJUE C-34/10.

1001 Cfr. Albert Márquez, M., "El caso Brüstle v. Greenpeace y el final de la discriminación de los embriones preimplantatorios", *op. cit.*, p. 487.

1002 STJUE, C-34/10, parágrafo 34.

1003 Cfr. Aparisi Miralles, A., "El principio de la dignidad humana como fundamento de un bioderecho global", *op. cit.*, pp. 205 y 215-218.

de la dignidad humana[1004]. En realidad, la tesis de fondo del Tribunal podría ser expresada con las palabras de la profesora M. ALBERT del siguiente modo:

> "(...) es la dignidad un principio tan básico y esencial que no podemos asumir la posibilidad de que algún ser humano pueda verse privado de ella: interpretemos, pues el concepto de embrión de la forma más amplia posible, de modo que excluyamos totalmente la posibilidad de que ningún cuerpo que pudiera ser llamado "humano" pueda recibir un trato no acorde con su dignidad"[1005].

De esto se concluye que, de acuerdo con la Sentencia del TJUE, todo óvulo, a partir de la fecundación, debe considerarse un embrión humano. La misma calificación debe otorgarse a los óvulos no fecundados a los que se haya implantado el núcleo de una célula humana madura, y a los que se haya estimulado para dividirse por partenogénesis. Todos resultan aptos para iniciar el proceso de desarrollo de un ser humano[1006].

En lo referente a la segunda petición, el Tribunal fue contundente en sostener que no era posible deslindar la investigación de su posterior explotación comercial, por lo que debía de entenderse que la prohibición se extendía también a la patente con fines de investigación científica. En este sentido, estableció:

> "La exclusión de la patentabilidad en relación con la utilización de embriones humanos con fines industriales o comerciales contemplada en el artículo 6, apartado 2, letra c), de la Directiva 98/44 también se refiere a la utilización con fines de investigación científica, pudiendo únicamente ser objeto de patente la utilización con fines terapéuticos o de diagnóstico que se aplica al embrión y que le es útil"[1007].

1004 Cfr. ALBERT MÁRQUEZ, M., "El caso Brüstle v. Greenpeace y el final de la discriminación de los embriones preimplantatorios", *op. cit.*, p. 488.

1005 ALBERT MÁRQUEZ, M., "El caso Brüstle v. Greenpeace y el final de la discriminación de los embriones preimplantatorios", *op. cit.*, p. 488.

1006 Cfr. Sentencia del Tribunal de Justicia (Gran Sala) de 18 de octubre de 2011 en el caso *Brüstle* v. Greenpeace, asunto C-34/10, párrafo 53, inciso 1 (Fallo). [consultado 18 de abril 2016]. Disponible en: http://curia.europa.eu/juris/celex.jsf?celex=62010CJ0034&lang1=es&type=TXT&ancre=

1007 STJUE, C-34/10, *op.cit.*, párrafo 53, inciso 2 (Fallo).

Y, por último, en relación al tercer punto, el Tribunal interpretó que la Directiva prohíbe la patentabilidad de todo proceso o invención que supongan la destrucción de embriones humanos, con independencia de lo que literalmente se exprese en la información técnica de la patente. De forma literal, afirmó:

> "3) El artículo 6, apartado 2, letra c), de la Directiva 98/44 excluye la patentabilidad de una invención cuando la información técnica objeto de la solicitud de patente requiera la destrucción previa de embriones humanos o su utilización como materia prima, sea cual fuere el estadio en el que éstos se utilicen y aunque la descripción de la información técnica reivindicada no mencione la utilización de embriones humanos"[1008].

Como establece N. Jouve de la Barreda, "el Tribunal justifica esta Sentencia por razones éticas y añade que la destrucción de los embriones supone una agresión al orden público y a la moral"[1009]. En este sentido, la presente Sentencia fue calificada de histórica[1010], de tal forma que, como consecuencia de la misma, la comunidad científica emitió diversos pronunciamientos afirmando el carácter humano del embrión y la falta de ética que implica su instrumentalización. Así, por ejemplo, el 28 de abril del 2011, se publicó en *Nature* una Carta abierta[1011], alertando sobre los inconvenientes que se derivarían de una hipotética prohibición de patentar procesos de invenciones obtenidas mediante la manipulación de células madre embrionarias. En respuesta a ello, A. Jones publicó un artículo titulado *More at stake in stem – cell patents*, firmado por 14 científicos de 8 países, en el que se afirmaba:

> "El cigoto humano es la primera manifestación corporal de un ser humano (...). El desarrollo de la vida humana a través de las etapas embrionarias y fetales se considera un proceso en continuidad. Por lo tanto, es

---

1008 STJUE, C-34/10, *op.cit.*, párrafo 53, inciso 3 (Fallo).

1009 Jouve de la Barreda, N., *El manantial de la vida: genes y bioética*, *op.cit*, p. 124.

1010 Jouve de la Barreda, N., "La sentencia del Tribunal de Justicia Europeo a favor de la vida humana en estado embrionario y las Leyes españolas" en Páginas Digitales. [consultado 20 de abril 2016]. Disponible en: http://www.profesionalesetica.org/2011/11/nicolas-jouve-en-paginas-digital-%c2%abla-sentencia-del-tribunal-de-justicia-europeo-a-favor-de-la-vida-humana-en-estado-embrionario-y-las-leyes-espanolas%c2%bb/

1011 Smith, A., 'No' to ban on stem-cell patents", *Nature*, 472, 418 (28 April 2011).

> cuestionable que las células extraídas de un cuerpo vivo humano a expensas de su destrucción pueden dar lugar a una invención patentable"[1012].

En definitiva, la Sentencia del TJUE, y las discusiones académicas posteriores a ella, han permitido nuevamente dejar claro que el embrión humano es un miembro de la especie humana y que, por tanto, independiente de la etapa en la que se encuentre, debe ser considerado un ser humano y, en consecuencia, gozar de la protección que legítimamente le corresponde.

2.3.5. Reconocimiento jurídico del embrión en España

Tambien a modo de ejemplo, y ya en el contexto español, a continuación, se hará una breve referencia al artículo 15 de la CE, así como a las ya mencionadas STCE 53/1985, STCE 212/1996 y la STCE 116/1999, que han marcado una línea de cierta protección de la vida humana naciente.

a) Artículo 15 de la Constitución Española

El artículo 15 de la CE hace referencia a que "todos tienen derecho a la vida y a la integridad física y moral, sin que en ningún caso puedan ser sometidos a tortura ni a penas o tratos inhumanos o degradantes (...)". El precepto constitucional parece suficientemente claro en su redacción. No obstante, la primera divergencia interpretativa surgió con el término "todos"[1013]. En el marco de la doctrina española, algunos

---

1012 Albert Jones, D., "More at stake in stem-cell patents", *Nature* 474, 579 (30 June 2011). [consultado 20 de abril 2016]. Disponible en: http://www.nature.com/nature/journal/v474/n7353/full/474579d.html

1013 Con la finalidad de comprender mejor el desarrollo de la redacción del texto final del artículo 15 CE, transcribe la histórica de la redacción del artículo 15: "La versión que figuraba en el Anteproyecto era la siguiente:
"*1. Todos tienen derecho a la vida y a la integridad física. Nadie puede ser sometido a tortura ni a penas o tratos inhumanos degradantes*".
El Informe de la Ponencia ofreció éste otro texto, que fue aprobado sin modificaciones por el Dictamen de la Comisión de Asuntos Constitucionales y Libertades Públicas del Congreso: "Las personas tienen derecho a la vida y a la integridad física, sin que, en ningún caso, pueda ser sometida a torturas ni a penas o tratos inhumanos o degradantes".

consideraron que el término "todos" incluía al concebido; otros se opusieron a este razonamiento, apoyándose en la idea de que los demás derechos fundamentales que reconoce la CE se refieren exclusivamente a las personas, es decir, a aquellos sujetos humanos ya nacidos. Siguiendo este hilo argumental, afirmaban que la mención constitucional a "todos" no significaba otra cosa que "todas las personas"[1014].

A esta tesis se respondió que, si bien es cierto que los derechos fundamentales no son susceptibles de ejercicio por quien todavía no ha nacido, existe un derecho que si puede serlo y es el derecho a la vida, pues no cabe duda de que, tanto el feto como el embrión, constituyen, cuanto menos, una forma de vida humana[1015].

Dicha discrepancia fue resuelta por el TCE, a través de la STCE 53/1985. En su fundamento 5 *in fine* consideró que: "(...) el sentido objetivo del debate parlamentario corrobora que el *nasciturus* está protegido por el artículo 15 de la Constitución aun cuando no permite afirmar que sea titular del derecho fundamental"[1016]. Con esta afirmación se daba solución aparente a la cuestión relativa a que interpretación debía hacerse a partir del término "todos". Pero surgía otro inconveniente: si se establecía que no era titular del derecho a la vida, cuál era entonces la protección que otorga el artículo 15 al *nasciturus*.

El Dictamen de la Comisión del Senado, propuso esta redacción que fue aprobada por el Pleno: "Todos tiene derecho a la vida y a la integridad física y moral, sin que en ningún caso, puedan ser sometidos a torturas ni a penas o tratos inhumanos o degradantes. Queda abolida la pena de muerte, salvo lo que puedan disponer las leyes penales militares en tiempos de guerra" La comisión Mixta hizo suya esta última redacción con la modificación consistente en sustituir la frase "en tiempo de guerra" por la de "para tiempos de guerra". Las discusiones parlamentarias se centraron principalmente en torno a dos extremos: abolición de la pena de muerte, no prevista inicialmente, y utilización del término "la persona", que había propuesto la Ponencia del Congreso", RODRÍGUEZ MOURULLO, G., "Art. 15: Derecho a la vida", en "Artículo 16. Libertad ideológica y religiosa", en Santiago Sánchez González, *et al.*, *Comentarios a la Constitución Española de 1978*, ALZAGA VILLAAMIL, O. (dir.), Tomo II, artículos 10 a 23 de la Constitucion Española de 1978, Edersa, Madrid, 1997, pp. 269-270.

1014 Cfr. GIMBERNAT ORDEIG, E., "Constitución y Aborto", en Diario *El País*, España, 1979. [consultado 23 de julio 2016]. Disponible en: http://elpais.com/diario/1979/07/13/sociedad/300664807_850215.html

1015 PORTERO GARCÍA, L., *Problemas jurídicos actuales-alcoholismo y Aborto*, Editorial Aranzadi Civitas, Málaga, 2004, p. 31.

1016 STCE 53/1985, de 11 de abril, Fundamento Jurídico número 5, p. 18.

Como este debate era previsible, ya cuando el constituyente redactó este artículo, en la mente de los parlamentarios estaba presente que adoptar una u otra forma de redacción podría inclinar la balanza en uno u otro sentido, en relación a una futura despenalización del aborto voluntario. La inclusión del término "todos" en realidad mostraba la intención del constituyente de garantizar en un futuro la prohibición constitucional absoluta de la despenalización del aborto. Así, en palabras de G. Rodríguez Mourullo, "esta complejidad es el fruto final de una agitada elaboración de que fue objeto este artículo"[1017].

Pero la solución adoptada no zanjó definitivamente la cuestión: posteriormente se interpretó que el texto constitucional se encontraba parcialmente abierto, de tal modo que la elección del término "todos" en el artículo 15 del CE, cuya finalidad inicial era incluir también al embrión humano podía interpretarse de manera contraria a dicha finalidad del constituyente. Incluso se alegó que si se hubiera empleado la palabra "personas" tampoco de ello podría haberse deducido necesariamente una plena libertad para la despenalización del aborto en España[1018].

En cualquier caso, se estaba en la misma situación en la que se hallaban los constituyentes: ante el interrogante relativo a cual era la protección que el articulo 15 de la CE otorgaba al embrión humano y, en definitiva, si resultaba justificada la desprotección penal de la vida de la persona en sus primeros estadios.

b) La Sentencia del Tribunal Constitucional Español 53/1985, de 11 de abril

Antes de iniciar el análisis de la presente Sentencia, conviene aportar algunos datos históricos. El 30 de noviembre de 1983 se remitió a las Cortes Generales el Proyecto de Ley Orgánica de Reforma del artículo 417 bis) del Código Penal español, llamado también *Proyecto de ley de despenalización del aborto*. El proyecto en mención se inspiraba en una variante restringida del sistema de indicaciones. En base

---

[1017] Rodriguez Mourullo, G., *Comentarios a la Constitución Española de 1978*, Editorial Aranzadi Civitas Madrid, 1979, p. 272.

[1018] Cfr. *Ibidem.*, p. 274.

a ello, se interpuso el Recurso de Inconstitucionalidad Nº 800/1983, que fue resuelto por la Sentencia 53/85 del 11 de abril de 1985. En fallo de la misma se expresó en los siguientes términos:

> "(...) el Proyecto de Ley Orgánica por el que se introduce el art. 417 bis del Código Penal es disconforme con la Constitución, no en razón de los supuestos en que declara no punible el aborto, sino por incumplir en su regulación exigencias constitucionales derivadas del art. 15 de la Constitución, que resulta por ello vulnerado, en los términos y con el alcance que se expresa en el Fundamento Jurídico duodécimo de la presente sentencia"[1019].

Resulta importante indicar que el antecedente de la línea jurisprudencial adoptada por el TCE en esta Sentencia se encuentra en la STCE 75/1984, del 27 de junio[1020], que declaró:

> "(...) no hay inconveniente en reconocer, (...) que, según este precepto (art.15 de la CE), la vida humana en formación es un bien que jurídicamente merece protección, pero de esta premisa no se sigue, en modo alguno que los particulares tengan al respecto otros deberes sancionados de abstenerse de aquellas conductas que la ley penal castiga"[1021].

La STCE 53/85 del 11 de abril, supuso un hito importante en lo referente a la protección de la vida humana naciente en España, al declarar que el *nasciturus* no era un sujeto de derecho, pero sí un bien jurídico constitucionalmente protegido. Por ello, a continuación, siguiendo a V. Bellver y a M. Díaz de Terán, se recogerán algunas ideas fundamentales sobre la misma. Podríamos destacar las siguientes:

- La consideración de que la vida humana es un devenir;
- El reconocimiento de la vida del *nasciturus* como bien jurídico constitucionalmente protegido;
- La plasmación de los estándares mínimos para la protección del *nasciturus*

1019 STCE 53/1985, *op.cit.*, Fundamento Jurídico número 5, p. 18.

1020 STCE 75/1984, de 27 de junio, dictada en el Recurso de amparo avocado número 765/1983, en BOE, Núm. 181, de 30 de julio de 1984. [consultado 20 de julio 2016]. Disponible en: http://hj.tribunalconstitucional.es/docs/BOE/BOE-T-1984-17113.pdf, pp. 1–5.

1021 STCE 75/1984, *op.cit.*, Fundamento jurídico, número 5, p. 3.

b.1) La consideración de que la vida humana es un devenir

La STCE 53/1985, de 11 de abril, en su Fundamento jurídico número 5, precisa que:

> "(...) la vida humana es un devenir, un proceso que comienza con la gestación, en el curso de la cual una realidad biológica va tomando corpórea y sensitivamente configuración humana, y que termina con la muerte; es un continuo sometido por efectos del tiempo a cambios cualitativos de naturaleza somática y psíquica que tienen un reflejo en el *status* jurídico público y privado del sujeto vital"[1022].

Por tanto, para el TCE la vida es un *continuum*, que se inicia con la gestación y termina con la muerte, y cuyo sujeto vital es el mismo en todo momento, aunque su protección jurídica se reconoce de forma gradual[1023]. En cuanto al valor de la vida humana, la misma Sentencia refiere que se encuentra íntimamente vinculada con el "valor jurídico fundamental de la dignidad de la persona"[1024]. Por lo tanto, para el TCE, la vida y la dignidad son valores jurídicos inherentes a la persona[1025], siendo ambos "el *prius* lógico y ontológico para la existencia y especificación de los demás derechos (...)"[1026].

b.2) La vida del nasciturus como bien jurídico constitucionalmente protegido

Pese a los referidos argumentos, la STCE 53/1985 de 11 de abril, se pronunció en el sentido de que al *nasciturus* no le correspondía la

1022 STCE 53/1985, *op.cit.*, Fundamento jurídico número 5, p. 18.

1023 Cfr. BALLESTEROS, J., "El estatuto del embrión humano: cuestiones científicas, filosóficas y jurídicas", *op. cit.*, p. 227.

1024 "Junto al valor de la vida humana y sustancialmente relacionado con la dimensión moral de ésta, nuestra Constitución ha elevado también a valor jurídico fundamental la dignidad de la persona que, sin perjuicio de los derechos que le son inherentes, se halla íntimamente vinculada con el libre desarrollo de la personalidad (art. 10), y los derechos a la integridad física y moral (art. 15), a la libertad de ideas y creencias (art. 16), al honor, a la intimidad personal y familiar y a la propia imagen (art. 18.1)" (STCE 53/1985, *op.cit.*, Fundamento jurídico número 8, p. 19.

1025 *Ibidem.*

1026 Cfr. BALLESTEROS, J., "El estatuto del embrión humano: cuestiones científicas, filosóficas y jurídicas", *op. cit.*, p. 227.

titularidad del derecho a la vida, reconociéndolo exclusivamente como un bien jurídico constitucionalmente protegido[1027]. No obstante, una lectura detallada de la Sentencia permite percibir una contradicción en su propia argumentación, ya que en el Fundamento jurídico número 5 se había hecho referencia al embrión como un "sujeto vital", que se iniciaba con la gestación y acababa con la muerte y, posteriormente, en el Fundamento jurídico número 7, se había considerado que la vida del *nasciturus* era un bien.

Siguiendo a A. Ollero, se considera que el error de la STCE fue el haber discutido el carácter humano a quien la biología le reconocía dicho estatus, negándo, por tanto, la titularidad del derecho a la vida, a quien ya la poseía, según la lógica interna de la propia Sentencia[1028]. En realidad, bajo esta perspectiva se considera que:

> "(...) "ser persona" se convierte en una propiedad del individuo de la especie humana, que aparece solo a partir de un cierto intervalo de tiempo, como si el embrión fuera solo potencialmente una persona o una "persona potencial", cuando en realidad "es actualmente una persona humana, con potencialidades todavía no actualizadas", contemplando así un desarrollo "hacia el ser hombre", en vez del desarrollo "de un ser humano""[1029].

b.3) Estándares mínimos en la protección del nasciturus

La propia STCE 53/1985 de 11 de abril, también sostenía que el *nasciturus* debía recibir una protección jurídica constitucional, no como un sujeto de derecho, sino como "bien jurídico constitucionalmente protegido por el artículo 15"[1030]. Se trataba de una categoría nueva para el derecho, y acuñada por primera vez para la vida humana en gestación. En cualquier caso, al margen de la protección legal

---

1027 Al respecto, en el Fundamento jurídico número 7, se señaló que: "(...) debemos afirmar que la vida del *nasciturus*, de acuerdo con lo argumentado en los fundamentos jurídicos anteriores de esta Sentencia, es un bien jurídico constitucionalmente protegido por el art. 15 de nuestra norma fundamental" (STCE 53/1985, *op.cit.*, Fundamento Jurídico número 7. p. 19).

1028 Cfr. Ollero Tassara, A., *Bioderecho: entre la vida y la muerte*, *op. cit.*, pp. 47-48.

1029 *Ibidem.*, pp. 33-34.

1030 STCE 53/1985, *op.cit.*, Fundamento Jurídico número 7. p. 18.

otorgada por el Estado, la Sentencia estableció dos estándares que debían ser respetados. Por un lado, fijó la obligación "de abstenerse de interrumpir o de obstaculizar el proceso natural de gestación"; y, por otro, obligó a "establecer un sistema legal para la defensa de la vida que suponga una protección efectiva de la misma y que, dado el carácter fundamental de la vida, incluya también, como última garantía, las normas penales"[1031].

Por lo tanto, se puede interpretar que el proceso de gestación debe ser garantizado con una adecuada protección normativa. No obstante, en aquellos supuestos en los que surja un conflicto entre la vida humana y determinados derechos o bienes de la madre, podrá autorizarse su interrupción, permitiéndose el aborto[1032].

En definitiva, la STCE 53/1985 de 11 de abril, representa un ejemplo de la posición jurídica que sostiene la existencia de seres humanos que no son personas, o la admisión de sujetos humanos que no son titulares de derechos fundamentales, lo cual conduce, en definitiva, a negar la dignidad de todo ser humano y, en última instancia, a permitir la cosificación de la vida humana naciente[1033].

c) La Sentencia del Tribunal Constitucional Español 212/1996, de 19 de diciembre

Otro ejemplo al que nos vamos a referir es la STCE 212/1996, del 19 de diciembre, que resolvió el recurso de inconstitucionalidad interpuesto contra la Ley 42/1988, de 28 de diciembre, de Donación y utilización de embriones y fetos humanos o de sus células, tejidos u órganos[1034]. La importancia de esta Sentencia radica en ser la primera que abordó temas relacionados con la Biomedicina. El problema principal que debía abordar el TCE era, nuevamente, el de aclarar la protección jurídica que el artículo 15 CE otorgaba al embrión humano, cuando

---

1031 *Ibidem.*

1032 Cfr. BELLVER, V., "Estatuto jurídico del embrión humano", *op. cit.*, pp. 254-255.

1033 *Ibidem.*, p. 44.

1034 Ley de donación y utilización de embriones y fetos humanos o de sus células, tejidos u órganos (Ley 42/1988, de 28 de diciembre) en BOE, núm. 314, de 31 de diciembre de 1988, pp. 36766 a 367. [consultado 21 de julio 2016]. Disponible en: http://www.boe.es/boe/dias/1988/12/31/pdfs/A36766-36767.pdf

reconocía el derecho a la vida, bajo el enunciado inicial "Todos tienen derecho a la vida".

De forma específica, se planteaba la cuestión relativa a si la protección otorgada a los fetos y embriones humanos inviables, obtenidos por fecundación *in vitro,* debía ser equiparable a la concedida a los *nasciturus* (protegidos por la STCE 53/1985). En definitiva, si los fetos y embriones humanos inviables podían ser considerados bienes jurídicos constitucionalmente protegidos. Unido a lo anterior, también se planteaba el interrogante relativo a qué significado había que darle al término *viabilidad*. Con respecto a la primera cuestión planteada, la propia Sentencia, en su Fundamento jurídico número 5, afirmó:

> "La Ley parte, por tanto, de una situación en la que, por definición, a los embriones y fetos no cabe otorgarles el carácter de *nascituri* toda vez que eso es lo que se quiere decir con la expresión "no viables", que nunca van a nacer, en el sentido de llevar una propia "vida independiente" de la madre (STCE 53/1985, Fundamento Jurídico 5°)"[1035].

Con respecto a la segunda cuestión planteada, el significado que había que darle al término *viabilidad*, en el ya mencionado Fundamento jurídico número 5 se define el concepto de *vida viable* en relación con el embrión humano preimplantatorio. Así se estableció que:

> "(...) "Viable" es adjetivo cuyo significado el diccionario describe como "capaz de vivir". Aplicado a un embrión y fetos humanos, su caracterización como "no viable" hace referencia concretamente a su incapacidad para desarrollarse hasta dar lugar a un ser humano, a una "persona" en el fundamental sentido del art. 10.1 C.E"[1036].

Como puede apreciarse, nuevamente la Sentencia admitió la existencia de seres humanos que no eran personas. Y en esta categoría incluyó a aquellos "embriones o fetos humanos, ya sean muertos o no viables, susceptibles de ser utilizados con fines de diagnóstico, terapéuticos, de investigación, o experimentación"[1037].

Con estos términos, quedó claro que los embriones y fetos vivos a los que hacia referencia la Ley no gozaban, ni tan siquiera, de la

---

1035 STCE 212/1996, *op.cit.*, Fundamento jurídico número 5, pp. 37-38.

1036 *Ibidem.*

1037 *Ibidem.*

protección jurídica otorgada por la STCE 53/1985, es decir, no eran considerdos bienes jurídicos constitucionalmente protegidos. Ante esta situación, la pregunta que surgía era ¿qué protección debería entonces dárles? A fin de salvar esta situación, el Tribunal confirió a los embriones o fetos humanos vivos no viables una protección indirecta, a través del principio de dignidad de la persona[1038]. Pero esta argumentación no otorgó, en la práctica, garantía alguna a dichos fetos y embriones vivos no viables, debido a que el principio de la dignidad humana solo se vincula con las personas, y como ya se ha indicado, en la legislación española solo son reconocidos como personas los nacidos[1039].

d) La Sentencia del Tribunal Constitucional Español 116/1999, de 17 de junio

La STCE 116/1999[1040], de 17 de junio, resolvió el recurso de inconstitucionalidad número 376/1989, interpuesto contra la Ley 35/1988, de 22 de noviembre, en la que se regulaban nuevamente las Técnicas de Reproducción Asistida (TRA). Siguiendo a M. Díaz de Terán, pueden resumirse en tres los motivos por los que se alegaba la inconstitucionalidad de la LTRA:

a) Que la regulación de las TRA requería un desarrollo mediante ley orgánica y no mediante ley ordinaria, debido a que afectaba a la dignidad humana y a los derechos fundamentales;

1038 En este sentido, el Fundamento jurídico número 8, establece que: "(...) esta singular "donación", al igual que la de órganos humanos regulada en la Ley 30/1979, o incluso la del cadáver de una persona, no implica en modo alguno la "patrimonialización", que se pretende de la persona, lo que sería desde luego incompatible con su dignidad (art. 10.1 C.E.)" (STCE 212/1996, *op. cit.* Fundamento Jurídico número 8, p. 38).

1039 Artículo 30 del Código Civil español: "La personalidad se adquiere en el momento del nacimiento con vida, una vez producido el entero desprendimiento del seno materno" (Real Decreto de 24 de julio de 1889 por el que se publica el Código Civil, en BOE, núm. 206, de 25/07/1889). [consultado 22 de julio 2016]. Disponible en: http://www.boe.es/buscar/act.php?id=BOE-A-1889-4763&b=42&tn=1&p=18890725#art30

1040 STCE 116/1999, de 17 de junio, pp. 67-80.

b) La escasa protección conferida al embrión humano, conforme a lo establecido en el artículo 15 de la CE;
c) La LTRA daba origen a relaciones paterno-filiales contrarias al concepto constitucional de familia[1041].

Además de lo manifestado, se cuestionaban los artículos 12 y 13 de la LTRA, referidos al diagnóstico preimplantacional y a tratamientos sobre el preembrión, porque vulneraban determinados derechos, entre ellos, el derecho a la vida del embrión, dado que el texto legal no se expresaba con claridad sobre que protección se otorgaba al embrión, al subordinar la continuidad de su vida a lo decidido por médicos u órganos administrativos, o al mero transcurso de tiempo[1042].

Pese a lo manifestado en anteriores pronunciamientos, el TCE estimó la constitucionalidad de los artículos 12 y 13. Argumentó para ello que, si bien, efectivamente, el apartado primero del artículo 12 permitía intervenir en el preembrión vivo *in vitro* con la finalidad de desaconsejar su transferencia para procrear en caso de que se le detectase una enfermedad hereditaria incurable, ello no vulneraba la CE. Para justificar tal práctica, el TCE afirmó que los preembriones *in vitro* no gozaban de una protección equiparable a la de los ya transferidos al útero materno, con la discriminación consiguiente que ello conllevaba[1043]. Y en lo que respecta a la inconstitucionalidad del artículo 13 de la LTRA, el Tribunal se limitó a afirmar que la sola lectura

---

1041 Cfr. Díaz de Terán Velasco, M.C., *Derecho y nueva eugenesia: un estudio desde la ley 35/88, de 22 de noviembre de técnicas de reproducción asistida*, *op. cit.*, p. 247.

1042 *Ibidem.*

1043 Como pone de manifiesto C. De Diego Lora al comentar la STCE 116/1999, de 17 de junio, el TCE realiza en este sentido una aportación "original" e "inédita" hasta ese momento, puesto que "mediante tal postura (afirmar que los preembriones *in vitro* no gozan de una protección equiparable a los que ya han sido transferidos al útero materno) el Tribunal Constitucional niega que la Constitución Española proteja toda vida humana por sí misma, sino solo a partir de encontrarse en el útero de la mujer, distinción que, desde luego, no está en la Constitución" (De Diego Lora, C., *Observaciones críticas a la STCE del Tribunal Constitucional 116/1999, de 17 de junio sobre técnicas de reproducción asistida*, Publicación *on line*, Instituto Martín de Azpilcueta, Universidad de Navarra).

de dicho artículo 13 era suficiente para desechar que bajo su amparo se permitieran intervenciones distintas a las terapéuticas[1044].

En consecuencia, si con la STCE 53/1985 la vida humana era considerada, una vez generada, un *continuum*, "un *tertium* existencial con posibles cambios cualitativos futuros"[1045], con la STCE 116/1999, el criterio cambió. La vida aparece como una realidad ya no continua, sino discontinua. Ciertamente, se produce "un cambio de escenario en lo que al futuro del embrión se refiere, con inevitables consecuencias éticas"[1046]. El principal fue la consideración de la no existencia de vida humana hasta el día 14 después de haberse fecundado el embrión *in vitro*. Dicha desprotección otorgaba plena legitimidad a que, durante ese período, se pudieran llevar a cabo todo tipo de prácticas instrumentalizadoras del embrión humano: experimentación, investigación, crioconservación o incluso eliminación de embriones. El argumento de fondo era que, dado que la vida humana no comenzaba propiamente hasta el día 14, no estábamos frente a seres humanos, sino ante una realidad diferente, los *preembriones*[1047]. De esta manera se produjo "(...) una indebida distinción entre preembriones y embriones propiamente dichos, que conduce a un distinto "*status*" jurídico, claramente insuficiente desde el punto de vista de la exigencia constitucional de un "sistema legal para la defensa de la vida que suponga la protección efectiva de la misma (...)"[1048].

En definitiva, y por las razones que se han ido exponiendo a lo largo de este capítulo, se considera que la STCE 116/1999 llevó a cabo un enjuiciamiento de la LTRA no acorde con el sentido de la

---

1044 STCE 116/1999, *op.cit.*, Fundamento Jurídico número 12, p. 75.

1045 STCE 53/1985, *op.cit.*, Fundamento Jurídico número 5, p. 18.

1046 Ollero Tassara, A., *Biodercho: entre la vida y la muerte*, *op. cit.*, p. 26.

1047 Tal y como aparece recogido en la Exposición de Motivos de la Ley 35/1988, de 22 de noviembre, en la que se regulaba lo referente a las Técnicas de Reproducción Asistida, en BOE núm. 282, de 24 de noviembre de 1988, p. 33373. [consultado 23 julio 2016]. Disponible en: Disponible en: http://www.boe.es/boe/dias/1988/11/24/pdfs/A3337333378.pdf#page=1&zoom=auto,702,0

1048 STCE 116/1999, *op.cit.*, Fundamento Jurídico número 12, p. 75.

Constitución y la Jurisprudencia constitucional española en lo que respeta a la protección de la vida humana naciente[1049].

[1049] Cfr. DÍAZ DE TERÁN VELASCO, M.C., *Derecho y nueva eugenesia: un estudio desde la ley 35/88, de 22 de noviembre de técnicas de reproducción asistida*, *op. cit.*, p. 250.

BIBLIOGRAFÍA

ABELLÁN, F., *Libertad de conciencia y salud: Guía de casos prácticos*, Comares, Granada, 2008.

AGULLES SIMÓ, P., *La objeción de conciencia farmacéutica en España*, Edizioni Università Santa Croce, Roma, 2006.

ALARCOS MARTÍNEZ, F. J., *Objeción de conciencia y sanidad*, Comares, Granada, 2011.

ALBERT MÁRQUEZ, M., *Derecho y valor: Una filosofía jurídica fenomenológica*, Encuentro, Córdoba: Universidad; Madrid, 2004.

— *Libertad de conciencia: conflictos biojurídicos en las sociedades multiculturales*, Asociación Española de Bioética y Ética Médica, Murcia, 2010.

— "El caso Brüstle v. Greenpeace y el final de la discriminación de los embriones preimplantatorios", en *Cuadernos de Bioética*, XXIV/3, (2013).

— *Libertad de conciencia: el derecho a la búsqueda personal de la verdad*, Ediciones Palabra, Madrid, 2015.

ALEXY, R., "La fórmula de peso", en *El principio de proporcionalidad y la interpretación constitucional*, CARBONELL, M. (ed.), Ministerio de Justicia y Derechos Humanos, Quito, 2008.

ÁLVAREZ CONDE, E., *Curso de derecho constitucional*, segunda edición, Tecnos, Madrid, 1996.

ALVEAR TÉLLEZ, J., *La libertad moderna de conciencia y de religión: El problema de su fundamento*, Marcial Pons, Madrid, 2013.

APARISI MIRALLES, A., *Ética y deontología para juristas*, EUNSA, Pamplona, 2006.

— *Deontología profesional del abogado*, Tirant lo Blanch, Valencia, 2013.

— "Persona y género: Ideología y realidad", en APARISI MIRALLES, A. (coord.), *Persona y Género*, Arazandi, Cizur Menor, 2011.

— *Biotecnología, dignidad y derecho: bases para un diálogo* (ed.), EUNSA, Pamplona, 2004.

— *Ciudadanía y persona en la era de la globalización* (ed.), Comares, Granada, 2007.

— *Persona y Género* (ed.), Aranzadi, Cizur Menor, 2011.

— *Estudios sobre Género y Derecho. Hacia un modelo de la igualdad en la diferencia* (ed.), Thomson-Aranzadi, Cizur Menor, 2016.

— "El significado del principio de la dignidad humana: un análisis desde la ley 41/2002 sobre derechos de los pacientes" en LEÓN, P. (edit.), *La ley 41/2002 y la implantación de los derechos del paciente*, EUNSA, Pamplona, 2003.

— "Persona y dignidad ontológica", en J.J. MEGÍAS QUIRÓS (coord.), *Manual de Derechos Humanos*, Aranzadi, Pamplona, 2006.

— "Derecho y vida humana en la sociedad contemporánea", en MOLINA, E. Y PARDO, J.M. (eds.), *Sociedad contemporánea y cultura de la vida. Presente y futuro de la bioética*, EUNSA, Pamplona, 2006.

— "Human cloning and human dignity", en WEISSTUB, D. N. Y DIAZ PINTOS, G. (Eds.), *Autonomy and Human Rights in Health Care. An International Perspective*, Series International Library of Ethics, Law, and the New Medicine , Vol. 36, 2007.

— "Fundamentos filosófico-jurídicos del bioderecho", en MEDINA, D., ALBERT, J.J. (coord.), *Bioética y Bioderecho*, Seminario de Filosofía del Derecho, Córdoba, 2009.

— "El derecho a la identidad personal", en ROMEO CASABONA, C. M. (Dir.) *Enciclopedia de Bioderecho y Bioética*, Catedra Interuniversitaria de Derecho y Genoma Humano, Comares, 2011.

— "El derecho a la salud de la mujer en las tecnologías reproductivas", en *Actas de las Jornadas Interdisciplinares de Estudios de la Mujer*, Cátedra de Estudios Teresa Gallifa, Universidad Católica de Valencia, 2009.

— "En torno al principio de la dignidad humana", en MONTOYA RIVERO, V.M. (coord.) *Vida humana y Aborto. Ciencia, filosofía, bioética y derecho*, Porrua, 2009.

— "Implicaciones para el derecho a la vida y a la salud de las nuevas tecnologías reproductivas" en GERMÁN, R (Ed.), *La desprotección del no nacido en el siglo XXI*, Madrid, Ediciones Internacionales Universitarias, 2012.

— "Derechos humanos y objeción de conciencia", en CASAS MARTÍNEZ, M.L (ed.), *Los confines de la Bioética*, Volumen 1, Colección Centro Interdisciplinario de Bioética de la Universidad Panamericana, Mexico D.F., 2014.

— "La objeción de conciencia en el contexto de los derechos fundamentales", en VVAA, *Filosofía práctica y Derecho. Estudios sobre teoría jurídica contemporánea a partir de las ideas de Carlos Ignacio Massini Correas*, Instituto de Investigaciones Jurídicas, Serie Doctrina Jurídica, núm. 776, Universidad Nacional Autónoma de México, México, 2016.

— "El derecho a la objeción de conciencia en el supuesto de aborto", *Biomedicina*, Vol IV/1 (2009), Universidad de Montevideo, Centro de Ciencias Biomédicas, Montevideo, Uruguay.

— "Objeción de conciencia y aborto", en *Revista Eletrônica Trimestral Âmbito Jurídico,* 9, Brasil, 2011.

— "El principio de la dignidad humana como fundamento de un bioderecho global", en *Cuadernos de Bioética,* Vol. XXIV/2 (2013).

Aparisi, A., Castilla de Cortázar, B., y Miranda, M., *Los discursos sobre el género, Algunas influencias en el ordenamiento jurídico español,* Tirant lo Blanch, Valencia, 2017.

Aparisi Miralles, A., Díaz de Terán Velasco, M. C., (coords.) *Pluralismo cultural y democracia*, Aranzadi, D.L, Cizur Menor (Navarra), 2009.

Aparisi Miralles, Á., López Guzmán, J., *La píldora del día siguiente: aspectos farmacológicos, éticos y jurídicos*, Sekotia, D.L, Madrid, 2002.

— "El derecho a la objeción de conciencia en el supuesto del aborto: de la fundamentación filosófico-jurídica a su reconocimiento legal", en *Revista Persona y Bioética*, vol. 10/1 (2006).

Asensio Sánchez, M. Á., Llamazares Fernández, D., *La patria potestad y la libertad de conciencia del menor: El interés del menor a la libre formación de su conciencia*, Tecnos, Madrid, 2006.

Aznar Lucea, J., *La vida humana naciente: 200 preguntas y respuestas*, Biblioteca de Autores Cristianos, Madrid, 2007.

Ballesteros, J. (coord.), Aparisi Miralles, Á., *et al.*, *La humanidad in vitro*, Comares, Granada, 2002.

— "Exigencias de la dignidad humana en la biojurídica" en *Biotecnología, dignidad y derecho: Bases para un diálogo*, EUNSA, Pamplona, 2004.

Ballesteros, J., Fernández, E., *Biotecnología y posthumanismo*, Aranzadi-Thomson, Cizur Menor, 2007.

Barbero, D., *Sistema del derecho privado*, vol. I, Editorial Jurídicas Europa - América, Buenos Aires, 1967.

Barrero Ortega, A., *La libertad religiosa en España*, Centro de Estudios Políticos y Constitucionales, Madrid, 2006.

Bellini, P., *Teoria e prassi delle libertà di religione*, Il Mulino, Bologna, 1975.

Benda, E., López Pina, A., Hesse, K. y García Herrera, M. A., *Manual de derecho constitucional*, Marcial Pons, Ediciones Jurídicas y Sociales, Madrid, 20012.

Berlingo, S., *L'ultimo diritto: Tensioni escatologiche nell'ordine dei sistemi*, Giappichelli, Torino, 1998.

Bernal Pulido, C., *El principio de proporcionalidad y los derechos fundamentales: El principio de proporcionalidad como criterio para determinar el contenido de los derechos fundamentales vinculante para el legislador*, Centro de Estudios Políticos y Constitucionales, Madrid, 20073.

Bernales Ballesteros, E., *La Constitución Política del Perú*, Constitución y Sociedad ICS, Lima, 1996.

Bertolino, R., *Il nuovo diritto ecclesiale tra coscienza dell'uomo e istituzione: Saggi di diritto costituzionale canonico*, Giappichelli, Torino, 1989.

— "*L'obiezione* di coscienza", en *La objeción de conciencia en el derecho español e italiano*, Jornadas celebradas en Murcia, los dias 12 al 14 de abril de 1989, Universidad, Murcia, 1990.

— *L'obiezione di coscienza moderna: per una fondazione costituzionale del diritto di obiezione*, Giappichelli, Torino, 1994.

Bompiani, A., *Genetica e medicina prenatale: Aspetti clinici, bioetici e giuridici*, Edizioni scientifiche italiane, Napoli, 1999.

Botta, R., *L'obiezione di coscienza tra tutela della libertà e disgregazione dello stato democratico: Atti del convegno di studi: Modena, 30 novembre -1 dicembre 1990*, A. Giuffrè, Milano, 1991.

Manuale di diritto ecclesiastico: Valori religiosi e società civile, Giappichelli, Torino, 1994.

Campo y Cervera, I., *Los derechos de las personas con discapacidad: Perspectivas sociales, políticas, jurídicas y filosóficas*, Dykinson, S.L., Madrid, 2004.

Camps, V., *Una vida de calidad: Reflexiones sobre bioética*, Ares y Mares, Barcelona, 2001.

Cañal, F., "Perspectiva jurídica de la objeción de conciencia del personal sanitario", en *Cuadernos de Bioética*, 19 (1994).

Capodiferro Cubero, D., *La objeción de conciencia: Estructura y pautas de ponderación*, J.M. Bosch, Barcelona, 2013.

Castillo Córdova, L., "Persona Humana y Derechos Humanos", en AA.VV. *Sesenta años de la Declaración Universal de los Derechos Humanos*, Editora USAT, Lambayeque, 2008.

Castro Jover, A. (ed.), *Derecho de familia y libertad de conciencia en los países de la Unión Europea y el derecho comparado: actas del IX Congreso Internacional de Derecho Eclesiástico del Estado [celebrado en San Sebastián del 1 al 3 de junio de 2000]*, Servicio editorial de la Universidad del País Vasco, Bilbao, 2001.

Castro Jover, A., Acedo García, S., *El derecho de la libertad de conciencia en la praxis jurisprudencial*, Universidad Pública de Navarra, Navarra, 2005.

Cattelain, J., Bas, D, D., *La objeción de conciencia*, Oikos-Tau, Barcelona, 1973.

Cejudo Córdoba, R., *Libertad y calidad de vida: Capacidades para el desarrollo humano*, Asociación de Estudios de Ciencias Sociales y Humanidades, Córdoba, Diputación de Córdoba, Delegación de Cultura; Montilla, 2008.

Celador Angón, O., *Libertad de conciencia y Europa: Un estudio sobre las tradiciones constitucionales comunes y el Convenio Europeo de Derechos*

Humanos, Dykinson, Cátedra de Laicidad y Libertades Públicas Fernando de los Ríos, Madrid, 2011.

Cianciardo, J., "La especificación del derecho a la vida del no nacido en el sistema interamericano de derechos humanos. Una aproximación desde el caso "Artavia Murillo", en *Díkaion* 25/2 (2016).

— *El principio de razonabilidad. Del debido proceso sustantivo al moderno juicio de proporcionalidad*, Ábaco, Buenos Aires, 2009.

— "La jerarquización de los derechos" en *Revista de derecho*, 14 (2008).

— *El principio de razonabilidad. Del debido proceso sustantivo al moderno juicio de proporcionalidad*, , Ábaco de Rodolfo Depalma, Buenos Aires 2004.

— *El conflictivismo de los derechos fundamentales*, EUNSA, Pamplona, 2002.

— "Los límites de los derechos fundamentales", en *Díkaion* 10, (2001).

— *El conflictivismo en los derechos fundamentales*, Pamplona, EUNSA, 2000.

Chueca, R., *Dignidad humana y derecho fundamental*, Centro de Estudios Políticos y Constitucionales, Madrid, 2015.

— "La marginalidad jurídica de la dignidad humana" en *Dignidad humana y derecho fundamental*, Centro de Estudios Políticos y Constitucionales, Madrid, 2015.

D'Agostino, F., "Obiezione di coscienza e verità del diritto tra moderno e postmoderno", en *Quaderni di diritto e politica ecclesiastica*, Università degli Studi di Parma, Istituto di Diritto Pubblico, Tomo 2, CEDAM, Padova, 1989.

— "Dignidad humana, tema bioético" en González González, A. M; Postigo Solana, E; Aulestiarte Jiménez S., (eds), *Vivir y morir con dignidad: temas fundamentales de bioética en una sociedad plural*, EUNSA, Pamplona, 2002.

— "La Bioética, las Biotecnologías y el problema de la identidad de la persona", en Jouve, N., Gerez, G. y Saz, J.M. (coords.), *Genoma Humano y Clonación: perspectivas e interrogantes sobre el hombre*, , Aula Abierta, 21, Universidad de Alcalá, Alcalá de Henares, 2003

Dalmau Lliso, J. C., *La objeción fiscal a los gastos militares*, Tecnos, Madrid, 1996.

El derecho a la objeción de conciencia en el supuesto del aborto: de la fundamentación filosófico-jurídica a su reconocimiento legal, Centro de Ciencias Biomédicas de la Universidad de Montevideo, 2009.

Di Pietro, M. L., *Obiezione di coscienza in sanita: Nuove problematiche per l'etica e per il diritto*, Cantagalli, Siena, 2005.

De Lora, P., Gascón, M., *Bioética: principios, desafíos, debates*, Alianza, Madrid, 2008.

Díaz de Terán Velasco, M. C., *Derecho y nueva eugenesia: Un estudio desde la ley 35/88, de 22 de noviembre de técnicas de reproducción asistida*, EUNSA, Pamplona, 2005.

Diez muñoz, o., "La vida del concebido ante el Tribunal Constitucional. Comentario a la Sentencia 02005-2009-PA/TC sobre la Píldora del día siguiente" en VVAA., *La persona en el Derecho Peruano: Un análisis jurídico contemporáneo* (Libro homenaje a Carlos Fernández Sessarego), Universidad Católica Santo Toribio de Mogrovejo, Chiclayo, 2010.

Díez-Picazo, L. M., "Notas sobre la renuncia a los derechos fundamentales", en *Persona y Derecho*, 45 (2001).

Díez-Picazo, L. M., Gullón Ballesteros, A., *Sistema de Derecho Civil*, (vol. 1), Civitas, Madrid, 1994.

Durany Pich, I., *Objeciones de conciencia*, Instituto Martín de Azpilcueta, Pamplona, 1998.

Dworkin, R., *La democracia posible: principios para un nuevo debate político*, Paidós, Barcelona, 2008.

Elósegui Itxaso, M., *El concepto jurisprudencial de acomodamiento razonable: el Tribunal Supremo de Canadá y el Tribunal Europeo de Derechos Humanos ante la gestión de la diversidad cultural y religiosa en el espacio público*, Aranzadi, Cizur Menor (Navarra), 2013.

Engelhardt, H.T., *Los fundamentos de la bioética*, Paidós, Barcelona, 1995.

Escobar Roca, G., *La objeción de conciencia en la Constitución Española*, Centro de Estudios Constitucionales, Madrid, 1993.

Espín, E., "Libertad ideológica y religiosa", en *Derecho Constitucional*, López Guerra, L. (coord.), vol. 1, Tirant lo Blanch, Valencia, 19973.

Esteban, J. d., González Trevijano, P. J., *Curso de derecho constitucional español*, Servicio de Publicaciones de la Facultad de Derecho de la Universidad Complutense, Madrid, 1993.

Evans, M. D., *Religious Liberty and International Law in Europa*, Cambridge University Press, Cambridge, 1997.

Falcón y Tella, M. J., "Objeción de conciencia y desobediencia civil: similitudes y diferencias", en *Anuario de Derechos Humanos de la Universidad Complutense*, Nueva Época, Madrid, 10/1 (2009).

Fernández Segado, F., *El sistema constitucional español*, Dykinson, Madrid, 1992.

Ferrari, S., Scovazzi, T. (a cura di), *La tutela della libertà di religione*, CEDAM, Padova, 1988.

Finance, J. D., Loma, A., *Ensayo sobre el obrar humano*, Gredos, D.L, Madrid, 1966.

Finnis, J. M., *Ley natural y derechos naturales*, Abeledo-Perrot, Buenos Aires, 2000.

FLORES MENDOZA, F., *La objeción de conciencia en derecho penal*, Comares, Granada, 2001.

GARCÍA HERVÁS, D., COMBALÍA SOLÍS, Z., *Manual de derecho eclesiástico del estado*, Colex, Madrid, 1997.

GARCÍA HERRERA, M. A., *La objeción de conciencia en materia de aborto*, Servicio Central de Publicaciones del Gobierno Vasco, Vitoria, 1991.

GARRIDO FALLA, F., *Comentarios a la constitución*, Civitas, Madrid, 19852.

GARRIDO GALLARDO, M. A. (ed.), *et al.*, *El respeto político a la creencia: Laicidad y laicismo*, Rialp, Madrid, 2011.

GARRIDO GÓMEZ, M. I., BARRANCO AVILÉS, M. del C., *Libertad ideológica y objeción de conciencia: Pluralismo y valores en derecho y educación*, Dykinson, Madrid, 2011.

GASCÓN ABELLÁN, M., *Obediencia al Derecho y objeción de conciencia*, Centro de Estudios Constitucionales, Madrid, 1990.

GÓMEZ ABEJA, L., *Las objeciones de conciencia*, Centro de estudios políticos y constitucionales, Madrid, 2016.

GONZÁLEZ, A., "¿Hacia una Bioética Latina? A propósito de la sentencia del 29 Juzgado Civil de Lima sobre la píldora del día siguiente", en *Diálogo con la Jurisprudencia. Actualidad, Análisis y Crítica Jurisprudencial*, N° 86 (2005).

GONZÁLEZ MANTILLA, G., *La consideración jurídica del embrión in vitro*, Fondo Editorial de la Pontificia Universidad Católica del Perú, Lima, 1996.

GONZÁLEZ MORENO, B., "La regulación legal de las opciones de conciencia y la LOLR", en *Revista General de Derecho Canónico y Derecho Eclesiástico del Estado*, 19 (2009)

GONZÁLEZ PÉREZ, J., *La dignidad de la persona*, Civitas, Madrid, 1986.

GONZÁLEZ-VARAS IBÁÑEZ, A., *Derecho y conciencia en las profesiones sanitarias*, Dykinson, Madrid, 2009.

— "Objeción de conciencia al tratamiento psicológico de homosexuales", en *Revista General de Derecho Canónico y Derecho Eclesiástico del Estado*, 32 (2013).

GORMALLY, L., *The dependent elderly: Autonomy, justice, and quality of care*, Cambridge, Cambridge University Press, New York, Oakleigh, 1992.

GRACIA GUILLÉN, D., *Ética de la calidad de vida*, Fundación Santa María, D.L., Madrid, 1984.

GROS ESPIELL, H., *Héctor gros espiell amicorum liber: Persona humana y derecho internacional = personne humaine et droit international = human person and international law*, Bruylant, Bruxelles, 1997.

GUITARTE IZQUIERDO, V., ESCRIVÁ IVARS, J. (eds.), *La objeción de conciencia: actas del VI Congreso Internacional de Derecho Eclesiástico del Estado (Valencia 28-30 mayo 1992)*, Consejo General del Poder Judicial, Madrid, 1993.

Gutiérrez Carreras, P. F., *Conciencia y objeción de conciencia en Benedicto XVI*, Palabra, D.L., Madrid, 2010.

Hera, A. D. L., Martínez de Codes, R. M. (coords.), *Proyección nacional e internacional de la libertad religiosa*, Ministerio de Justicia, Dirección General de Asuntos Religiosos, Madrid, 2001.

— *Encuentro sobre dignidad humana y libertad religiosa*, Secretaría General Técnica del Ministerio de Justicia, Madrid, 2000.

Herrera, C., *Aproximación a los fundamentos científicos y filosóficos del iusnaturalismo realista de Javier Hervada,* EUNSA, Pamplona, 2016.

Hervada, J., *Lecciones propedéuticas de filosofía del derecho*, EUNSA, Pamplona, 2008.

— "Libertad de conciencia y error sobre la moralidad de una terapéutica", en *Escritos de Derecho Natural*, EUNSA, Pamplona, 2013.

— *Temas de filosofía del derecho,* EUNSA, Pamplona, 2012

— *Síntesis de historia de la ciencia del derecho natural,* EUNSA, Pamplona, 2006.

— *¿Qué es el derecho?: la moderna respuesta del realismo jurídico*, EUNSA, Pamplona, 2002.

— *Introducción crítica al derecho natural*, EUNSA, Pamplona, 1981.

Horan, M., "Treating and feeding the debilitated elderly", en *The dependent elderly: autonomy, justice, and quality of care*, Gormally, L (Editor), Cambridge, Cambridge University Press, 1992, pp. 16-17.

Hoyos Castañeda, I. M., *El concepto jurídico de persona*, EUNSA, Pamplona, 1989.

Ibán, I. C., "Grupos confesionales atípicos en el Derecho eclesiástico español vigente", en Maldonado y Fernández Del Toco, J. *et. al.* (coords.), *Estudios de Derecho Canónico y de Derecho Eclesiástico, en homenaje al Profesor Maldonado*, Universidad Complutense, Madrid, 1983.

Ibán, I. C. (coord.), Martines, T. y Peces-Barba, G., *et al.*, *Libertad y derecho fundamental de libertad religiosa*, (Arcos de la Frontera 1 y 2 de febrero de 1989), Editoriales de Derecho Reunidas, Madrid, 1989.

Ibán, I. C., Prieto Sanchís, L. y Motilla, A., *Curso de derecho eclesiástico*, Universidad Complutense, Facultad de Derecho, Servicio de Publicaciones, Madrid, 1991.

— *Manual de Derecho Eclesiástico,* Trotta, Madrid, 2004.

Jacobs, F.G., White, R.C.A., *The European Convention on Human Right*, Oxford University Press, Oxford, 2006.

Jouve, N., *El manantial de la vida: Genes y bioética*, Encuentro, D.L, Madrid, 2012.

Jouve, N., Vila-Coro Barrachina, M. D., *Explorando los genes: Del big-bang a la nueva biología*, Encuentro, Madrid, 2008.

Juan Pablo II, *Carta a las familias*, Palabra, Madrid, 1994.

KANT, I., *Fundamentación de la metafísica de las costumbres: Filosofía moral*, Real Sociedad Económica Matritense de Amigos del País, Madrid, 1992.

KELSEN, H., *Teoría pura del derecho*, Universidad Nacional Autónoma de México, Instituto de Investigaciones Jurídicas UNAM, México, 19862.

LACADENA, J., *La naturaleza genética del hombre: Consideraciones en torno al aborto*, Editorial Cuenta y Razón, Madrid, 1983.

LAFFITTE, J., *Laicidad y libertades: Escritos jurídicos*, Facultad de Derecho de la Universidad Complutense, Madrid, 2000.

LARICCIA, S., *Coscienza e libertà: Profili costituzionali del diritto ecclesiastico italiano*, Il Mulino, Bologna, 1989.

LASSONDE, L., *Los desafíos de la demografía. ¿Qué calidad de vida habrá en el siglo XXI?*, Universidad Nacional Autónoma de México, México D.F., 1997.

LEJEUNE, J., *¿Qué es el embrión humano?*, Rialp, Madrid, 1993.

LEYRA CURIÁ, S., *Participación política de la sociedad civil y objeción de conciencia al aborto*, Tesis doctoral, UCM, 2011.

LLAMAZARES CALZADILLA, M. C., *Las libertades de expresión e información como garantía del pluralismo democrático*, Civitas, Madrid, 1999.

— "¿Legislar sobre conciencia?", en FERNÁNDEZ-CORONADO, A., *et al.* (coords.), *Libertad de conciencia, laicidad y derecho: liber discipulorum en homenaje al Prof. Dr. Dionisio Llamazares Fernández* Civitas-Thomson Reuters, Cizur Menor (Navarra), 2014.

LLAMAZARES FERNÁNDEZ, D., *Derecho de la libertad de conciencia*, Civitas, Madrid, 1999.

— *Derecho de la libertad de conciencia. I, Libertad de conciencia y laicidad*, Civitas, Madrid, 20022.

— *Derecho de la libertad de conciencia. II, Libertad de conciencia, identidad personal y derecho de asociación*, Civitas, Madrid, 20032.

— *Derecho de la libertad de conciencia. II, Libertad de conciencia, identidad personal y solidaridad*, Cizur Menor, Thomson/Civitas, 20073.

LLAMAZARES FERNÁNDEZ, D., FERNÁNDEZ-CORONADO, A., *et al.* (coords.), *Libertad de conciencia, laicidad y derecho: liber discipulorum: en homenaje al Prof. Dr. Dionisio Llamazares Fernández*, Civitas: Thomson Reuters, Cizur Menor (Navarra), 2014.

LOCKE, J., *Ensayos sobre el entendimiento humano*, RBA Coleccionables, Barcelona, 2002.

LOMBARDÍA, P., *Las relaciones entre la iglesia y el estado: Estudios en memoria del Profesor Pedro Lombardía*, Universidad Complutense, Madrid, 1989.

LONDOÑO, M., ACOSTA, J., "La protección internacional de la objeción de conciencia: análisis comparado entre sistemas de derechos humanos y perspectivas en el Sistema Interamericano", en *Anuario Colombiano de Derecho Internacional*, 9 (2016).

López Guzmán, J., *Objeción de conciencia farmacéutica*, Ediciones Internacionales Universitarias, Barcelona, 1997.

— "El estatuto biológico del embrión", en Ballesteros, J. (coord.), *La humanidad in vitro*, Comares, Granada, 2002.

— *¿Qué es la objeción de conciencia?*, EUNSA, Pamplona, 2011.

— *Integridad en el ámbito profesional sanitario*, Comares, Granada, 2016.

Lucas Lucas, R., *Antropología y problemas bioéticos*, Biblioteca de Autores Cristianos, Madrid, 2001.

— "Natura e liberta", en Lucas Lucas, R; Ales Bello, Á, (Coords), *Veritatis splendor: Testo integra e Commento filosofico-teologico temático*, , San Paolo, Milano, 1994

Lucas Lucas, R., Vial Correa, J. de Dios, Sgreccia, E. y Juan P.II, *Comentario interdisciplinar a la "evangelium vitae"*, Biblioteca de Autores Cristianos, Madrid, 1996.

Luria, S. E. y Masó, S., *La vida, experimento inacabado*, Alianza Editorial, Madrid, 1975.

Maclure, J., Taylor, C., M., *Laicidad y libertad de conciencia*, Alianza Editorial, Madrid, 2011.

Maldonado y Fernández Del Toco, J., *Estudios de derecho canónico y derecho eclesiástico en homenaje al Profesor Maldonado*, Universidad Complutense, Madrid, 1983.

Mantecón Sancho, J., *El derecho fundamental de libertad religiosa: textos, comentarios y bibliografía*, EUNSA, Pamplona, 1996.

Martín de Agar, J., "Problemas jurídicos de la objeción de conciencia", en *Scripta Theologica*, 27 (1995).

Martín Sánchez, I., *Libertad de conciencia y derecho sanitario en España y Latinoamérica*, Comares, Granada, 2010.

— *Libertad religiosa y derecho sanitario*, Fundacion Universitaria Española, Madrid, 2007.

— "El derecho a la formación de la conciencia y sus garantías constitucionales en el ordenamiento jurídico español", en *Il Diritto ecclesiastico*, (2), Giuffrè, Milano, 1999.

— *El derecho a la formación de la conciencia y su tutela penal*, Tirant lo Blanch, Valencia, 2000.

— "Las libertades de pensamiento, de conciencia y de religión en el ordenamiento jurídico internacional", en De la Hera A. y Martínez de Codes, R.M. (coords.), *Proyección nacional e internacional de la libertad religiosa*, Ministerio de Justicia, Dirección General de Asuntos Religiosos, Madrid, 2001.

— *La recepción por el Tribunal Constitucional Español de la jurisprudencia sobre el Convenio Europeo de Derechos Humanos respecto de las libertades de conciencia, religiosa y de enseñanza*, Comares, Granada, 2002.

MARTÍNEZ LEÓN, M., *La objeción de conciencia de los profesionales sanitarios en la ética y deontología,* Asociación Española de Bioética y Ética Médica, AEBI, 2010.

MARTÍNEZ SOSPEDRA, M., *Libertades públicas*, Fundación Universitaria San Pablo C.E.U, Valencia, 1993.

MARTÍNEZ-TORRÓN, J., "Las objeciones de conciencia en la jurisprudencia del Tribunal Supremo norteamericano", en *Anuario de Derechos Eclesiástico del Estado*, I (1985).

— "El derecho a la libertad religiosa en la jurisprudencia en torno al Convenio Europeo de Derechos Humanos", en *Anuario de Derechos Eclesiástico del Estado*, II (1986).

— "Las objeciones de conciencia y los intereses generales del ordenamiento", en GUITARTE IZQUIERDO, V., ESCRIVÁ IVARS, J. (eds.), *La objeción de conciencia: actas del VI Congreso Internacional de Derecho Eclesiástico del Estado (Valencia 28-30 mayo 1992)*, Consejo General del Poder Judicial, Madrid, 1993.

— "La protección internacional de la libertad religiosa", en *Tratado de Derecho eclesiástico*, EUNSA, Pamplona, 1994.

— "El objeto del Derecho eclesiástico", en *Anuario de Derecho eclesiástico del Estado*, XI (1995).

— "Las objeciones de conciencia en el derecho internacional y comparado", en *Objeción de conciencia y función pública*, Estudios de Derecho Judicial, Madrid, 2007.

MARTÍNEZ-TORRÓN, J., MESEGUER VELASCO, S. y PALOMINO LOZANO, R., *Religión, matrimonio y derecho ante el siglo XXI: Estudios en homenaje al Profesor Rafael Navarro-Valls*, Iustel, Madrid, 2013.

MARZOA, A., "Libertad de pensamiento: Relativismo o dignidad de la persona", en *Revista Persona y Derecho*, 11 (1984).

MASSINI CORREAS, C. I., SERNA, P. y FINNIS, J. M., *El derecho a la vida,* EUNSA, Pamplona, 1998.

MASSINI CORREAS, "El derecho a la vida en la sistemática de los derechos humanos" en MASSINI CORREAS, C. I., SERNA, P. y FINNIS, J. M. (eds.), *El derecho a la vida*, , EUNSA, Pamplona, 1998.

MEGÍAS, J. J., Dignidad y derechos humanos", en MARTÍNEZ MORÁN, N., MARCOS DEL CANO, A. M y JUNQUERA DE ESTÉFANI, R (coords.), *Derechos humanos: problemas actuales: estudios en homenaje al profesor Benito de Castro Cid*, Vol. 1, 2013.

— "Derecho natural y naturalismo jurídico", en ELÓSEGUI, M Y GALINDO, F. (coords.), *El pensamiento jurídico: pasado, presente y perspectiva: libro homenaje al prof. Juan José Gil Cremades*, Zaragoza, 2008.

— "Dignidad, Universalidad y Derechos Humanos", en *Anuario de Filosofía del Derecho* 22 (2005).

Melina, L., *El embrión humano: estatuto biológico, antropológico y jurídico*, Rialp, Madrid, 2000.

Millán Puelles, A., *Persona humana y justicia social*, Rialp, Madrid, 1978.

Millán Puelles, A. y Rodríguez Rosado, J. J., *Sobre el hombre y la sociedad*, Rialp, Madrid, 1976.

Montes Penades, V. L, "El significado institucional de la idea de persona", en López, A. y Montes V. L. (coord.), *Derecho civil. Parte general*, Tirant lo Blanch, Valencia, 1995

Moreno Rangel, C. U., *La objeción de conciencia y su aplicación al supuesto de aborto*, Dykinson, Madrid, 2010.

Morviducci, C., "La protezione della libertà religiosa nel sistema del Consiglio D'Europa", en Ferrari, S., Scovazzi, T. (coord.), *La tutela della libertà di religione*, CEDAM, Padova, 1988.

Mosquera Monelos, S. M., *El derecho de libertad de conciencia y de religión en el ordenamiento jurídico peruano*, Palestra Editores: Universidad de Piura, Lima, 2005.

Motilla, A., *Tolerancia y objeción de conciencia en el estado democrático: Actas del V congreso interuniversitario de derecho eclesiástico para estudiantes (Alcalá de Henares, 18 a 21 de abril de 1996)*, Servicio de publicaciones de la Universidad de Alcalá, Alcalá de Henares, 1998.

— "Breves notas en torno a la libertad religiosa en el Estado promocional contemporáneo", en VVAA., *Libertad y derecho fundamental de libertad religiosa*, (Arcos de la Frontera 1 y 2 de febrero de 1989), Editoriales de Derecho Reunidas, Madrid, 1989.

Muguerza, J. y Peces-Barba, G., *El fundamento de los derechos humanos*, Debate, Madrid, 1989.

Navarro Floria, J. G. y Gelli, M. A., *El derecho a la objeción de conciencia*, Prólogo de M. A. Gelli, Abaco de Rodolfo Depalma, Buenos Aires, 2004.

Navarro-Valls, R., Martínez-Torrón, J., *Conflictos entre conciencia y ley: las objeciones de conciencia*, IUSTEL, Madrid, 20122.

— Las objeciones de *conciencia en el Derecho español y comparado*, McGraw Hill, Madrid, 1997.

Nussbaum, M. C., *Liberty of Conscience: in defense of America's tradition of religious equality*, Basic Books, New York, 2008.

— *Libertad de conciencia: en defensa de la tradición estadounidense de igualdad religiosa*, Tusquets, Barcelona, 2009.

— *Libertad de conciencia: el ataque a la igualdad de respeto*, Katz: Madrid, CCCB: Barcelona, 2011.

NUSSBAUM, M. C., SEN, A. K. (comps.), *La calidad de vida*, Fondo de Cultura Económica, México, 1998.

OLLERO TASSARA, A., *Derechos humanos y metodología jurídica*, Centro de Estudios Constitucionales, Madrid, 1989.

— *¿Tiene razón el derecho?: Entre método científico y voluntad política*, Congreso de los Diputados, Madrid, 2006.

— *Bioderecho: Entre la vida y la muerte*, Thomson-Aranzadi, Cizur Menor, 2006.

— *Un estado laico: La libertad religiosa en perspectiva constitucional*, Aranzadi, Cizur Menor, 2009.

— *Laicidad y laicismo*, Universidad Nacional Autónoma de México, México, 2010.

— *Religión, racionalidad y política*, Comares, Granada, 2013.

OLLERO TASSARA, A. y HERMIDA DEL LLANO, C. (coords.), *La libertad religiosa en España y en el derecho comparado*, Iustel, Madrid, 2012.

— *Derecho y moral: una relación desnaturalizada*, Fundación Coloquio Jurídico Europeo, Madrid, 2012.

PACHECO ZERGA, L., *La dignidad humana en el derecho del trabajo*, Thomson Civitas, Cizur Menor, 2007.

PALAZZANI, L., *Il concetto di persona tra bioetica e diritto*, Torino, Giappichelli, 1996.

PALOMINO, R., *La objeción de conciencia*, Prólogo de R. Navarro-Valls, Montecorvo, Madrid, 1994.

— "Nuevos supuestos y formas de objeción de conciencia en los Estados Unidos de Norteamérica", en *Revista General de Derecho Canónico y Derecho Eclesiástico del Estado*, 15 (2007).

PARFIT, D., *Reasons and persons*, University Press, Oxford, 1984. Trad. *Razones y personas*, A. Machado Libros, D.L., Madrid, 2004.

PASCUAL LAGUNAS, E., *Configuración jurídica de la dignidad humana en la jurisprudencia del Tribunal Constitucional*, Bosch, Barcelona, 2009.

PECES-BARBA, G., *Derechos fundamentales*, Guadiana de Publicaciones, Madrid, 1973.

— "Desobediencia civil y objeción de conciencia", en *Anuario de Derechos Humanos*, 5 (1988).

PERALTA, R., *Libertad de conciencia y estado constitucional*, Universidad Complutense, Madrid, 2004.

PÉREZ LUÑO, A. E., *Los derechos fundamentales*, Tecnos, Madrid, 20048.

PÉREZ ROYO, J., y CARRASCO DURÁN, M. *Curso de derecho constitucional*, decimosegunda edición, Madrid, Marcial Pons, 2010.

PÉREZ SERRANO, N., *Tratado de derecho político*, Madrid, Civitas, 1976.

Tratado de derecho político, Civitas, Madrid, 19972.

Pérez-Ugena y Coromina, M., *La objeción de conciencia entre la desobediencia y el derecho constitucional*, Civitas, Cizur Menor (Navarra), 2015.

Portella, J., *La justificación iusnaturalista de la desobediencia civil*, Editorial de la Universidad Católica de Argentina, Buenos Aires, 2005.

Prieto Sanchís, L., *Estudios sobre derechos fundamentales*, Debate, Madrid, 1990.

— *Libertad y objeción de conciencia,* Servicio de Publicaciones de la Universidad de Navarra, 2006.

— "Desobediencia civil y Objeción de conciencia", en Sancho Gargallo, I. (dir.), *Objeción de conciencia y función pública*, Consejo General del Poder Judicial, Madrid, 2007.

— "Las objeciones de conciencia", en VVAA, *Actas de los seminarios sobre objeción de conciencia y desobediencia civil*, Fundación Ciudadanía y Valores, Madrid, 2011.

Ramos- Kuri, M. (coord), "*Artavia Murillo vs. Costa Rica Análisis crítico a la Sentencia de la Corte Interamericana de Derechos Humanos en el fallo sobre fertilización in vitro*", CISAV, Querétaro, 2016.

Ratzinger, J., *Verdad, valores, poder: Piedras de toque de la sociedad pluralista*, Rialp, Madrid, 1995.

Rawls, J., *Teoría de la justicia*, Fondo de Cultura Económica, México, 1979.

Rivero, J., *Les libertés publiques*, Presses Universitaires de France, Paris, 1977.

Robles, G., "El libre desarrollo de la personalidad (Artículo 10 CE)", en García San Miguel, L., (coord.), *El libre desarrollo de la personalidad*, Servicio de Publicaciones Universidad de Alcalá, Alcalá de Henares, 1995.

Roca, M. J. (coord.), *Opciones de conciencia: propuestas para una ley,* Valencia, Tirant lo Blanc, 2008.

— "Dignidad de la persona, pluralismo y objeción de conciencia", en Roca, M. J. (coord.), *Opciones de conciencia: propuestas para una ley*, Tirant lo Blanc, Valencia, 2008.

Rodrigo Lara, M. B., *Minoría de edad y libertad de conciencia,* Madrid, Servicio de Publicaciones de la Universidad Complutense, 2005.

Rodríguez Luño, A., *Ética*, Pamplona, EUNSA, 1982.

Rodríguez Mourullo, G., "Art. 15: Derecho a la vida", en AlzagaVillaamil, O. (dir.), *Comentarios a la Constitución Española de 1978*, tomo II (artículos 10 a 23), Madrid, 1997.

Rodríguez Mourullo, G., *Comentarios a la Constitución Española de 1978*, Aranzadi Civitas Madrid, 1979.

Rodríguez-Zapata, J., *Teoría y práctica del derecho constitucional*, Tecnos, Madrid, 1996.

Rosen, M., *Dignity: Its history and meaning,* Cambridge, Harvard University Press, 2012.

ROSSELL, J., "La ley orgánica de libertad religiosa española y su posible reforma: ¿hacia el modelo de ley de libertad religiosa portugués?", en *Revista General de Derecho Canónico y Derecho Eclesiástica del Estado*, 19 (2009).

RUIZ MIGUEL, C., *La ejecución de las sentencias del tribunal europeo de derechos humanos: Un estudio sobre la relación entre el derecho nacional y el internacional* Madrid, Tecnos, 1997.

RUIZ MIGUEL, A., "Sobre la fundamentación de la objeción de conciencia", en *Anuario de Derechos Humanos*, 4 (1986).

SÁNCHEZ AGESTA, L., *El sistema político de la constitución española de 1978: Ensayo de un sistema. (Diez lecciones sobre la constitución de 1978)*, quinta edición, Madrid, Revista de Derecho Privado, 1987.

SÁNCHEZ AGESTA, L., *El sistema político de la constitución española de 1978: Ensayo de un sistema. (diez lecciones sobre la constitución de 1978)*, quinta edición, Madrid, Revista de Derecho Privado, 1989.

SÁNCHEZ FERRIZ, R., *Estudio sobre las libertades*, Valencia, Tirant lo Blanch, 1995

SÁNCHEZ GONZÁLEZ, M. P., *La impropiamente llamada objeción de conciencia a los tratamientos médicos*, Valencia, Tirant lo Blanch, 2002.

SANCHO GARGALLO, I., *Objeción de conciencia y función pública*, Madrid, Consejo General del Poder Judicial, 2007.

SAPORITI, M., *La coscienza disubbidiente: Ragioni, tutele e limiti dell'obiezione di coscienza / michele saporiti*, Giuffrè, Milano, 2014.

SARTEA, C., "¿Qué objeción? ¿Qué conciencia? Reflexiones acerca de la objeción de conciencia y su fundamentación conceptual", en *Cuadernos de Bioética*, XXIV/3 (2013).

SAVIGNY, F.C., *Sistema de derecho romano actual*, Gongora, Madrid, 1878.

SCHELER, M., *Ética*, Caparrós Editores, Madrid, 2004.

SCHLAG, M., y NANINI, E., *La dignità dell'uomo come principio sociale: Il contributo della fede cristiana allo stato secolare*, EDUSC, Roma, 2013.

SERNA BERMÚDEZ, P., *Positivismo conceptual y fundamentación de los derechos humanos*, EUNSA, Pamplona, 1990.

— "Dignidad de la persona: un estudio jurisprudencial", en *Persona y Derecho*, 41 (1999).

— "El derecho a la vida en el horizonte cultural europeo de fin de siglo" en MASSINI CORREAS, C. I., SERNA, P. y FINNIS, J. M. (coords.), *El derecho a la vida*, EUNSA, Pamplona, 1998, pp. 23-80.

— "La dignidad de la persona como principio del Derecho Público" en *Derechos y Libertades*, 4 (1995).

— "La dignidad humana en la Constitución Europea" en *Comentarios a la Constitución Europea*, Tirant lo Blanch, Valencia, 2004.

SERRA, A., "Dignidad del embrión humano", en *Consejo Pontificio para la Familia. Lexicón, Términos ambiguos y discutidos sobre familia, vida y cuestiones éticas*, Palabra, Madrid, 2004.

— "El estado biológico del embrión humano" en LUCAS LUCAS, R (Dir.), *Comentario interdisciplinar a la "Evangelium vitae"*, , Biblioteca de Autores Cristianos, Madrid, 1996.

SIEIRA MUCIENTES, S., *La objeción de conciencia sanitaria*, Dykinson, Madrid, 2000.

SINGER, P., y CASAL, P., *Liberación animal,* Madrid, Trotta, 1999.

SORIANO DÍAZ, R., *Libertades públicas: Significado, fundamentos y estatuto jurídico*, Tecnos, Madrid, 1990.

SOUTO PAZ, J., "Libertad ideológica y religiosa en la jurisprudencia constitucional" en VVAA., *Las relaciones entre la Iglesia y el Estado. Estudios en memoria del profesor Pedro de Lombardia,* Universidad Complutense, Madrid, 1989

SPADARO, A., *Libertà di coscienza e laicità nello stato costituzionale: Sulle radici "religiose" dello stato "laico"*, Giappichelli, Torino, 2008.

SPAEMANN, R., *Personas. Acerca de la distinción entre "algo" y "alguien"*, EUNSA, Pamplona, 2000.

SPAEMANN, R., y BARCO, J. L. D., *Felicidad y benevolencia,* Rialp, Madrid, 1991.

— *Personas: Acerca de la distinción entre "algo" y "alguien"*, segunda edición, Pamplona, EUNSA, 2010.

SPAEMANN, R., y LLANO, A., *Europa ¿comunidad de valores u ordenamiento jurídico?*, Fundación Iberdrola, Madrid, 2004.

STEIN, E., *Derecho político*, Aguilar, Madrid, 1971.

TAMARIT SUMALLA, J. M., *La libertad ideológica del derecho penal,* PPU, Barcelona, 1989.

TAYLOR, P. M., *Freedom of religion: UN and european human rights law and practice,* Cambridge University Press, Cambridge, 2005.

TOMÁS Y GARRIDO, G. M. (coord.), *Entender la objeción de conciencia: Jornadas de bioética de la Universidad Católica San Antonio*, UCAM, D.L., Murcia, 2011.

TORRES GUTIÉRREZ, A., *El derecho de libertad religiosa en Portugal,* Dykinson, Madrid, 2010.

TRIVIÑO CABALLERO, R., *El peso de la conciencia: la objeción en el ejercicio de las profesiones sanitarias*, CSIC: Plaza y Valdés, Madrid, 2014.

TURCHI, V., NAVARRO-VALLS, R., *I nuovi volti di antigone: Le obiezioni di conscienza nell'esperienza giuridica*, Edizioni Scientifiche Italiane, Napoli, 2009.

URQUIZO OLAECHEA, J., *Código Penal Práctico: concordancias, doctrina, Jurisprudencia*, Tomos I y II, Editorial Gaceta Jurídica, 2016.

VALERO HEREDIA, A., *Libertad de conciencia, neutralidad del Estado y principio de laicidad: (un estudio constitucional comparado)*, Ministerio de Justicia, Madrid, 2008.

VALERO HEREDIA, A., y ESPÍN TEMPLADO, E., *La libertad de conciencia del menor de edad desde una perspectiva constitucional*, Centro de Estudios Políticos y Constitucionales, Madrid, 2009.

WINDSCHEID, B. J. H., FADDA, C., BENSA, P. E., BONFANTE, P., y MAROI, F., *Diritto delle pandette,* Unione Tipografico-Editrice Torinese, Torino, 1926.

ZUMAQUERO, J. M., y HERVADA XIBERTA, J., *Textos internacionales de derechos humanos,* Pamplona, Ediciones Universidad de Navarra, 1978.

ZURRIARÁIN, R. G., *La desprotección del no nacido en el siglo XXI*, Ediciones Internacionales Universitarias, Madrid, 2012.

JURISPRUDENCIA CITADA

Tribunal Europeo de Derechos Humanos

STEDH, Caso Campbell y Cosans vs. Reino Unido, de 25 de febrero de 1982
STEDH, Caso *Kokkinakis vs.* Grecia, de 25 de mayo de 1993
STEDH, Caso *Efstratiou vs.* Grecia, de 18 de diciembre de 1996
STEDH, Caso *Valsamis vs.* Grecia, de 18 de diciembre del 1996
STEDH, Caso *Belinger vs.* Eslovenia (más conocido como Caso *Pichon* y *Sajous vs.* Francia), de 02 de octubre de 2001
STEDH, Caso *Bayatyan vs.* Armenia, de 7 de julio de 2011
STEDH, Caso *Eweida y otros vs.* Reino Unido, de 27 de mayo del 2013
STEDH, Caso *Grimmark c. Suecia y Steen* vs. Suecia, 12 de marzo 2020.

Tribunal de Justicia de la Unión Europea

STJUE, Caso *Brüstle* v. Greenpeace, C-34/10, de 18 de octubre de 2011

Corte Interamericana de Derechos Humanos

CIDH, Caso *Mamerita Mestanza Chávez vs* Perú, Informe N° 71/03, Petición número 12.191, Solución Amistosa, de 10 de octubre de 2003
CIDH, Caso *Sahli Vera vs.* Chile, Caso 12.219, Informe N° 43/05, de 10 de marzo de 2005
CIDH, Caso *Alfredo Díaz Bustos vs.* Bolivia, Informe N° 97/05, Petición 14/04, Solución amistosa, de 27 de octubre de 2005
CIDH, Caso *Xavier Alejandro León Vega vs.* Ecuador, Informe N° 22/06, Petición 278/02, Caso Admisibilidad, de 2 de marzo de 2006
CIDH, Caso *Luis Gabriel Caldas León vs.* Colombia, N° 137/10, Informe N° 137/10, Caso 11.596, de 23 de octubre de 2010
SCOIDH, Caso *Artavia Murillo y otros (fecundación in vitro) vs.* Costa Rica, Excepciones preliminares, fondo, reparaciones y costas, de 28 de noviembre de 2012, Serie C N° 257

Tribunal Constitucional español

STCE 15/1982, de 23 de abril de 1982
STCE 24/1982, de 13 de mayo de 1982
STCE 75/1984, de 27 de junio de 1984
STCE 107/1984, de 23 de noviembre de 1984
STCE 19/1985, de 13 de febrero de 1985
STCE 19/1985, de 13 de febrero de 1985
STCE 53/1985, de 11 de abril 1985
STCE 99/1985, de 30 de setiembre de 1985

STCE 161/1987, de 27 de octubre de 1987
STCE 160/1987 de 27 de octubre de 1987
STCE 120/1990, de 27 de junio de 1990
STCE 137/1990, de 19 de julio de 1990
STCE 166/1996, de 28 de octubre de 1996
STCE 177/1996, de 11 de noviembre de 1996
STCE 212/1996, de 19 de diciembre de 1996
STCE 116/1999, de 17 de junio de 1999
STCE 42/2000, de 14 de febrero de 2000
STCE 46/2001, de 15 de febrero de 2001
STCE 154/2002, de 18 de julio de 2002
STCE 101/2004, de 2 de junio de 2004
STSJ de Andalucía 1/2007, de 02 de enero de 2007
STCE 905/2008, de 11 de febrero del 2009
STCE 151/2014, de 23 de septiembre 2014
STCE 145/2015, de 25 de junio de 2015
STCE 11/2016, de 1 de febrero de 2016